人文通识课

符号与生命境界
精神文化符号学导读十五讲

张杰 陈中 余红兵 姚婷婷 著

南京师范大学出版社

图书在版编目(CIP)数据

符号与生命境界：精神文化符号学导读十五讲 / 张杰等著. -- 南京：南京师范大学出版社，2025.6. (人文通识课). -- ISBN 978-7-5651-6868-0

Ⅰ. H0

中国国家版本馆 CIP 数据核字第 2025QZ9320 号

丛 书 名	人文通识课
书　　名	符号与生命境界：精神文化符号学导读十五讲
作　　者	张　杰　陈　中　余红兵　姚婷婷
丛书策划	张　春
责任编辑	张　春
出版发行	南京师范大学出版社
地　　址	江苏省南京市鼓楼区北京西路72号(邮编：210024)
电　　话	(025)83598919(总编办)　83598419(营销部) 83598332(读者服务部)
网　　址	http://press.njnu.edu.cn
电子信箱	nspzbb@njnu.edu.cn
照　　排	南京开卷文化传媒有限公司
印　　刷	南京玉河印刷厂
开　　本	710毫米×1000毫米　1/16
印　　张	13.25
字　　数	204千
版　　次	2025年6月第1版
印　　次	2025年6月第1次印刷
书　　号	ISBN 978-7-5651-6868-0
定　　价	60.00元

出 版 人　张　鹏

南京师大版图书若有印装问题请与销售商调换
版权所有　侵犯必究

目　录

导　言　精神文化符号学：人类认识世界的又一窗口　／ 001

第一篇　释放意义与"吾丧我"

第一讲　反思与建构：关于精神文化符号学的几点设想　／ 017

第二讲　精神文化符号学的认知模式与庄子的"吾丧我"　／ 030

第三讲　精神文化符号学认知模式与中国传统文化中的"心知"　／ 040

第四讲　认知的反思："吾丧我"与意义释放　／ 050

第二篇　反向认知与"感而遂通"

第五讲　反向认知：自然主体论的思维范式阐释　／ 067

第六讲　"感而遂通"：符号表征的反向认知　／ 081

第七讲　生态的认知：关于伦理符号学的反思　／ 092

第八讲　"转识成智"：返回存在的符号活动　／ 104

第三篇　理性直觉与"道不可言"

第九讲　理性的直觉：符号活动的主体性问题研究　／ 117

第十讲　"符号自我"："理性的直觉"的认知模式探索　/ 128

第十一讲　"道"与"在"：语言本体论的符号学反思　/ 139

第四篇　自然文本与"各正性命"

第十二讲　"各正性命"：伦理符号学中"关爱生命"概念的反思　/ 155

第十三讲　"返回"与"超越"：自然文本分析的反思　/ 166

第十四讲　文学伦理学批评的自然文本阐释　/ 177

第十五讲　"塑造"与"超越"：自我管理的反思　/ 190

结　语　"质"的更新：新质生产力与精神文化符号学　/ 201

后　记　/ 207

导 言

精神文化符号学[①]：人类认识世界的又一窗口

当今社会知识爆炸，生存压力增大，面对学习、生活和工作各方面的挑战，年轻人，尤其是青年学生，应该如何面对？是继续沿着不断苦读、自我加压的道路奋进，还是可以在学习、工作的同时，寻求一条减少内卷、自我解压的路径？难道人类不是为了改善生活、享受生活而展开对自然和社会研究的吗？我们是否可以体验到学习和科研带来的乐趣与美妙呢？

其实，真正的科学技术发明与社会科学研究几乎都是在"苦"中有"乐"，既艰苦探索又享受科研的过程中取得的。甚至可以说，没有科研的兴趣和享受，是难以产生重大科研创新的。在通往成功的道路上，"功利"少一些，相反"自由"就会多一些。任何成果的创新均是在攻克观念和知识束缚的进取中产生的。没有了"自由"的想象，缺乏了"兴奋"的追求，任何创新均是难以成功的，或者根本就不会成功。

本书将以中国传统文化为根基，在求知之路奋力前行之时，以精神文化符号学的方法论为指导，努力揭示一条在通常的知识积累和"真理"探索之路基础上的，返回自然，回归生命本然的符号学路径，以期为生活在当下紧张和压力社会中的青年人，为人文社会科学的研究，打破固有体系和现存观念的束缚，提供一条"身心放松""享受人生""审美科研"的学习和钻研路径。

[①] 对照精神文化符号学对"精神"的定义——"由心灵、生命力与创造力共同形成的流动变化的整体"，参见 Zhang Jie, Yu Hongbing, A Cultural Semiotics of Jingshen: A Manifesto, *Chinese Semiotic Studies*, 2020, 16(4), pp.515-534。

一、层次与提升：生命境界的不同认识

"符号"与"生命境界"似乎是两个关系并不密切的词语或曰术语。一般来说，"符号"是一种用来表示特定对象、概念或意义的记号或标志。它们存在于各种语言、文化和学科之中，包括文字中的字母和数字、数学中的符号、图像中的图形和图标等。"生命境界"的解释就更加丰富了，根据中国当代著名哲学家、教育家、北京大学哲学系教授冯友兰的思想，"生命境界"大致可以分为四个层次：一是作为人所具有的最基本的境界，即自然境界（或称生理境界）；二是普通人难以逃脱的功利境界，也就是对物质利益、社会地位和个人成就的追求；三是高尚人才能够进入的道德境界，此类人的行为并非单纯为了个人的利益，而是开始考虑道德和义务；四是一般人很难进入的天地境界（或称生命的最高境界），此时的人努力超越利益和道德的束缚，追求与宇宙的和谐相处，实现自我与宇宙的统一。这就是关于"生命境界"的"四层次论"。

人究竟如何才能够进入第三、第四层次的"生命境界"呢？现当代学者几乎都是把"符号"与"生命境界"联系在一起来进行阐释的，也就是只有不断通过以"符号"为载体的知识学习和伦理修养，才能够不断前行，进入更高的"生命境界"层次。知识积累和自身修养成为层次提升的根本。

冯友兰认为，高层次境界并非所有人都能够达到，而是通过学习和实践，随着个人的修养和认知水平的提高，才能够逐渐由第一、第二层次向更高层次境界迈进。其实，知识学习和实践就是根基于符号活动的，任何知识的迥异均是以"符号"不同形式的表征来加以实现的。

国学大师、近代著名学者王国维在《人间词话》一书中，并非从人的自然本性出发，而是直接通过对诗词创作不同阶段的分析，以文学语言符号的表征为依据，隐喻了人生的不同精神世界，提出了其著名的人生"三境界论"，即成大事业、大学问的"第一境界"，经历挫折、陷入困境的"第二境界"，超越痛苦、达到宁静的"第三境界"。王国维分别以"昨夜西风凋碧树，独上高楼，望尽天涯路"，"衣带渐宽终不悔，为伊消得人憔悴"，以及"众里寻他千百度，蓦然回首，那人却在，灯火阑珊处"来加以描述。王国维的"三境界论"被广泛引用，被视为对人生经历和精神成长的一种哲学思考。这三种境界不仅仅是生命经验的累积，更是对以"符号"学习和表征的心灵成长的哲学思考。

中国现代著名的思想家、教育家、国学大师梁漱溟则明确表示，人的生命不仅限于物质层面的生存，更重要的是精神层面的生活和追求。他进一步提出，人的"生命境界"可以通过文化认同、道德实践和社会参与来实现不断提升。文化认同是指人通过文化的滋养和认同可以找到生命的意义和价值，而道德实践则是一种提升个人"生命境界"的途径，社会参与更是以积极参与社会事务、为社会做贡献来实现人生的价值。梁漱溟强调内在自觉的重要性，认为人通过自我反省和内在修养可以达到更高的生命境界。

显然，这三位国学大师均是把"生命境界"由人的生理层面不断提升至人的精神层面，而且他们关注的不仅仅是个人层面的"生命境界"，还包括了社会和文化层面的"生命境界"。他们的论述和侧重点虽然迥异，但基本的看法是大致相同的："生命境界"应当是在知识学习、个人修养、社会参与和文化认同中不断追求和实现的。当代的"生命境界观"主要包括物质境界、情感境界、精神境界和道德境界。具体说来，就是既要满足基本的物质需求，建立良好的人际关系和追求情感的满足，也要追逐文化、艺术、哲学修养等精神层面的满足，实现道德的完善，做一个有道德修养的人。

其实，他们的观点根植于深厚的中国传统哲学之中，汲取了儒家"格物致知"与"正心诚意"的精髓。其中，"格物致知"倡导通过深入探究事物的原理来启迪智慧和增长知识，"正心诚意"则强调保持真挚的内心和培养高尚的品格。正如"修身齐家治国平天下"理念所体现的，提升"生命境界"起始于个人的自我修炼，然后逐渐扩展至家庭管理，最终实现国家治理和世界的和谐安宁。这一过程，实际上揭示了一个人要从生物学上的存在转变为文明的人，必须历经知识的学习、自我提升和追求真理的道路。同时，道家思想中的"道法自然"与"为学日益，为道日损"也包含在内，意味着我们应该遵循自然的法则，减少私心杂念，保持心灵的纯净，与自然和谐共生。

显然，中国传统文化在自我境界的哲学探索上积累了丰富的智慧。然而，在一个多元且复杂的世界中，人类追求真理的途径应该是多元化的。西方符号学以其严谨的科学精神对自我进行的深入分析，无疑将为东西方关于自我境界的交流与碰撞带来启发与思考。那么，这样的碰撞又将擦出怎样的绚丽火花呢？

图 1　古希腊德尔菲阿波罗神殿曾刻有铭文"认识你自己"

二、多元与释放：主客体融合的符号学方法

当今知识界对世界的认知方式是形形色色的，面对浩瀚的社会世界和无限的自然宇宙，人类一方面深感自己的渺小和无奈，另一方面又在积极探索，期望找到开启世界和宇宙之窗的钥匙。通常社会科学的探索之路主要有两条：一是不断拓展社会世界研究的广度和深度，积累各种各样的知识和经验，以求逐渐接近真理；二是以理论逻辑的推演来考察和预测无边的宇宙，因为任何知识和经验都是无法穷尽的，只能够以独特的视角和某种方法来看待世界。当代符号学的演进正是沿着这两条途径展开的。

精神文化符号学是一种根基于老庄哲学思想，将符号活动与人类精神文化融合起来，并揭示其内在联系的理论。它的主要研究对象是符号与人、符号及其表征对象以及符号之间的精神联系。其研究任务就是要在错综复杂的社会文化世界中，揭示符号的多元意义，甚至是释放意义。精神文化符号学的研究方法主要是采用多元解读的思维方式，以克服人的主观自负、返回事物本身为目的，让符号学研究成为一门具有生命力的"活生生"的科学。

精神文化符号学认为,符号学应该是一种看待世界的独特方法。可以说,几乎世界上所有的学科都涉及符号研究。数学是关于数字符号的学问,物理、化学亦是关于各自学科符号的研究;社会科学就更是如此,绘画、雕塑、建筑、影视等是形象符号的探索,语言文学是言语符号表征的运用和创作;计算机、人工智能等学科以及各个工科学科的基础也离不开符号的应用;医学则更是被视为以症状学为基础的符号学起源;等等。总之,如果这样审视,所有学科均属于符号学研究的范畴,那么符号学就会失去自身的特色,也就什么都不是了。因此,符号学只有以自身研究的独特视角和方法来看待世界,才能够形成自己的特色。这种方法论的特色就是"多元化",也就是符号学要从"能指"和"所指"的一一对应中解放出来,可以从一个能指中揭示出尽可能多的所指。例如,我们常说"一千个读者就会有一千个哈姆雷特",其实即便是一个读者也不可能保证心中的哈姆雷特永远不变,文学符号学批评的价值不在于揭示莎士比亚文学创作文本的意义,而在于不断发掘其可阐释的空间。这样一来,符号学与其他学科,特别是自然科学的研究路径就迥然不同,不是去确定意义,而是去"释放意义"。自然科学的探索是一种把"复杂的问题简单化"的、寻找规律与定义的方法,而符号学研究则主要是要把看似"简单的问题复杂化",揭示符号表征对象的无穷多意义,发掘符号文本的可阐释空间。

当前塔尔图符号学派的领军人物之一卡莱维·库尔(Kalevi Kull)教授就说过:"符号学研究就是让世界变得多元。"精神文化符号学亦是为了实现"多元化"这一学术目标。当然,不同的符号学派又具有各自的探索途径。如果用几个关键词来概括精神文化符号学的方法论特征,也许用"释放意义""反向认知"和"有无之境"来加以概括最为合适。具体说来,从研究目的来说,精神文化符号学不是为了确定意义,而是要竭力"释放意义"。在思维模式上,精神文化符号学努力寻求超越二元对立的境界,摆脱烦琐的对立和限制,实现心灵的解放与自由,以达到一种"有无之境"。

西方包括符号学在内的文明和科学研究,通常是把主客体相分离,以人类自我意识觉醒的"有我"之境,探索和认知外部世界,从而孕育并创造了丰富多元的西方文明。而精神文化符号学却强调在主客体交融的"有无之境"、天地与自我间的精神相通之中,达到与自然和谐共生的"天人合一"境界。实际上,这是一种尊重自然,即"道法自然",对"无我"之境的追求,其根本是对"本我"的追寻。这也正是中华文化独特的魅力所在,也是精神文化符号学从中汲取力量和智慧的源泉。

三、时空与对话:自我转向的符号学之旅

随着符号学的不断进步,该学科与生命科学的密切关系也越来越被发掘出来,人的自我逐渐被视为一个动态的符号体系。一场引人注目的符号学自我转向或曰向内转,正在形成。从时间上来看,符号自我在"现在""过去""未来"之间展开着"对话"。在反思过去、期待未来中,自我是一个永恒的符号之旅。同时,从空间上来看,符号自我又在社会身份的认同与人的生物或曰自然属性之间,不断求索和位移(见图2)。

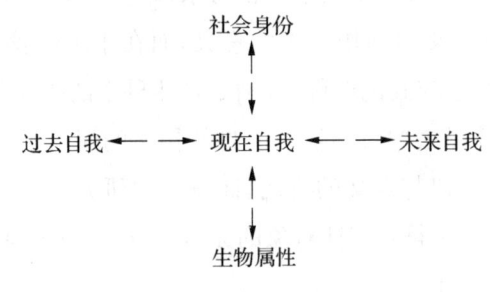

```
                    社会身份
                      ↕
     过去自我 ←→ 现在自我 ←→ 未来自我
                      ↕
                    生物属性
```

图2 符号自我的位移

图3 彼得·德鲁克有关自我管理的著作

在这里,横向轴实际上是内心自我"对话"的形象化体现,这种以时间为标记的自我反复对话,促使了自我意识的渐渐成熟与发展,自我不断被赋予了新的生命内涵和意义。横向位移的"符号自我",就像一叶在时间海洋中航行的小舟,努力驶向一个更有生命价值的港湾,即"未来自我"。纵向轴则显示出这叶小舟渴望社会对自我身份的认同,追求更高层次的精神价值实现,居中则是在具体环境的氛围中塑造自我,在社会结构中找到适当的位置,而向下则是尽量在各种社会环境约束中寻求出路,实现对

自我存在本质身体的回归。显然，认同与回归是在不断对话与协调中形成的。现代管理学之父彼得·德鲁克（Peter F. Drucker）关于符号自我的相关理论和四川大学赵毅衡先生的有关论述，均为这种纵横交叉的理解做出过深入的阐释，提供过重要的理论支撑。

一般说来，在人类文明的进程中，人作为不断进化的高级动物，经历了一个自左向右的由"过去自我"向"未来自我"，自下而上的由"生物属性"向"社会身份"的渐进过程。然而，在精神文化符号学看来，这种过程不可能是单向的，而必然是双向的，也存在着自上而下和由右向左的过程。而且这种返回人的自然本性和原初的过程，甚至相较自下而上和由左向右的发展，更为艰难和重要。

人类可以通过教育、职业发展、社会参与和文化实践等方式来深化身份认同，实现由下至上和由左向右的过程。在这一过程中，任何个体均可能会通过参与更广泛的社会活动、承担更多的社会责任、追求更高层次的精神满足等方式来提升自己的身份认同。向上的位移使自我成为一种社会文化现象，超越了个人意义的自我，为人生增添了丰富的色彩。而若要完成由上至下和由右向左的过程，个体自我就要深刻理解人的自然本性。此时的自我可能会更加关注身体的生物学属性，如健康、年龄、体能等。在"符号自我"的向下身体还原中，个体自我可能会重新评估对身体经验的感知。这种还原鼓励自我以更直观的方式体验和接纳自己的身体，而身体是构建自我认同的关键要素。再沿着"符号自我"的左侧追溯，这是一种面向曾经的"我"的对话，旨在重新审视和塑造曾经的知识、伦理道德。在这个过程中，既要坚定地立足于过往的坚实基础，又要解构那些可能限制我们的旧有框架，确保不被过去的困扰所羁绊。

显然，以纵向与横向位移为标记的时空对话符号自我理论，对自我管理和符号学研究极具参考价值。虽然这种理论框架可能无法完全涵盖自我的一切复杂性，也无法穷尽符号表征的复杂性，但它无疑为人类对"生命境界"的认知、自我管理和符号表征，开辟了一条清晰的管理学与符号学相融合的道路。这里所说的自我管理和符号学研究是以中国传统文化为基础的，或曰中国式的自我管理和符号学研究模式，也是精神文化符号学提倡的自我管理方法。

四、塑造与回归：生命演进的不同路径

显而易见，自我转向的符号学之旅在时空与对话中的运行轨迹，实际上就是人类"塑造自我"（"有我"之境）和"回归本我"（"无我"之境）的，这两个既相反又互为依存的生命演进的主要路径。这种正反双向互动的碰撞和对话，也显示出自我管理和符号学探索的相互融合，共同进入人类丰富的精神世界。

正如图2所示，这里由下至上和由左向右，主要表现为"塑造自我"，即把生物的人提升至社会的人或曰文明的人，把当下人的自我，基于过去或原初的我，朝着未来和理想的我，不断演进。而由上至下和由右向左，则主要表现为回归人性本身，即摆脱人类社会因发展造成的负面影响，返回本真的自我。自我可以在这两种既相互对立又互为依存的模式中生存和成长。"塑造自我"也就是要在浩瀚的天地间寻找个人的社会定位，磨砺品德，增长才干，以坚定不移的意志和智慧勾勒出人生的宏伟蓝图，实现人生价值。"回归本我"，则是在宇宙的广袤背景之下，与自然和谐共存，体验与万物同频共振的境界。这两种模式交织出一幅绚丽多彩的内在符号管理与表征的心理画卷，努力去实现未来的理想自我，探索更美好的可能性。曾子倡导的"日三省吾身"，就是每日多次反省自我，以此激发成长的潜能。孔子对生命阶段的阐述，更是对自我在时间维度上塑造的深刻洞察。从"十五志于学"到"七十而从心所欲"，每个阶段都是自我成长的里程碑，反映出个性随时间流逝而不断丰富的内在世界。

图2中展示的纵向轴线，也是"塑造自我"的努力方向。这一轴线的关键在于通过不懈的自我努力和奋斗，个人能够在社会中找到自己的独特位置，实现个人的价值，赢得社会的认可和尊重。在这个不断奋进的过程中，个人不仅追求精神层面的成就，也关注物质层面的富足，以及身体的健康和力量。这种全方位的自我塑造，旨在培养出既有能力为社会做出积极贡献，又拥有强健体魄与积极心理的个体，使其在社会舞台上活跃有为。特别值得指出的是，"回归本我"的自我符号管理模式，同样可以通过横向轴线与纵向轴线来阐释，但这两条轴线努力的方向与"塑造自我"时的轴线完全相反。它们之间的关系并非平行，而是不断互动和对话的。

图 2 中所示的正反双向的横向轴线，是在追求"无我"境界时无法避免的"对话"模式，因为任何对"无我"的追求，都会遭遇来自"有我"方向的阻拦。这种自我的"有无之境"对话，也就必然成为自我心理冲突的根源，使个体自我陷入对过去、当下或未来的纠结之中，而无法进入人的自然本真状态。人们常常沉溺于过去的自我形象，或对未来抱有过多的幻想。同时，社会对我们的期待、身份的框架以及物质身体的欲望也常常将我们束缚，使得将自我完全放弃社会功利、返回自然或曰人的本真状态，变得异常困难，甚至根本就无法做到。庄子希望通过消解这种对话冲突，达到一种心灵超越的状态。他运用了一系列特殊的词汇来描绘这种状态，如"坐忘""心斋""朝彻""虚室生白"，期望能实现一种与万物和当下的"我"和谐共融的境界。在这种境界中，自我不受外界干扰，不被过去束缚，不预设未来，以一种"不将不迎，应而不藏"的态度面对世界，从而在内心的修炼与成长中实现超然物外的宁静。其实，即便是庄子本人也难以做到心灵的真正放空状态。只不过，庄子清晰地意识到了这一点，并在努力加以克服。这就是庄子思想的价值所在。

图 4 庄子像

在日常生活中，尤其是在自我管理的实践中，确实存在着过分沉思过去、当下和未来的风险。中国传统文化的诸多流派都提供了相应的解决之策，如孟子的"不动心"，《管子》中的"静因之道"等，它们的共同宗旨是回归一个更加纯粹和宁静的自我，这种追求"无我"的根本目标是"回归本我"。

图 5 所展示的纵向轴线，同样是在追求"无我"境界时需要放下的各种羁绊。无论是上升的过度关注"身份"，还是向下的过度关注"身体"，这种自我的纵向旅程，都可能导致我们与内在"本我"逐渐远离。虽然向上的攀登能在一定程度上帮助我们在社会坐标中定位自我，但我们绝不能以此为代价，牺牲了真实的"本我"。庄子在他的哲学智慧中提出了"至人无己，神人无功，圣人无名"的境界，旨在提醒我们，不应在社会构建的自我形象中迷失，而遗忘那份内在的真实。这种迷失是不可取的，因此我们必须保持

警惕。孟子也曾提出"人爵"与"天爵"的理念,其中"人爵"代表社会赋予的尊荣,而"天爵"则与人的内在良知紧密相连。"天爵"是在"无我"的境界中实现的,即是要放下那些遮蔽"本我"的纵向位移——无论是上升还是下降,以确保我们的真实自我不被这些变迁所掩盖,这种对纵向位移的放下的目标就是"回归本我"。当然,无论是自下而上、自左向右,还是自上而下、自右向左,都不可能最终企及目标,而只能够无限接近。这就如同对真理的探索是无止境的,返回自然也不可能回到真正的自然,也只能够无限接近自然。

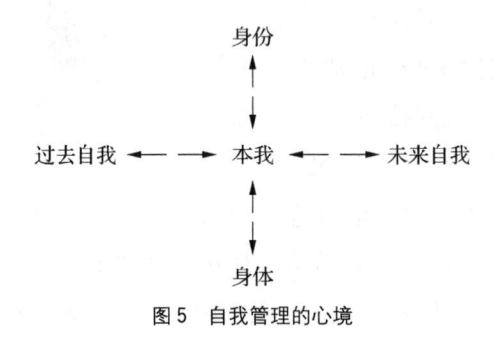

```
                    身份
                     ↕
       过去自我 ←——→ 本我 ←——→ 未来自我
                     ↕
                    身体
```

图 5　自我管理的心境

在超越了"塑造自我"的纵向和横向变迁之后,我们迎来的是一个纯净的"本我"状态。在这片理想的境界中,时间、空间与自我融为一体,真实的"本我"得以显现。在这种状态下,个体的节奏与宇宙的节奏同步,活在自然之中,完全融入时间的流转和空间的广阔。"超越自我",就是为了追寻并融入这种本真的自我状态。在东方哲学的深邃海洋中,追求"无我"境界并非自我管理的弃绝。在这种状态下,自我不再是实体化、对象化的存在,而是一个与整个宇宙动态联系之网相连的整体。这种"回归本我"的状态是实现"万物一体"的高境界自我管理。作为一种超越常规、触及心灵深处的自我管理境界,它有助于我们在宇宙的海洋中,与万物同舟,与真理同行,从而达到自我管理的至高境界。这也是精神文化符号学所追求实现的"生命境界"。

图5中,纵向与横向的轴线以双向互动的箭头表示,一是说明"塑造自我"与"回归本我"的对话与互动,二是表明超越自我是艰难的,若要真正实现"回归本我",必须在喧嚣纷扰的世俗中唤醒并坚守内心的纯粹。图中的"本我"

居中，是表示"本我"的重要和无边。这是因为其边界远超那两条轴线。在东方哲学的宏大视野中，"本我"不仅包括了个人的"自我"，还融入了与宇宙万物的紧密联系，体现了一种天地间的和谐统一。这也为精神文化符号学提供了广阔的学术视野和深刻的思考维度。

在西方哲学中，特别是在奥地利著名心理学家、思想家西格蒙德·弗洛伊德（Sigmund Freud）的精神分析中，"本我"是指人的无意识中的一种本能力量，存在于个体内部，不受控制，主要包括基本的欲望、冲动和需求。与西方哲学中常常被窄化为身体或灵魂的纯粹形态形成鲜明对比，中国的"本我"观念是一种包容性的存在，它将所有生命形式和自然界的行为纳入其范畴。在这样的文化背景下，"自我"与"本我"之间的界限变得模糊，前者强调个体的独立性，而后者则强调与自然的无缝融合。换一种角度来看，"本我"的观点倡导的是一种

图6 奥地利心理学家弗洛伊德

超越自我中心的思想，鼓励我们从更广阔的宇宙视角和整体的视角去思考问题。这样的思维方式能够消除自我与他人、他物之间的隔阂，引领我们步入一个包容万物、心灵相通的"生命境界"。

在精神文化符号学看来，在符号自我的活动中，"塑造自我"强调个体的主动性和主体性，而"回归本我"则是一种内在的净化与心灵的深度之旅。这两种状态相辅相成，形成生命符号的动态循环，推动个体持续成长。从积极的进取中暂时抽离，进入"追求无我"的宁静世界，我们能够体验到超然的平和，这种平和帮助我们在忙碌的生活中找到内心的宁静，并从中获得前进的力量。然而，长时间沉浸于"放空自我"也可能导致对现实和未来的迷失，陷入消极人生的困境。因此，我们需要在"塑造自我"与"回归本我"之间寻求平衡，使生命在两者交融中稳步前进。在这种平衡中，我们既能够在忙碌中保持专注，也可以在宁静中保持从容，实现内心的自由与和谐，这是现代社会中寻找意义和方向的关键，也是当今年轻人在压力过大的情境中所应有的健康心态。也许只有如此，才能够少一点内卷，多一点

自由。

　　显然，以中国传统文化为基础，自我管理与符号学的相互融合，形成了一幅将"塑造自我"与"回归本我"融为一体的深邃图景，描绘了自我两种境界的交织。一方面，通过修身、齐家、治国、平天下的过程来塑造自我，不懈地追求道德和智慧的完善，实现个人的全面提升；另一方面，通过修心、问道等方式追求无我，实现心灵的净化与升华，与宇宙的和谐统一。这两种境界，"塑造自我"与"回归本我"，是符号自我管理的两个核心方面，它们相互依存，共同推动生命的不断进步。这也体现了"反向认知""释放意义""有无之境"等精神文化符号学的核心思想。

　　"符号"与"生命"的关系一直是符号学界关注的重要问题之一。"符号"产生于人类生命的活动，又反过来提升人的生命意义。既没有不用符号表意的生命，也没有不与生命相关的孤立符号。符号学家们努力沿着符号意义感知的知识积累和真理探索的方式，为人类认识世界和宇宙打开一扇新的窗口。然而，人的认知无论如何都是非常有限的，要用有限的认知能力去把握无限的世界，显然是不可能的，是难以办到的。在大自然面前，人类任何时候都是渺小的。因此，人类不仅要征服自然和改造自然，更应该尊重自然，以便更好地回归自然，与自然和谐共生，实现可持续发展。《符号与生命境界：精神文化符号学导读十五讲》一书的价值也许并不仅在于对精神文化符号学本身的阐释，更重要的是为人文社会科学的研究，为青年学生的人生之路提供方法论的指导，即用精神文化符号学的方法来认知世界，打开符号学认识世界的窗口，探索一条回归自然的研究之路。爱沙尼亚塔尔图大学符号学系主任库尔教授在2008年美国举办的国际符号学学术研讨会上曾经强调，符号学研究就是为了让世界变得多元。我们撰写此书并开设相关讲座的目的也就在于此，让多元的学术研究方法来帮助我们认知这个多彩的自然宇宙和社会世界，让多维互动的人生探索来提升我们的人生境界。

　　"符号"与"生命境界"关系问题的探究，既是把精神文化符号学视为一个与生命科学关系紧密的学科，也是符号学研究的一种方法论，更是与人生观、价值观息息相关的认知世界的独特范式，而且其意义主要在于后面两者。精神文化符号学并非像自然科学研究那样，以在纷繁复杂的世界中探寻规律性为目的，而是要把看似简单的事物复杂化，进行多元化的揭示，目的在于提升人的思维能力，释放意义。

人类社会和自然、宇宙是浩瀚无边的，不仅从时间的维度是难以穷尽的，而且从空间维度上也是无法触底的。人类的学术探索就如同一叶小舟行驶在无际的大海之中，精神文化符号学的研究也仅仅是在这叶小舟上打开的又一扇窗口。

第一篇　释放意义与"吾丧我"

第一讲　反思与建构：关于精神文化符号学的几点设想

第二讲　精神文化符号学的认知模式与庄子的"吾丧我"

第三讲　精神文化符号学认知模式与中国传统文化中的"心知"

第四讲　认知的反思："吾丧我"与意义释放

第一讲

反思与建构：关于精神①文化符号学的几点设想

随着当今社会科学技术突飞猛进、日新月异的发展和变化，人类的生活水平因此不断提升，但同时人们也越来越陷入前所未有的精神危机和情感的缺失之中。科学研究，特别是自然科学的研究，必须排除任何主观或曰精神的因素，在没有一切外力作用的状态下，将复杂的问题简单化，以此来探寻研究对象存在的客观规律。长期以来，以西方为主导的各种符号学研究亦是如此，因为当代符号学的传统起源于20世纪初发展起来的语言学和逻辑学，而这两门学科都更接近于自然科学。当代各种主要的符号学传统与流派，无论是费迪南·德·索绪尔（Ferdinand de Saussure）首创的共时性语言符号学、查尔斯·桑德斯·皮尔士（Charles Sanders Peirce）提出的逻辑符号学，或是查尔斯·莫里斯（Charles Morris）倡导的行为主义符号学、巴赫金强调的社会符号学、罗兰·巴特（Roland Barthes）坚持的符号学美学，还是尤里·洛特曼（Juri Lotman）推进的文化符号学以及雅各布·冯·乌克斯库尔（Jakob von Uexküll）与托马斯·西比奥克（Thomas Albert Sebeok）的生态符号学等，几乎毫无例外都在沿着科学化研究的道路前进，均试图采用科学归纳与演绎的规则和方法，对符号、符号系统以及符号意义加以定义或解构，试图为人类探索一条符号学认识世界的独特途径。相比而言，精神文化符号学则更加注重符号间的精神联系，并特别关注符号与生命境界之间的关联。

人类社会的一切符号活动（semiosis）②是明显不同于一般的自然科学研

---

① "精神"以及下文的"精神性"在英文中实难找到确切对应，而惯常使用的译词 spirit 和 spirituality 语义则极为复杂，在西方学界早已被视为颇有问题的术语。从语义上看，pneuma（源自希腊语）与 Geist（源自德语）似与"精神"较为相近，但亦有龃龉之处。本书认为应以 jingshen 处理，其意应为 mind, vitality 和 creativity 的整合（详参 Zhang Jie, Yu Hongbing, A Cultural Semiotics of Jingshen: A Manifesto, 2020）。

② Charles Sanders Peirce, *Collected Papers of Charles Sanders Peirce*, Vol. 1, edited by C. Hartshorne and P. Weiss, Cambridge: Harvard University Press, 1932, p.372.

究的,它应该首先属于一种社会文化活动,是根本无法与人自身的主体性或曰人的精神性相分开的。在西方符号学界看来,符号学作为一门专门研究意义的学科,是将符号关系当作自己的研究对象,主要内含三种关系,即符号与其对象的关系、符号与人的关系、符号之间的关系。① 实际上,这三种符号关系之间的联系,均是通过人的精神活动纽带加以实现的,割裂了这种精神联系,就根本无法考察它们的内在联系。精神关系无疑是极其纷繁复杂而又变化万千的,是难以脱离一定的社会文化语境、仅用科学归纳和演绎推理的方式来概括的。

从符号与生命境界的关系来看,人作为一种能够开展社会活动的高级动物,最初创造符号活动就不仅是指称事物和表达意义,而且还是伴随着情感等精神因素的。其实,人类创造符号活动的过程,也就是一个创造精神文化的具体过程。人既可以将自己的观念和思想转化为符号,又能够再通过符号的解释活动还原思想和观念,而动物却根本不可能实现这一过程。人类社会历来就离不开符号活动,人类文明史也就是一个符号化过程,一个由低级逐渐向高级演变的生命进化过程。因此,意大利符号学家恩斯特·卡西尔(Ernst Cassirer)在《人论》一书中,把人称为"符号的动物"②,其主要原因就在于人能够把符号与生命境界相联系,运用符号创造精神文化,而这是其他动物很难做到的。对于其他任何动物来说,只能够本能地利用大自然界现成的各种信息或记号,而不会有意识地去创造符号活动,更不可能把符号与生命境界相联系。

符号的产生是人的主体精神活动与客观对象相互作用的、主客体间性结果。人类社会文明的符号化无疑是一个精神生产的过程,是对象人化的过程,不能够排斥人的研究主体性,即精神因素。回顾当代西方符号学研究发展的一百多年历程,如果仅沿着西方学界崇尚科学研究和理性分析的符号学研究轨迹前行,明显是非常不充分的,应该要创建主客体交融,并以人类社会

---

① Charles William Morris, *Foundations of the Theory of Signs*, Chicago: The University of Chicago Press, 1938, pp.6-7.

② Ernst Cassirer, *An Essay on Man: An Introduction To a Philosophy of Human Culture*, New Haven: Yale University Press, 2021, p.26.

精神文化活动为主要探讨对象的符号学研究理论及其方法。因此，精神文化符号学就是在这一背景下，以中国传统文化为根基，经过反复酝酿而产生的。老子《道德经》所说的"人法地，地法天，天法道，道法自然"①，表明的就是中国传统认知模式中的"天人合一"思想。《周易·文言传》曰："夫'大人'者，与天地合其德，与日月合其明，与四时合其序，与鬼神合其吉凶。先天而天弗违，后天而奉天时。"②这也是对"天人合一"境界的生动描述。精神文化符号学就是要以这种"天人合一"的认知方式为根基，更加推崇人的自由，追求个性与社会、人与自然的"和谐"相处，把符号学研究视作发掘人类社会精神文化活动复杂联系的重要方法之一，努力实现符号与生命境界相融合，以期为当代符号学探寻一条既"多元"又"统一"的研究路径。

第一节 研究的审视：精神文化符号学的提出

符号活动关涉人类社会的各个领域，人类自从诞生以来，就一直在从事着符号活动。然而，符号学作为一个专门的学科系统，只是到了20世纪才逐渐形成，而且也是以西方学界的研究为主导的。华裔美籍学者赵元任先生是最早开启符号学系统研究的华裔学者。他在《符号学大纲》中专门提出了建立普通符号学的主张，阐明了普通符号学学科体系，随后又运用符号学理论，进一步考察了汉语语言系统。③ 他的论文《谈谈汉语这个符号系统》④，深化了对汉语符号学系统的分析。他的《语言和符号系统》一书，将符号学思想向信号通信等领域拓展，揭示了语言符号与其他各种符号之间的联系。⑤

然而，赵元任先生尽管曾经在中国的清华大学任教，却长期以来一直接受着西方社会的教育，在美国哈佛大学获得了哲学博士，并于1947—1963年

---

① 《老子道德经注校释》，王弼注，楼宇烈校释，北京：中华书局，2008年，第64页。
② 《周易译注》，黄寿祺、张善文译注，上海：上海古籍出版社，2016年，第24页。
③ 《赵元任语言学论文集》，吴宗济、赵新那编，北京：商务印书馆，2002年，第177—208页。
④ 《赵元任语言学论文集》，吴宗济、赵新那编，北京：商务印书馆，2002年，第877—889页。
⑤ Yuen Ren Chao, *Language and Symbolic Systems*, New York: Cambridge University Press, 1968.

在美国加州大学伯克利分校任教,甚至还在1945年就当选了美国语言学学会会长。因此,赵先生的符号学研究正是沿着西方学界的科学化道路展开的,是以科学研究的方法和思维,对语言符号体系,尤其是汉语符号体系的特征等,展开了深入的探究。此后,李幼蒸、胡壮麟、赵毅衡、丁尔苏、王铭玉等我国学者,也在译介各种西方符号学理论的基础上,从文艺学、语言学、传播学、文化学等不同的维度,进行了符号学研究。在这些丰厚的研究成果中,虽不乏中国学者的真知灼见,但大多数是对国外符号学理论的介绍和阐释,因此还需探索建立基于中国传统文化根基之上的符号学体系。应该说,李幼蒸先生的《仁学与符号学》(2011)一书,主要是力图借助于符号学研究方法,提出"新仁学"理论构建的创想。不过,这还并非创建新型的符号学理论。

浙江大学的李思屈教授曾经撰文《精神符号学导论》,试图构建以"精神价值研究"为核心的符号学研究体系。他的研究基础仍然是遵循西方符号学研究的方法,把符号学视为研究意义的学科,只是他把符号的"意义"加以了区分,即"指称性意义"和"价值性意义"。李思屈教授指出,精神符号学主要着重于分析符号的"价值性意义",即发掘符号的精神价值。他甚至认为,人与动物都能够进行符号活动,不过"作为精神世界表征的符号行为则为人类所特有"[1]。无疑,李教授研究的是符号自身的精神内涵,他依然还是借助了黑格尔、卡西尔、怀特海、西比奥克等的符号学思想,来阐明精神符号学研究的对象和任务。虽然在文章中,李教授强调了"以《周易》符号学思想挖掘为基础的东方符号学体系建立"[2],然而,究竟如何实现这一设想,怎样像李教授所说"从'道'与'逻各斯'之别来辩证东西方符号学思想框架的异同"[3]等,尚还存在不少问题有待进一步阐释。因此,精神文化符号学就是要把符号活动视为一种生命的运动,将符号置于生命境界中加以探讨,既不脱离科学思维研究,又更注重以揭示"天"之道为基础的"象"思维,从而实现这两种思维的交融。

---

[1] 李思屈:《精神符号学导论》,《中外文化与文论》,2015年第3期,第10页。
[2][3] 李思屈:《精神符号学导论》,《中外文化与文论》,2015年第3期,第18页。

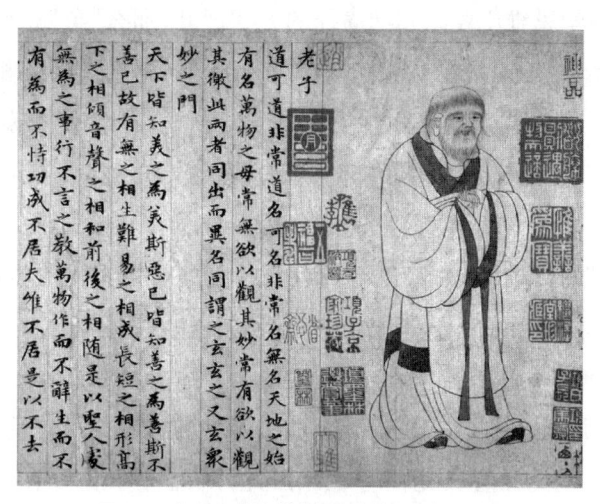

图7 元代赵孟頫小楷《老子道德经卷》(局部)

《道德经》第一章就明确指出,人类存在着两种认知模式,即"故常无,欲以观其妙;常有,欲以观其徼"①。当代符号学研究更注重科学思维,也就是老子所言"常有,欲以观其徼"的思维模式。当然,符号学研究的科学思维、概念分析、逻辑演绎等模式,对人类认知世界产生了重大影响。不过,这种思维方式存在着极大的缺憾,因为至少缺乏对认知世界的另一种模式的阐释,即"象"思维模式。"象"思维与我们常所说的形象思维,既有相通之处,又有极大的区别。因为前者不存在"人为"的主观模仿因素,却可以呈现"天"之道,而后者则是形象化了的"人为"模仿或表征模式。它并非与科学思维相对立,反而是与科学思维相叠加和融合,更是大于科学思维。《周易》首次提出了"象"与"言"及"意"之间的关系。一言以蔽之,即"象"能尽"言"所难尽之"意"。"象"并非为了对现实世界的简单模仿,而是为了显示"意"无法尽情表达的世界。② 这种"象"思维可以使得"无为"反而可以"无所不为",与科学思维相互融合,体现出"天理",也就是"天人合一"之道,让符号学研究更具人文社会气息。

---

① "常无欲以观其妙,常有欲以观其徼"历来解法不一,或以"无""有"为读,或以"无欲""有欲"为读。本文根据陈鼓应解法,认为以"无""有"为读较为合适,参见《老子今注今译》,陈鼓应注译,北京:商务印书馆,2003年,第73—77页。

② 《周易译注》,黄寿祺、张善文译注,上海:上海古籍出版社,2016年,第697页。

如果说科学思维主要以归纳演绎的方式展开，那么"象"思维则更注重自然与人的关系，或者说是在"天"与"道"之间展开。这两者的互相融合正好是"天人合一"。李泽厚、刘纲纪主编的《中国美学史》的绪论中，就把中国古典美学的基本特征，概括为美与善、情与理、直觉与认知、自然与人的统一，提倡人与人之间的博爱。① 实际上，从中国文化传统的认知模式出发，任何符号均是"天人合一"的产物，无法避免地具有某种人类社会文化的印迹，这便是人类符号活动不同于动物的根本之所在。换句话说，符号源自自然的生命体之中，反过来又把一切提升至生命境界。

显然，人类任何符号活动的精神联系，必然与社会的文化活动密切相关，也不可能脱离人类社会文化而存在。因此，研究符号活动精神联系的符号学，必然是文化的。这里，既不存在完全脱离文化的精神符号学，更不可能存在缺乏精神联系的文化符号学。因此，构建精神文化符号学的设想便产生了，这也避免了容易把"精神"理解为弗洛伊德"精神分析"理论中的科学意义上的"精神"。总之，精神文化符号学其实就是将符号活动与生命境界融合起来，研究作为文化现象的符号行为及其内在精神联系的理论。

精神文化符号学的研究主要是在符号与人、符号与表征对象、符号相互之间，发掘各种内在的精神联系，而不是只揭示符号本身内含的精神价值。例如，"生活"一词作为一个语言符号，指称的是人的实际生存状况，这是一般"指称"。然而，当我们说，不能够只是"活着"，而是要真正"生活着"，这便强调了符号自身的精神价值，即"有意义地活着"。精神文化符号学要研究的是"实际生活场景"与"生活"一词之间的各种多元化精神联系。一般来说，也许对于一个商人来说，"挣钱多的活法"便是"生活"，即"有意义地活着"；但或许就一个学者而言，"学术成果被认可的现实"才是"生活"；对于一个满怀理想和抱负的人来说，"为理想而斗争"才是"生活"；等等。每一种对"生活"一词的阐释，均是有具体意义的，阐释却是无穷无尽的，即"无"，即是蕴含无限可能的生成性场域。因此，在这"无"的背后，又反映出"有"或曰"道"，也就是可以对"生活"，在顺应自然、尊重自然的状态下自由阐释，从而解放该词本身的

---

① 李泽厚、刘纲纪:《中国美学史》(第一卷)，北京:中国社会科学出版社，1984年，第23—30页。

多元意义,即释放意义。

从空间上来看,精神文化符号学并非要"人为"确定符号表征的具体意义,反而是要努力揭示意义的可能性,尽可能发掘符号文本的无限可阐释空间,把看似简单的现象复杂化,表明"人为"的有限性,"无为"的无限性,即"天"。从时间上看,在精神文化符号学看来,"天"又体现为变化的无限性,"人为"的局限性。符号与其表征对象处于不断变化的关系之中。在不同的社会历史时期,"现实场景"与"生活"一词意义的符号对应关系,也是不尽相同的。其实,每个人对"生活"的各种理解,都会导致不同的意义,符号与表征客体之间的精神联系是变化的、多元的,甚至可能是无限的,但不会离开自然的轨道。如此一来,符号在不同生命体的运用中显示出不同的意义,从而完成了符号与生命境界的有机联系。

精神文化符号学并非要像解构主义那样,去消解一切意义,而是追求"有为"中的"无为",发掘"无为"中的"有为",从而更深层次地呈现出无限的"天"及其无法言说的"道",即"天理"或者"宇宙之理"。这就实现了中国传统文化的认知模式——"天人合一"。"天"与"人"有机地融合在一起,即"天"在"人"心中,"人"又融化在"天"里,"天"之道反过来更积极地影响着"人"。

其实,符号是人类社会精神文化活动的产物。精神文化符号学着眼于符号间的精神文化联系,特别是符号与生命境界的关联,并以此开启自身的符号研究之旅。

第二节 符号学边界:研究方法论的价值

通常而言,一个学科的定义一般来源于对本学科研究对象及其关系的阐释,并且在此基础上,再就本学科的内涵做出进一步的界定,符号学的定义亦是如此。在俄罗斯科学院语言研究所编辑的《符号学》高校教材中,第一讲《论符号学的研究对象:符号学是一门科学吗?》曾明确指出:"哪怕尚未阅读过任何符号学文章和著作的普通人,都会知道,符号学是'一门关于符号和符号体系的科学'。"①

鉴于符号自身特征的变化性和宽泛性,其所涉及领域可以说是无边无际的。符号本身构成的素材是难以限制的(如文字、图像、数字、声音、光亮、颜色、信号等任何标记)。符号能够标记任何所需指涉的事物,具有空间性和时间性。据此,如果按照惯用的方法加以定义,几乎所有学科均无一例外地可以属于符号学,例如数学、物理、化学均离不开符号活动,每一种化学元素都是以一个符号来标明的,数学就更是符号与符号的计算等等。

实际上,符号学界大多数学者都清楚地意识到这一点,于是就回避了仅从研究对象及其关系来定义符号学的办法,努力从功能、范围和传播等过程来加以阐释,把符号学看作一门研究信息意义及其传播的学科。因此,斯捷潘诺夫在《符号学文选》序言的开头就写道:"符号学的研究对象遍布各个领域——语言、数学、文艺,包括单部文学作品、建筑艺术、绘画设计,还涉及家庭组织以及各种下意识的活动,涵盖了动物世界、植物生长。然而,无论如何符号学涉足的直接领域就是信息化体系,也就是信息传播系统,这一系统的基本核心就是符号体系。"②

显然,这一定义虽增加了信息意义的传播过程,将符号学研究视为一个动态变化的体系,却难以概括出符号学的学科特征,甚至在很大程度上又回到了本来的符号学概念,也就是符号学是一门研究符号及其体系的学科。将符号学看成是研究信息意义及其传播的一门学科,肯定不能令人信服,因为很多学科均是研究信息意义及其传播的。如历史是阐释人类社会发展具体事件的信息及其意义传播的,文艺学是以文学创作为对象来探讨文学基本规律与创作意义生成及其传播的学科,新闻学就更是研究信息意义产生及其传播的学问,等等。这样一来,符号学似乎成为无边的学科,自然也就什么都不是了,丧失了自身的学科个性特征。符号学不可能是无边界的,就如同其他学科一样,符号学无疑需要自己的学术界限。

---

① Елена Сергеевна Никитина, *СЕМИОТИКА*: *Антология*, Москва: Академический Проект, Деловая книга, 2001, с.5.

② Юрий Сергеевич Степанов, *СЕМИОТИКА*: *Антология*, Москва: Академический Проект, Деловая книга, 2001, с.5.

自从符号学诞生以来,学界关于符号学的定义莫衷一是,研究的侧重点也各不相同,然而大多数学者都是努力用科学思维的方式,即寻找共性特征的归纳概括方法,赋予符号学以清晰的定义,不过任何定义又都是无法规定符号学性质的。这样一来,符号学研究的各个流派便不断涌现,学者们从语言、文学、社会、文化、传媒、宗教等各个不同的路径,努力采用科学归纳的方法,来发掘各自研究领域中的符号意义。与此相关的语言符号学、文学符号学、传媒符号学、社会符号学、文化符号学、宗教符号学等便不断涌现,甚至还有更为细分的符号学,例如存在符号学、马戏符号学、音乐符号学等等。

无疑,符号学又需要统一自己的定义,虽然任何科学化的确定概念都可能被重新定义。莫里斯就明确写道,"符号学与科学有着二重关系:它既是科学的一种,又是科学的工具"①。学界以往对符号学的定义,主要将符号学作为与其他科学平行的一门科学来加以阐释。鉴于符号学的跨学科特性,这种区分就很难实现,并容易导致与其他科学特征的交叉相融。其实,若是从莫里斯说的第二个方面着手,或许不但可以对符号学本身的个性有所定义,还能够揭示符号学作为方法论的特征。这是因为,符号学的特征就在于符号与生命境界的互动之中。

符号学与其他科学一样,肯定是揭示研究对象的意义及其传播的,然而符号学研究符号意义的路径与其他科学又是迥然不同的。自然科学在揭示符号意义时,通常是"能指"与"所指"相互对应,非常确定和清晰,容不得一点模糊不清。语言学更接近于自然科学研究,根据索绪尔的定义,语言符号是"能指"与"所指"一一对应。哲学、历史、政治、宗教、经济学、法学、新闻学等其他学科,大概也是如此,否则意义传达就可能会产生歧义。只有包括文学在内的艺术创作并非如此,文艺符号释放出的更多是审美感知,并非一定是清晰的,尤其是音乐符号的意义。当然,无论是艺术家创作,还是文艺批评者的评论,从主观上来说,还是尽力在传达一种主旋律,哪怕读者或观众会产生不同的理解和阐释。

---

① Charles William Morris, *Foundations of the Theory of Signs*, Chicago: The University of Chicago Press, 1938, p.2.

塔尔图大学符号学系的库尔教授曾强调,符号学研究的目的是让世界变得多元。① 其实,库尔指出的就是符号学的方法论特征。符号学研究的方法就是要发掘符号尽可能多的意义。如果该符号是一个文学文本,那么符号学的研究方法就是要尽量发掘该文本的可阐释空间,甚至文本意义的再生机制。因此,符号学就是研究意义多元生成的一门工具性科学,以多维度的视角和方法来发掘意义生成的无限性。据此,精神文化符号学就是要在错综复杂的社会文化世界中,寻找符号与表征对象、符号与人以及符号相互间的多元精神联系。简言之,凡是以揭示符号多元意义为己任,采用多元解读的思维方式,从事符号活动研究的科学才是符号学。这样,符号学研究就成为具有生命力的"活"的科学,符号在生命境界中的意义及其变化才能够凸显出来。

因此,索绪尔语言符号学论述的重心在语言学,而并非符号学,只是其理论中涉及语言符号的概念,可以说是符号学知识在语言体系研究中的应用。现代符号学的建立与发展,主要是建立在皮尔士的三分法以及莫里斯的理论阐释基础之上的。

从中国古典哲学及其美学思想的维度来看,符号学研究的范围应该是"有"与"无"之间,即"有无相生"的认知模式。②《道德经》第四十章指出:"天下万物生于有,有生于无。"③不谈"无",就无法论及"有",就不可能真正揭示事物真相,只能够受限于部分;而不谈"有",只谈"无",也将一无所获。只有两者融合,才能真正实现"道常无为而无不为"④。这显然与《周易》也颇有相似之处。《周易》所论及的"象"蕴含了"言"无法穷尽的意思,即言不尽之意。也就是说,"象"是对所表征现象的非语言的形象化反映,既包括了"言说"的功能而又不限于"言说",释放着无穷的"意"。因此,离开了"象"思维的科学思维肯定是不完整的,同样,脱离了科学思维,"象"思维也就必然会变成虚无缥缈的玄学。

---

① Zhang Jie, Yu Hongbin, Semiotics—Another Window on the World, *Chinese Semiotic Studies*, 2018, 14(2), p.133.
② 《老子道德经注校释》,王弼注,楼宇烈校释.北京:中华书局,2008年,第6页。
③ 《老子道德经注校释》,王弼注,楼宇烈校释.北京:中华书局,2008年,第110页。
④ 《老子道德经注校释》,王弼注,楼宇烈校释.北京:中华书局,2008年,第90页。

精神文化符号学作为一种符号学研究的新路径，聚焦于人类精神活动，并非反科学或非科学。例如，当前神经科学研究就已验证了人类精神体验确实是真实存在的独特大脑状态，而并非凭空杜撰的玄学概念。① 精神文化符号学所关注的是研究方法和视角的多元，拥抱但不仅限于科学思维。

实际上，方法论的多元化特征就是符号学学科的边界，但"多元"并不是为了表明意义的虚无，而是为了企及甚或达到恢复对"万物与我为一"②之自由境界的感知。也就是说，要在无穷多的意义中，去感知意义的自由及其内在的"道"。从宏观上看，我们能够在多元化的研究之上，甚至无限的研究维度中，实现对符号世界的"体知"。③ 如果从微观上看，符号学的任何一种研究方法及其维度，都属于科学思维的"识知"或"思知"。

第三节　符号学理想：无为而无不为

任何一门学科都拥有自己追求的学术理想，无疑精神文化符号学亦是如此。这种学术理想就是要在符号与生命的互动之中，释放符号的意义，把每一种意义的阐释都视为仅是多元阐释中的一种，从而给予符号以自由，进一步展示符号意义的"无"，即无限多的意义，并从中领悟到世界之"道"，进入生命的境界。其实，这一思想的哲学和美学渊源，可以追溯到公元前两百多年之前，也就是中国古代思想家庄子的哲学和美学思想。"庄子哲学力求消除人的异化，达到个体的自由和无限，而异化的消除，个体的自由和无限的实现正是美之为美的本质所在，也是解决'美之谜'的关键所在。"④庄子的终极目标就是要把人类的生活与世界的无限相联系，注重无限的观念，让人的自由和精神进入不受外力所约束的自由境界，即生命的最高境界。符号学研究对意义释放的作用是显而易见的，甚至超越了符号研究自身，在某种程度上让

---

① Lisa Miller et al., Neural Correlates of Personalized Spiritual Experiences, *Cerebral Cortex*, 2019, 29(6), pp.2331-2338.
② 李泽厚、刘纲纪：《中国美学史》（第一卷），北京：中国社会科学出版社，1984年，第241页。
③ Lawrence Shapiro, *Embodied Cognition*, London: Routledge, 2019.
④ 李泽厚、刘纲纪：《中国美学史》（第一卷），北京：中国社会科学出版社，1984年，第240页。

生命更加自由。

显然，精神文化符号学的研究对象并不是一个个缺乏生命力的"个体"，而是活生生的"个性"。任何企图规定符号意义的研究都是在束缚作为"个性"的符号自由，只能在一定的文化语境中，对符号进行部分意义的阐释，并且还限定了符号的生命力及其自由，给符号套上了牢笼。任何一次符号意义阐释就是一次规约，均是在把复杂的问题简单化。

凡是能够把看似简单的符号作为一个复杂的"个性"加以解读，把每一次解读都作为是在不断发掘符号的可阐释空间，这才是符合符号学理想的研究。例如，对文学经典《红楼梦》的阐释，无论是把该小说的主人公贾宝玉与林黛玉视为爱情故事的主角，或者把他们看作封建社会的叛逆者，还是"四大皆空"宗教思想的殉道者，都是对该文本主人公意义的一种释放，是对小说文本可阐释空间的一种发掘。读者无疑可以对文本进行无限解读，从而给予小说及其主人公以意义的自由。

符号学研究的目的不仅仅是阐释符号意义或符号之间的关系，也并非只是揭示符号运行变化的规律，而更重要的是提升人的生命力，即感知和思维能力，拓展人的认知空间，使得人们挣脱各种社会的、伦理的羁绊，自由地去思想。人的内在与外在的世界都是无限的，因此人的认知可能性应该也是无边界的，对符号的阐释也就必然是无限的。更何况，在精神文化符号学的视野中，任何一个符号体都是具有生命力的"个性"，其自身的变化当然是难以穷尽的。

从文化交流的维度来看，精神文化符号学的终极任务就是，努力在看似简单的符号标记上，不断发掘尽可能多的意义，乃至可以是无穷多的意义，展示意义的多元化、世界的多极化。这也就是要从各种看似有限的符号意义空间中，深入发掘符号意义的无限可阐释空间，并由此领悟到宇宙之无限、世界之自由的奥秘。简而言之，这也就是一个"有无相生"的动态过程，即从"有"至"无"，再返回至"有"的历程，当然，后一个"有"迥异于前者"有"，是仅能"体知"和"感悟"的"道"。

其实，从国际符号学学会的诞生过程来看，这也是与争取自由的学术理想和多元化的思维方式密切相关的。20世纪60年代中后期，西方思想界实现了由结构主义向解构主义的学术转向，追求"多元化"和"去中心化"成为大多数学者所追求的理想和目标。

正是在这一思潮转型的背景下，国际符号学学会于1969年成立，成为引领世界符号学研究的权威学术机构，并且创办了《符号学》(Semiotica)杂志。显然，"多元化"的研究不只是符号学科学的"边界"，也是符号学研究的"初心"。在中国，符号学研究的兴起亦是如此。中国语言与符号学研究会于1994年在苏州大学正式成立，是我国改革开放之后，历经十多年的学术探索才出现的。由南京师范大学符号学研究中心主编的全英文刊物《中国符号学研究》(Chinese Semiotic Studies)于2009年创刊，推动着我国的符号学研究沿着多元化的学术方向前行。

精神文化符号学的研究虽然得益于中西方学术思潮的影响，尤其是中国的老庄学说和西方的解构主义，但是又迥异于这两者，而是两者的相互融合。无疑，中国的传统文化是我们的根基，而引入西方的学术视角和方法，可以增强精神文化符号学研究的科学性。当然，精神文化符号学又不同于西方的解构主义，其对意义的多元阐释并非为了消解意义，也不仅是为了对意义"遮蔽"的"去蔽"，而是要在发掘意义无限的同时，启发人们感知到无限背后的"道"，即隐藏在客观世界深层的、无法言说的自然规律。在老庄哲学思想中，这种规律就是先于天地而存在并产生出天地的"道"。"道"与人的自由并非相对峙，而是完全一致的。人只有在顺应自然规律时才能够获得真正的自由，其个体生命才有可能健康地成长。同时，人也只有在充分自由的状态中才能感知和领悟到"道"。个性的自由和自然的必然性、合目的性的完美融合，才能够实现最高形式的真美善合一，这正是《道德经》中所论及的"无为而无不为"的理想境界，也是符号与生命境界最完美的融合。

中国符号学研究若要探索自己独特的研究方法，就应该立足于本民族的文化根基，以中国古典哲学思想为基础，借鉴西方符号学的研究成果，把"有无相生"的思想、感悟式的"体知"方式，与西方学界的科学归纳、推理、演绎等"思知"方式，有效地融合在一起。这正是精神文化符号学的方法论特征。我们的研究希望不仅有利于符号学研究新方法的拓展，更期待能够有利于增加符号学研究的精神文化维度，摆脱现实社会的重负，从而为人工智能时代因科学技术迅猛发展所导致的人类社会的情感缺失和精神危机，探寻一条值得借鉴的解困途径，实现生命的自由和解放。

第二讲

精神文化符号学的认知模式与庄子的"吾丧我"

人的存在状态对生命境界的塑造具有深远的影响。在历史长河中,人类以主客体分离的二分法存在模式为基调,绘制出了一幅波澜壮阔的文明画卷。在人类征服自然的历程中,主体的积极作用尤为显著,推动了科技的飞速进步和社会的繁荣昌盛。然而,过分强调主体地位,将人与世界截然分割的二分法,也引发了人类社会的文明危机。特别是在互联网与人工智能迅猛发展的当下,人类在繁荣的表象下感受到了前所未有的孤独,甚至在虚拟世界的海洋中迷失了自我。面对这一关键的历史节点,我们亟须寻求更为合理的认知模式与存在状态,以化解主客体分离带来的心灵困扰。只有构建平衡的主体与客体关系,我们才能在科技高速发展的同时,保持内心的宁静与和谐,让生命在更高的境界中绽放出绚丽的光彩。

在中国古代哲学的深厚智慧里,符号活动展现了一种独特的审美韵味。战国时期,《庄子》以其深刻的哲学思考,提出了"吾丧我"[1]这一哲学命题,这一命题以"用心若镜"的认知方式,打破了传统主客体二分法的符号活动模式,开辟了一个全新的认知领域。庄子认为,认知的主体应超越以自我为中心的主观意识,融入与自然和谐共存的天人合一之境,这是先秦哲学家们所追求的"道"的生命境界的体现。"吾丧我"这一命题深入探讨了人的自我意识与宇宙自然之间的关系,以及人在宇宙中的定位。庄子认为,人们往往被个人的欲望、成见和自我意识所束缚,这些束缚导致了人与自然的对立和矛盾。而"吾丧我"则是一种超越自我,与宇宙万物融为一体的哲学境界。在这种境界中,人不再以自我为中心,不再受限于个人的空间,而是与自然和谐共存,达到了无私无我、顺应自然的状态。

---

[1] 《庄子今注今译》,陈鼓应注译,北京:中华书局,2020年,第37页。

精神文化符号学倡导突破主客体二元对立的传统局限，将研究重心从单一的符号表征与意义感知中抽离，并强调在符号解读的进程中增进认知深度，扩大认知边界，从而达到提升生命层次的目的。该理论深深植根于中国传统文化的沃土之中，把庄子的"吾丧我"哲学理念作为理论基石之一，为自身发展提供了深厚的思想支撑。因此，在精神文化符号学的深入研究中，我们不可避免地会面临一系列问题：庄子所阐述的"无我"状态，其本质内涵究竟为何？在超越自我之后，生命的形态又将如何呈现？这种符号活动对于提升生命境界与修养，又能带来哪些深远的启示与影响？

第一节　庄子的"吾丧我"与符号活动的无主体状态

"吾丧我"这一哲学概念，源自庄子的《齐物论》。在对其深层内涵进行探究时，首要任务是深入剖析庄子所提出的"镜子"之喻。此喻精妙地描述了人在"吾丧我"过程中感知状态的变迁。庄子明确指出："至人之用心若镜，不将不迎，应而不藏，故能胜物而不伤。"[1] 庄子借"镜子"之喻，精确地阐述了"吾丧我"状态下个体的感知特质，即如同明镜般能清晰映照万物，却不留任何主观痕迹。这种心灵状态既不对万物有所迎合，亦无抗拒，既与之相应，亦不将其留存，因而能映照万物而不受其束缚。

显然，"吾丧我"所追求的是一种无我化的"镜像"感知状态，它体现了超越自我界限以及对宇宙万物融合的持续追求。庄子敏锐地洞察到，人类的痛苦与认知的局限，往往源于自我中心的偏见及主客体之间的对立。他主张摒弃自我中心的执着，追求与自然和宇宙律动的和谐共存，从而实现心灵的解放与自由。在"吾丧我"的境界中，庄子旨在引导人们超越自我意识的桎梏，踏上心灵升华的旅程。这不仅是一种独特的人类文化表达，更是一种超越主体的精神实践。

---

[1]　《庄子今注今译》，陈鼓应注译，北京：中华书局，2020年，第234页。

图 8　宋代李唐《濠梁秋水图》(局部),天津博物馆藏

庄子并非历史上首位以"镜子"为象征,探寻人之心灵至无我境界的哲学家。事实上,老子在其思想体系中亦曾以"涤除玄览(鉴)"为喻,传达了类似的哲学理念。这里的"鉴"即为"镜子"[1],其象征着心灵的纯净与清澈,犹如无瑕的明镜。通过涤除内心的杂念与纷扰,个体能够洞察世间万物的本质与真理。心灵如镜,既不受外界嘈杂之声的侵扰,亦不为外物所迷,它静默地映照万物。

老子的"涤除"之道与庄子的"吾丧我"之法,尽管表述各异,但其核心意义均指向同一目标,即通过内心的净化和修炼,达到与宇宙万物和谐共存的至高境界。其中,"镜子"的隐喻深刻揭示了在这种无我的主体状态下,个体并非丧失感知能力,反而是达到了一种更为清晰、客观、无偏见的感知状态。这种感知状态是人类独有的符号化活动之一,体现了人类对于宇宙与自我深刻理解的智慧。

这种无我主体状态的"镜像"并非遥不可及,实则是每个人生命旅程中不可或缺的一环。在婴幼儿时期,我们虽已作为独立个体存在于世,但尚未形成明确的自我意识,而是处于主客交融、界限模糊的初始状态。随着岁月的流逝,主客体界限逐渐分明,主观意识日趋成熟,个性与主体性逐渐凸显,我们对世界的认知和理解亦展现出独特的个人视角。因此,无我的主体状态

---

[1] 《老子》,李存山注译,郑州:中州古籍出版社,2018年,第59页。

并非神秘莫测,而是生命早期自然的"镜像"现象,它构成了每个人成长过程中的重要组成部分。

在老庄哲学的深邃智慧中,无我主体状态的"镜像"被赋予独特的意义,被视作一种难以企及的精神高度。这一高度的难以企及,源于其对成年人摒弃繁杂自我意识、回归本真、重拾婴幼儿般"镜像"纯净与和谐的严苛要求。鉴于成年人的自我意识强烈且鲜明,实现这一回归无疑是一项艰巨的任务。因此,庄子的"吾丧我"并非仅限于自我丧失的表象,而是需要通过"实修",即注重内心的反省,以达成自我消融的深刻体验。庄子不仅倡导我们从理性上理解这一理念,更激励我们通过实际行动去体验与验证。为此,他提出了"坐忘""心斋"等修行方法,旨在引导成年人在实践中领悟"吾丧我"的精神高度。同样,老子亦对成年人能够"复归于婴儿"的"镜像"状态表示赞赏,这体现了他对返璞归真的深切期望。

东方哲人对于无我主体状态的独到见解,已吸引西方学术界的广泛关注。心理学家卡尔·古斯塔夫·荣格(Carl Gustav Jung)对《太乙金华宗旨》这一中国道家经典中所述的无我主体状态进行了深入剖析。他认为,在道家所描绘的无我主体状态下,个体的主体意识虽看似消解,但对外部世界的感知却异常敏锐且清晰,这与庄子所言的"用心若镜"状态相契合,即达到庄子所谓"吾丧我"的精神境界,亦即"镜像"感知状态。

关于人类无我主体状态的探索,并非囿于东方哲学的范畴之内。在西方哲学的宏大体系中,亦不乏对主体性认知的解构与反思。其中,结构主义所倡导的"去中心化"概念,便是对此类问题的一种典型解构尝试。同时,胡塞尔(Edmurd Husserl)提出的"现象学的悬置"理论亦属此类,其主张以直觉的优先地位,通过暂时"悬置"非直觉的认知,以期达到更为本真的感知。尽管这些理论与庄子所阐述的"吾丧我"在理念上各有侧重,但均深刻地反映了人类对于打破主客体界限的深切追求,以及对更深层次认知的不懈探寻。

精神文化符号学对庄子哲学中的"吾丧我"思想及其在成年人内心"用心若镜"的感知方式给予了极高的重视。这既是因为庄子的"吾丧我"理念为人类提供了丰富的"镜像"等感知状态,更是因为在当前科技与人工智能迅猛发展的时代背景下,人类迫切需要从古代智慧中汲取养分,以构建适应未来的认知模式,进而提升生命境界。庄子的思想如同清泉,滋润着现代人的心灵,为我们提供了一种超越自我、回归内心宁静的智慧,使我们在纷繁复杂的世界中能够觅得一片宁静的绿洲。

第二节 "吾丧我"对符号感知活动的意义

"吾丧我"其中蕴含的"镜像"符号感知活动的意义究竟是什么呢?通过《庄子》中的"无思无虑始知道"①,我们可以理解庄子的"吾丧我"的目标在于体悟"道"的深刻真谛。

在中国古代思想文化的宏大背景下,先哲们对于"道"的阐释、追寻与践行表现出无与伦比的重视。他们深刻认识到,唯有超越狭隘的自我,才能触及宇宙存在的根本奥秘,从而领悟真理的深刻内涵。同时,"道"也是思想活动与情感体验中最根本的驱动力。追求"道"不仅仅是一种抽象的哲学思考,更是一种具体的生存方式与生活态度,它体现了对自然界和生命本质的深刻洞察以及与之和谐共存的理念。

主观意识的存在往往成为领悟"道"的障碍,而"吾丧我"的核心理念正是为了消解这些主观意识的干扰。庄子借助"成心""机心""滑心"等隐喻,详细刻画了主观意识可能产生的偏离,这些偏离与人的本真之心相悖,亦违背了人的自然本性,从而对认知过程带来了不利影响。当主客体界限清晰,主体处于主导地位,客体则处于被动状态时,主体容易将自身的主观意识强加于客体之上。若以"镜子"为喻,成年人的主观意识如同一面凹凸不平的镜面,它扭曲了所映照之物的真实面貌,可能夸大或缩小事物的真实情况,稍有疏忽便可能导致认知的偏离。

在符号感知活动中,西方人偏重于"理",而东方偏重于"道"。中国先哲认为,万事万物都是"道"的载体,得"道"是一切活动的首要方向。从认识论的角度看,得"道"的人可以极大地提高人的"能知"力。老子所说的"为学日

---

① 《庄子注疏》,郭象注,成玄英疏,曹础基、黄兰发点校,北京:中华书局,2011年,第389页。

益"①是在"所知"上提升人,而"为道日损"②是在"能知"方面帮助人,老子很显然更重视"为道日损","为道日损"的过程就是"吾丧我"的过程。

庄子认为"是亦一无穷,非亦一无穷也"③,是与非本来就是相对的,如果无休止地陷于是与非之中就会失去对真知的关注。不去纠结是非,就是不局限于是非,超然之上才能感悟"道"的存在。主客体二分法容易产生对立而过于注重区别并争执是非,人的行为与精神活动被定理、规律等各种符号简化概括。庄子则通过"吾丧我"超越这种简单的是非观,进入"道"的层面。所以,张岱年认为:"最高的知,是见道不见物,没有物我的区别。其次分别物我,而对于物尚不更加区分。又次则对于物亦加区划,而尚无所是非取舍于其间。分别是非,就不能认识道了。"④

中国古代哲人所追求的"道"很明显具有主体间性特质,先哲没有给"道"一个详细清晰的定义,但对主体间性有明确的定义。《西方哲学英汉对照辞典》指出:"如果某物的存在既非独立于人类心灵(纯客观的),也非取决于单个心灵或主体(纯主观的),而是有赖于不同心灵的共同特征,那么,它就是主体间的……主体间的东西主要与纯粹主体性的东西形成对照,它意味着某种源自不同心灵之共同特征而非对象自身本质的客观性。心灵的共同性与共享性隐含着不同心灵或主体之间的互动作用和传播沟通,这便是它们的主体间性。"⑤解释"道"时用上主体间性,"道"仿佛变得可道了。

荣格在研究《太乙金华宗旨》过程中,思考了"道"的概念。他提出,在人类的心理活动中,除了我们日常所意识到的"意识"层面,还存在着一个更为广阔的空间,那就是"无意识"的领域。在这个"无意识"的深层结构中,存在着一种被称为"集体无意识"的普遍性心理结构。这种"集体无意识"是人类共同的心理遗产,它超越了个体差异,包含了人类共有的原型和象征。从这个角度出发,我们可以更好地理解东方哲学家们为何如此推崇无我的主体状态。因为通过这种状态,个体能够直接体验到"集体无意识",从而达到与

---

①② 《老子道德经注校释》,王弼注,楼宇烈校释,北京:中华书局,2008年,第127—128页。
③ 《庄子今注今译》,陈鼓应注译,北京:中华书局,2020年,第60页。
④ 张岱年:《中国哲学大纲》,北京:商务印书馆,2015年,第773页。
⑤ 布宁、余纪元编著:《西方哲学英汉对照辞典》,北京:人民出版社,2001年,第518页。

"道"合一的境界。荣格认为,"道"不仅仅是一种哲学的概念,它更是一种"自觉的道路"①。这种"自觉"是指对"无意识"领域的深刻认识和理解。通过这种自觉,个体能够洞察到那些通常被遮蔽的心理层面,从而实现自我超越和心灵的觉醒。在这个过程中,个体不仅能够更好地理解自己,还能够与更深层次的宇宙真理相连接,体验到一种超越个体存在的普遍智慧。按照荣格思想,得"道"的过程是一个人就可以完成的,这个过程是"意识与潜意识的再次统一"。"再次统一的目的是为了获得'意识的生命'(慧命),或者用中国的术语来说,就是要'成道'。"②

精神文化符号学强调,庄子的"吾丧我"理念并非意味着无目的地漫游,而是指向一种具有明确指向性的精神追求,其核心目标在于探索并达到"道"的至高层次。当个体深入领会"道"的精髓,其在符号实践中的感知力将得到显著的转变与提升。因此,所谓无我的主体状态,并非感知能力的退化,而是人类以独特而深刻的方式感知世界,它代表了一种特殊的符号活动,超越了单一主体的限制,具有主体间的互动特征。古人虽认识到成年人难以重归孩童时期的无拘无束,却持续强调"吾丧我"的价值,这恰恰是基于对这种精神境界深刻理解的体现。得"道"不仅能显著增强个体的感知能力,更能极大地提升人的精神层次,引导人们超脱世俗纷扰,提升人生境界,达到智慧之境。

第三节 "吾丧我"之后的主体有无之境

在"吾"失去"我"之后,所呈现出来的"吾"实际上已经转变成了"至人",也就是那些能够"用心若镜"的"至人"。所谓"至人",也是指那些已经领悟了"道"的人。他们的心灵如同明镜一般,能够清晰地反映出外界的一切,而不带有任何主观的偏见和杂念。庄子在他的哲学思想中特别强调了"吾"丧"我",而不是"吾"丧"吾",这显然表明他并不是希望人失去主体性,而是希望

---

① 卫礼贤、荣格:《金花的秘密》,邓小松译,合肥:黄山书社,2011年,第37页。
② 卫礼贤、荣格:《金花的秘密》,邓小松译,合肥:黄山书社,2011年,第38页。

人们能够超越自我,达到更高的特殊主体。庄子认为,真正的自我并不是那个被世俗观念和欲望所束缚的"我",而是那个能够超脱一切,与"道"合一的"吾"。只有当人们放下自我,放下对物质和名利的追求,才能够真正地领悟到"道"的真谛,从而达到"至人"的境界。庄子有时也用"真人"[①]或"神人"[②]这样的名称,"真人"或"神人"与"至人"只是层次有差别,但都属于得"道"的人。这种人并不是整天处于无我的主体状态,而是游刃于主体有无之境。

"吾丧我"毕竟是个比较难以用语言描述清楚的命题,所以荣格还运用了"自性(self)"与"自我(ego)"这两种特殊概念来加以说明。荣格说:"如果潜意识也能像意识那样,作为可以影响人的能量而得到认可,一个人个性与人格的重心会出现转移。重心会离开意识的中心——自我,来到意识与潜意识之间。这个点可以被称为自性。这样一个变换成功的结果,就是不再需要神秘参与。换句话说,一个在低层次受苦受难的人格成长到了忧喜不侵从而无忧恐怖的更高层次。"[③]荣格强调,恢复"自性"这个过程不需要外力,不需要"神"的帮助,只需要放下"自我"。"自我"仅仅是意识的主体,而"自性"是包括无意识在内的精神世界整体。按照荣格的这种理论去推论庄子的"吾丧我","吾丧我"中的"吾"是"自性","吾丧我"中的"我"是"自我",丧"自我"后"自性"将复苏,为成为"至人"奠定基础。

这里借用禅宗的小故事来对应这种主体有无之境。有一个高僧与"砍柴担水做饭"的公案,这位高僧说:"得'道'前,砍柴时惦记着挑水,挑水时惦记着做饭;得'道'后砍柴即砍柴,担水即担水,做饭即做饭。"显然,得"道"前的主体是"自我","自我"由漂浮不定的意识和念头构成,所以"砍柴时惦记着挑水","挑水时惦记着做饭",得"道"后的主体是"自性"。"自性"则安定从容,活在当下,所以"砍柴即砍柴""担水即担水""做饭即做饭"。同样的人,做同样的事,但主体境界不一样了。所谓"自性",拿近代的哲学名词来说,可以叫作心灵的"普遍位格"(universal persons of mind),或者是像德国黑格尔所谓的"普遍的心灵"(universal mind),或者是叫作"绝对心灵"(absolute mind)。

---

① 《庄子注疏》,郭象注,成玄英疏,曹础基、黄兰发点校,北京:中华书局,2011年,第126页。
② 《庄子注疏》,郭象注,成玄英疏,曹础基、黄兰发点校,北京:中华书局,2011年,第12页。
③ 卫礼贤、荣格:《金花的秘密》,邓小松译,合肥:黄山书社,2011年,第63页。

这种主体不局限于主观,而是通乎"主体之际"(intersubjective)。

可见,庄子的"吾丧我"状态实际上是一种去除虚假主体的过程。在这个过程中,一旦消除了那些虚假的、伪装的主体,真正的主体才能够显现出来。这一点与笛卡尔的著名论断"我思故我在"形成了鲜明的对比。笛卡尔认为,通过思考可以证明自己的存在,而庄子却要先摒弃繁杂的"我思",才能真正体会到"我在"。也就是说,在存在与认知的关系中,我们应该首先通过主客体的融合去获得存在,而不是通过主客体的对立来认识存在。通过主客体分离所认识到的存在其实是一种虚假的存在,只有在摒弃了主客体分离之后,我们才能真正体知到真实的存在。庄子所说的"吾丧我"并不是简单地否定主体的存在,所谓的"至人"更不是虚无主义者,而是拥有"自性"作为其主体人格的存在。这种"自性"超越了简单的有无对立,达到了一种更高的境界。

第四节 庄子"吾丧我"与精神文化符号学

精神文化符号学不仅仅停留在理论层面,而且是致力于将古老的文化智慧与现代思维相结合的践行。中国传统文化深邃且广袤,其与现代文明之间既存在着联系,也存在着某种隔阂。因此,我们亟须一把特殊的钥匙来解锁这座文化宝库,而"吾丧我"正是这把重要的钥匙。"吾丧我"强调的是一种超越自我、达到天人合一的境界。借助"吾丧我"这把钥匙,我们能够洞察中国传统文化中的珍贵智慧,并将其融入现代生活之中,以提升我们的精神境界,充实我们的内在世界。

精神文化符号学致力于推动意义的自由阐释,追求一种突破传统固有本质观念的哲学探索。在这条探索之路上,本质不再被视为静态不变的存在,而是具有动态性、多维交织和不确定性的特征。在庄子所倡导的"吾丧我"的哲学境界中,符号的深层意义得以释放,这正是精神文化符号学所追求的终极理想。通过这种追求,我们不仅能够深化对世界的认知,还能在理解中探索与万物和谐共存的途径。精神文化符号学强调,相较于对经典文本的教条式信奉,我们更应注重对文本意义的全面阐释。庄子的"吾丧我"理念,为我们开辟了一条超越概念思维局限的道路。尽管概念思维在解决人类符号活动中的某些问题时具有一定作用,但其无法触及问题的核心本质。因此,我们不应囿于概念思维的框架,而应追求更为深邃的"道"的领悟。同时,我们亦不应满足于言辞所传达的真理,而应超越语言的界限,去感知那难以言喻的"道"之真谛。

精神文化符号学致力于通过提升个体的"能知"能力来达到更高的生命境界。中国传统文化始终追求着对"能知"局限性的突破,以期实现生命境界的自然升华。与西方符号学侧重于符号的客观解读与阐释不同,中国传统文化更聚焦于探究"能知"与"所知"之间的深层次关联。精神文化符号学认为,生命的境界不仅与"所知"紧密相关,更重要的是与"能知"的升华紧密相连。当个体的"能知"能力得以提升时,其生命境界亦将随之迈向新的高度,这种提升是对生命本质的深刻理解和对存在意义的重新认识。通过这种升华,个体能够更好地理解世界,更深刻地体验生活,从而达到一种更高的精神状态。精神文化符号学将这些理论应用于实际生活中,帮助人们在现实世界中找到自己的位置,实现自我价值,最终达到一种和谐与平衡的状态。

在古老智慧与现代思维的交融中,精神文化符号学以其独到的方法论视角,助力我们理解语言符号背后的深层意蕴,引导我们在个人成长的道路上稳步前行。因此,精神文化符号学的研究不仅具有理论价值,更具有实践意义。这门学科倡导的是一种开放的思维方式,它鼓励我们在面对复杂多变的世界时,保持一种灵活多变的思考方式,不断探索和发现新的意义;鼓励我们超越表象,深入事物的内在本质,从而实现对世界更深层次的理解和认知。在实践意义上,精神文化符号学不仅仅是一门学术研究,更是一种生活的哲学,它引导我们在日常生活中不断寻求与世界和谐相处的方式,实现心灵的自由与解放。

第三讲

精神文化符号学认知模式与中国传统文化中的"心知"

"心知"所倡导的理念是三个层面上的合一：心身合一、心物合一、心心合一（即后天之心与先天之心的合一）。这三种"合一"相辅相成，共同提升了人的"能知"能力。具体来说，"心身合一"构成了中国传统认知模式的基石，它超越了身体与心灵的对立，使得两者能够和谐统一；"心物合一"则突破了空间对人类的限制，使得人类能够超越物理空间的束缚，达到更广阔的认知境界；"心心合一"则解放了时间对人类的束缚，使得人类能够超越时间的限制，达到更深远的认知深度。这三个层面的合一，共同构成了"心知"的核心理念，使得认知主体能够在更广阔的范围内，更深入地理解世界。

在中国古代文化的深邃脉络中，"心"字重若千钧，蕴含着深沉而独特的哲学意蕴。荀子说："人何以知道？曰：心。心何以知？曰：虚壹而静。"[①]其言辞之中洋溢着对"心知"的无上推崇。"心知"之所以被誉为高境界，在于其浑然天成的整体性认知方式，这与西方的分析性认知传统形成了鲜明对照。"心知"的认知主体，并非置身事外的"观察者"，而是沉浸其中的"参与者"。在"三心合一"之旅中，我们不仅超越了身体与外在世界的界限，更在内在的自我与先天的智慧之间建立了桥梁。这种"心知"的实践，是一种深度的内在探索，是一种对生命本质的直觉洞察。

在中国传统文化中，所谓的"心知"不仅是一种深刻的认知方式，它更代表了一种精神追求。"心知"超越了符号的表面指称，深入探寻符号背后的意义世界。精神文化符号学指出，人类的符号活动远非纯粹的自然科学研究可比，它首先是一种社会文化活动，与人的主体性或精神活动不可分割。在这门学科中，我们不仅探索符号的意义，更深入地参与了人类精神的宇宙，体验

---

① 《荀子》，方勇、李波译注，北京：中华书局，2015 年，第 343 页。

着符号与"心"相互辉映的奇妙旅程。那么,"三心合一"的"心知"在认知模式上究竟提供了哪些帮助呢?这又对生命的境界有什么帮助呢?

第一节 心身合一:符号活动的前指称准备

"心知"强调认知主体首先需要达到"心身合一"的境界,这是一种在符号活动之前,指称者应当进入的最佳准备状态。相较于西方符号学界对符号指称的专注,"心身合一"将符号活动的时间提前至前指称阶段。在这里,符号活动不再是"能指"与"所指"的关系问题,而是把符号活动提前到符号活动之前的人的"心""身"关系问题。

在中国古代智者的认知世界里,他们并不将"心"与"身"割裂开来,而是将二者视为一个不可分割的整体。这种认知方式超越了单纯依赖大脑的思考活动,是"心"与"身"的深度融合,是"象"思维与概念思维的完美结合。我们的身体与心灵共同感受、体验着这个世界,从而达到了一种更为全面、更为深刻的认知状态。这种认知方式不仅是对符号活动的拓展,更是对人类认知能力的深化。"心身合一"的理念深植于哲学和认知学的土壤,它描绘了一种理想的境界,即将无形的"心"与有形的"身"融合为一,二者相得益彰,相互依存。如果仅仅强调无形的"心",而忽略了有形的"身",那么"心"就失去了其存在的根基;反之,若过分注重有形的"身",而忽视了无形的"心",那么"心"的深层内涵就无法得到充分展现,认知的至高境界也将难以企及。因此,我们应当追求无形与有形的和谐统一,使得无形能够滋养有形,有形亦能助力无形的成长。

图9 战国时代玺印文中的"仁"字
(上"身"下"心")

在中国悠久的儒学传统中,"心身合一"的哲学理念一直备受推崇和重视。儒家思想的核心概念之一是"仁",它被赋予了极其深厚的意义和价值。在郭店出土的楚简中,我们发现"仁"字的书写方式独具匠心。与现代汉字书写中"仁"字的结构——左侧为"人",右侧为"二"——不同,古代的书写方式显得更为深远和独特。在古代的书写中,"身"字位于上方,"心"字位于下方,这种结构仿佛在默默诉说着"仁"的深层含义,即"心"与"身"的和谐统一。这种独特的书写方式,宛如一位智者的低语,提醒我们只有先实现内在的平衡与深刻的自我理解,我们才能真正洞察到世界的本质。只有在"心"与"身"的和谐统一中,我们才能真正理解"仁"的真谛,才能真正实现个人的道德修养与社会的和谐发展。

在道家深邃的思想体系中,"心身合一"的理念同样占据了核心地位,尽管其表达方式有时似乎与儒家的观点相左。老子曾言:"吾所以有大患者,为吾有身,及吾无身,吾有何患?"①这句看似与儒家思想背道而驰的话语,实则蕴含着两者精神的一致性。老子所指的"有身",是指心灵与身体分离的状态,这种状态容易使人陷入自我中心的私欲、狭隘的思维和愚昧的困境,因此老子强调"有大患"。这实际上是从另一个角度提醒人们要追求"心身合一"的境界。

在西方哲学的领域中,人们同样对"心身合一"的概念给予了极大的关注。法国哲学家梅洛-庞蒂(Maurice Merleau-Ponty)在其著名的著作《知觉现象学》(*Phenomenology of Perception*)中,提出了一种独特的观点,认为认知的主体并非身心二元分离的存在,而是身心不可分割的一体。他明确指出"我的身体是我的'理解力'的一般工具",强调身体在赋予自然物体以意义的同时,也赋予文化物体以意义。梅洛-庞蒂进一步阐述道:"词语在成为概念符号之前,首先是作用于我的身体的一个事件,词语对我的身体的作用划定了与词语有关的意义区域的界限。"②

符号学家克里斯蒂娃(Julia Kristeva)也认同梅洛-庞蒂的观点,指出身体是人类符号过程的核心场所,并在此基础上发展了"身体理论"(corporeality),这一理论进一步强调了身体在符号和意义生成过程中的重要地位。特别是在现代认知科学领域,兴起了一种被称为"具身认知"(embodied cognition)的理论。传统上,认知被看作大脑内部的一种计算过程,独立于身体和环境。然而,具身认知提出了不同的观点,它认为认知不是一个仅仅在大

---

① 《老子今注今译》,陈鼓应注译,北京:商务印书馆,第 121 页。
② 莫里斯·梅洛-庞蒂:《知觉现象学》,姜志辉译,北京:商务印书馆,2001 年,第 300 页。

脑中发生的抽象过程，而是与我们身体中的感知系统、运动系统等紧密相连。这种理论不仅是对传统认知观念的挑战，也为理解人类认知提供了新的视角，拓展了我们对认知本质的理解。具身认知理论的提出，使得人们开始重新审视身体在认知过程中的作用，从而为认知科学的研究开辟了新的方向。

精神文化符号学认为，当我们从微观的角度细致地观察符号学的每一个研究维度和方法时，会发现它们就像科学思维中的"识知"或"思知"，是理性认知的细小分支，各自散发着独特的光芒。然而，当我们从宏观的角度放眼望去，在众多的研究维度中，我们能够达到对符号世界"体知"的境界——这是一种深度的、全身心的认知体验。精神文化符号学所倡导的"体知"，与中国传统文化中"心身合一"的认知模式高度一致。这种一致性不仅体现在理论上的契合，更在实践中相互印证，它们都强调在认知过程中身体与心灵的和谐统一。这种"体知"建立在"心身合一"的基础上，因此，"心身合一"是符号活动的前指称准备。它要求我们超越单纯的逻辑分析，进入一个更加直觉和感性的世界，在那里，符号不仅仅是符号，它们是我们存在的延伸。这种认知方式使我们能够更全面地理解符号的深层含义，从而在认知的道路上走得更远，更深入地探索和体验世界的奥秘。

第二节　心物合一：符号指称的过程关注

在中国悠久的传统文化中，"心知"这一概念不仅仅体现了"心身合一"的哲学理念，更是对主客体交融之"心物合一"境界的绝妙昭示。这种"心物合一"的哲学思想，是在"心身合一"的基础上进一步升华而来的，它深刻揭示了认知过程中主体与客体之间的和谐统一。这种转变，是对符号指称过程的深刻关注，而非仅仅关注指称结果。在这个境界中，人类的符号活动不再是认知旅程中的旁观者，而是与沿途风景融为一体的参与者。作为"参与者"，人们能更深入地体验和感知世界，这是因为符号活动者处于一种更为深远、更为丰富的思维境界。这种认知方式使人类更加贴近生命的本质，更加深入地理解自我与世界的关系。在这一哲学思想中，人们认识到，心与物并非孤立存在,而是相互依存、相互渗透的。心能够感知物,物也能影响心,二者在认知过程中形成一种动态的互动关系。这种认知方式不仅丰富了个体的内心世界,也促进了人与自然、人与社会的和谐共处。这种活动使得人类的认知不仅仅停留在表面的感知层面,而且是深入事物的内在本质,从而达到一种更高层次的理解和认知。

"心物合一"理念倡导认知主体与外部客体的深度融合。孟子曾言"万物皆备于我",这一深刻的哲学论述基于"天地人"三者之间紧密的内在联系,将宇宙间的万物,包括天、地、人在内,融为一体,视为一个宏大而充满生机的生命整体。在此基础上,我们可以更深入地探讨人类与自然万物之间的微妙互动。在这种理念的引导下,人们应当以天地之心为心,不仅深刻认识天地万物,更应效法天地之精神,体悟到万物本质的奥秘。北宋时期的著名哲学家张载也曾说过:"视天下无一物非我。"意味着世间万物都与自己紧密相连。万物的本质透过它们各自的功能和作用得以显现,它们的本性深藏于万物之中。只要我们能够洞察其性,便能领悟到天道的奥秘。这样的认知方式超越了个人的局限,让我们感受到"心物合一"的深远意义。在"心物合一"的境界中,我们与宇宙间的万物相互交融,共同感受生命的律动,领悟到天地之间的和谐与秩序。这种认知方式不仅丰富了我们的内心世界,更让我们与自然万物建立起深厚的联系,体会到"天人合一"的哲学真谛。

要达到"心物合一"的境界,我们需要关注"心"与"物"处于自然状态中的关系。北宋时期的著名哲学家程颢曾言:"天人本无二,不必言合。"[1]这一论述深刻揭示了心灵与物质本为同一整体的真理,是人为的分别心导致了它们之间的鸿沟。"心物合一"是一种超越自我,与自然和谐共存的状态。它要求我们摒弃以自我为中心的执念,将心灵与万物紧密相连,感受宇宙间涌动的生机与智慧。我们并非需要刻意地将心灵与物质合二为一,而是要消除那些人为的界限,回归"心"与"物"的本真状态。王阳明也曾说:"大人之能以天地万物为一体也,非意之也。"[2]这表明"心物合一"并非主观臆想,而是一种客观

---

[1] 冯克正、傅庆升主编:《诸子百家大辞典》,沈阳:辽宁人民出版社,1996年,第632页。
[2] 《王阳明全集》,王守仁撰,吴光等编校,上海:上海古籍出版社,2012年,第798页。

存在。这种状态是自然而然的和谐共处，是心灵的觉醒，是对宇宙生命真谛的深刻洞察。在这种合一的境界中，"心物合一"使我们的认知过程充满了无限的生机与活力。

"心物合一"的理念，是指在实践中，人们能够将内心世界与外在物质世界和谐地融合在一起，形成一种内外兼修、动静相宜的生命状态。这种状态在古代哲学中被高度赞誉，被称为"外敬而内静"。具体来说，在这种状态下，个体的内在心灵能够保持一种宁静祥和的境界，而对外在的物质世界则表现出一种尊重和敬畏的态度。这种深层次的宁静不仅能够净化人的心灵，还能够提升人的认知水平，使其在深度和广度上都有所拓展。古代圣贤的教诲中，无一不在强调"外敬"与"内静"应当相辅相成，合二为一。从认知的角度来看，如果一个人能够对外在事物、自然环境以及他人持有敬畏之心，那么他的内心更容易达到宁静的状态；反之，一个内心宁静的人，也必然会以敬畏之心对待周围的人和事物。这种"静心"与"敬物"合一的状态，无疑将极大地促进人们对事物的准确认知和理解。

近代学者梁启超曾经说过："但能每日静坐一二小时，求其放心，常使清明在躬，志气如神，梦剧不乱，宠辱不惊，他日一切成就皆基于此。"①意谓如果每日能够静坐一两个小时，寻求心灵的释放，常常保持心灵的清明和高洁，不为梦境所扰，不为宠辱所动，那么未来的所有成就可以建基于此。通过这种方式，让"心"与"物"回归自然的"心物合一"的状态，可以达到一种超越自我的认知境界。这种境界不仅能够提升个人的内在修养，还能够促进人与自然、人与社会的和谐共处，最终实现身心的平衡与统一。对于"静"的理解和实践，每个人都有所不同，这种差异将直接影响到一个人对中国传统文化深层内涵的领悟和理解。在追求心灵的宁静的同时，保持对物质世界的敬畏也同样重要。心怀敬畏的人，其心境会变得更加明澈和清明。

在西方符号学的领域，许多学者如索绪尔和皮尔士等，都将研究的焦点聚集于符号的指称，即符号所指代事物的意义及其表征。他们深入探讨了符号与所指对象之间的关系，符号与人的互动，以及符号之间的相互作用。而

---

① 梁启超：《饮冰室文集》，北京：北京日报出版社，2020年，第166页。

"心物合一"的中国式符号认知，则更加深入地探索符号标记的指称过程。西方哲学界对"心物合一"的理念也日益重视。德国哲学家马丁·海德格尔（Martin Heidegger）提出，天空、大地、诸神与人这四方本是紧密相连、统一不分的。实际上，任何指称都是主体与客体相互交融的产物，即"心物合一"，也可以说是"天人合一"，或"天地人"三者熔融为一。人类立于天地之间，头顶苍穹，脚踏大地，宇宙与人类合而为一，共同熔铸于生命的熔炉之中。将个体的"小我"融入宇宙的"大我"之中，形而上的造化本质与形而下的自我本质形成一个密不可分的整体。这种认知方式，不仅是对符号的解读，更是一种对生命、宇宙和自我深刻理解的体现。

符号学的核心在于探索意义的奥秘。因此，符号学的研究对象是符号之间的关系，这些关系主要包括：符号与所指对象之间的关系、符号与人的互动，以及符号之间的相互作用。实际上，这三种关系之间的纽带正是通过人的精神活动来实现的。一旦这种精神上的联系被切断，我们就无法深入探讨它们之间的内在联系。只有当我们达到"心物合一"的境界，我们才能真正发挥精神文化符号学所倡导的"人的精神活动纽带"的巨大作用。这种境界不仅是精神与物质的统一，更是对符号与意义之间深层联系的深刻理解。通过这种统一，我们能够更加深入地理解和阐释符号在人类交流与文化表达中的重要作用，从而揭示符号背后的深层意义。这种认知方式，不仅能够帮助我们更好地解读符号，还能够让我们对生命、宇宙和自我有一个更加深刻的理解。

第三节 心心合一：符号活动的时间穿越

在中国传统文化的博大精深中，"心物合一"的理念让"心"得以超越空间的局限，而"心心合一"的概念则进一步让"心"突破时间的枷锁。所谓"心心合一"，即是"后天之心与先天之心合一"。在这一理念中，"后天之心"指的是个体在后天成长过程中形成的心智和意识，而"先天之心"则是指人出生时所具有的本真、纯净的心灵状态。先哲们试图将"后天之心"与"先天之心"相融合，从而达到一种心灵的升华和境界的提升。

"先天"与"后天"这两个概念源自中国传统文化中的独特哲理,《周易》中有一句至理名言:"先天而天弗违,后天而奉天时。"①这句话深刻地揭示了"先天"与"后天"的辩证关系。在《易经》中,"先天八卦"象征着宇宙形成之前的道,自然规律不会违背这个先天之道。而"后天八卦"则描述了宇宙形成之后,万物按照先天八卦的原理演化发展,形成具体的事物和现象。总的来说,"先天"与"后天"强调了人要敬重天地的秩序,乃至于先于天地的"道"。这一思想在中国传统文化中具有深远的影响,被视为提高人的认知能力、升华生命境界的重要方式。

"后天之心与先天之心合一"这一概念,是中国哲学,尤其是阳明心学中的一个核心理念。在阳明心学中,"先天之心"指的是人与生俱来的良知,这种良知是人类内在的道德感和是非判断的根源,是人们在面对善恶选择时,能够自然而然地做出正确判断的能力。而"后天之心"则是在后天的学习和经验中所形成的,它可能因为外界的影响和个人的欲望而变得复杂,有时甚至会遮蔽或扭曲"先天之心"。王阳明认为,人的修养过程就是使"后天之心"与"先天之心"合而为一的过程。这意味着通过内省、修身和实践,人可以去除心中的杂念和欲望,恢复和强化内心的良知,使之成为指导行为的准则。当一个人的"后天之心"与"先天之心"合一时,他将能够直觉地按照本性行事,实现心灵的和谐与自由。

王龙溪作为王阳明的杰出弟子之一,在传承这一思想的过程中,特别强调了"良知"即"先天之学"。他进一步揭示了"先天之心"的智慧与内在的光明,认为良知是人类心灵深处的明灯,能够照亮我们前行的道路,指引我们走向正确的方向。王龙溪认为,良知不仅是一种智慧的体现,它还能够帮助我们在复杂多变的世界中保持内心的平静和坚定。

"良知"这一学说最早由古代中国的思想家孟子提出,孟子深信良知是人类与生俱来的,而非后天环境所塑造的。《孟子》曰:"所不虑而知者,其良知也。"②这种良知是人类内在的道德感和是非判断的根源,是人们在面对善恶

---

① 《周易译注》,黄寿祺、张善文译注,上海:上海古籍出版社,2016年,第24页。
② 《孟子》,朱熹集注,上海:上海古籍出版社,2013年,第186页。

选择时,能够自然而然地做出正确判断的能力。王阳明对"良知"学说进行了深入的阐释与发展。他提出"致良知"的理念,鼓励人们通过内省与修养,实现心灵的净化与升华。王阳明认为,良知是每个人心中固有的,但往往被后天的杂念和欲望所遮蔽。因此,他提出了"知行合一"的思想,强调认识和行动的统一,认为只有通过实践,才能真正实现良知的觉醒和运用。王阳明的"致良知"理念,不仅是一种哲理,更是一种生活的智慧,指导人们在日常生活中随时随地保持内心的清明和善良。

在西方哲学的璀璨星空中,康德的"先验"(Transcendental)概念独放异彩,蕴含着深邃的哲学思考。康德巧妙地划分了先验与后验知识的界限,并提出了独树一帜的"先验综合判断"理论。他认为,这种判断既不属于纯粹的经验性(后验),也不同于纯粹的分析性(仅凭定义即可判断真伪)。在康德的哲学体系中,空间和时间成为这种先验综合判断的典型例证,因为它们是感知世界的必要条件,却并非源自经验。康德的先天综合判断开启了对先验理性的批判性探索之旅。尽管这种"先验"与中国传统文化中的"先天之心"存在差异,但它同样展现了东西方哲学对"先天"领域的共同追求。虽然这两种思想各有其独特的视角,但它们都汇合于一个共同的目的地:追寻超越经验世界的智慧,以解答人类对生命和宇宙的根本困惑。无论是东方的"先天之心"还是西方的"先验",它们都在召唤人类认知并体悟那些与生俱来的智慧。重新唤醒这种智慧,不仅是人类在认知世界时的基石,更是人类向更高人生境界迈进的阶梯。

精神文化符号学认为,人类的智慧不仅仅在于认知的结果,而更在于认知的过程和能力本身。只有当人类的认知能力持续提升,我们才能真正抵达认知的"道"之境界。在这个境界中,我们能够洞察事物的本质,理解宇宙的奥秘,实现心灵的升华和精神的自由。人类的内在精神世界与外在宇宙一样,都具有无限的可能性和深度。因此,人类的认知潜能也可能是无边界的,对符号的解读和理解亦是无尽的。我们应当深入探索人类内在精神世界的奥秘,摆脱传统认知的限制,以期达到心灵自由与符号意义解放的理想境界。精神文化符号学推崇中华传统文化中的"心知",并主张在符号活动中应重视"心身合一""心物合一"以及"心心合一"的"三心合一"境界。这一境界对于提升生命层次显然具有深远的意义。它强调了心灵与身体、心灵与物质、心灵与心灵之间的和谐统一，从而达到一种更高层次的认知和理解。精神文化符号学鼓励我们以一种开放的心态迎接每一次思维与心灵的交流。通过不断提升我们的认知水平，我们可以迈向更为宽广的人生领域，体验更加丰富多彩的世界。

第四讲

认知的反思:"吾丧我"与意义释放

在学界看来,符号学研究的主要任务就是揭示意义活动,也就是关于客体及其符号表征的阐释。然而,无论符号学界各个流派的探索多么科学,怎样标新立异,但符号意义的"遮蔽"问题,即符号表达意义会产生歧义,仍然无法解决,学者们之间也很难达成共识。这不禁让人思考问题究竟产生在哪里,也许这些探索本身就存在着误区?又或许,这个疑问的本身就是应受到质疑的,或许符号学研究的多元特征就必然导致"遮蔽"现象,根本就不可能达成普遍的共识。符号的意义是多元的,人的生命是鲜活的,任何企图对意义的确定和生命的定义都是有局限性的。只有将符号置于生命境界来考察,其意义才能够得以充分释放。

其实,问题的根本源于主客体二分法的认知立场。人类社会的科学研究仿佛不得不建立在主客体二分的基础之上,并且把主体对客体的认知及其关系视为探索世界的主要路径,而主客体相符的结论则通常被看作科学真理,符号学也是如此。符号学家作为认知的"主体",在对"客体"的表征开展研究时,实际上就已开始了意义活动。因此,符号学被当作研究符号或意义的"科学"。① 然而,客观世界的符号化过程是相当复杂的,很难只从主客体认知的维度来分析,更何况人类的理性认知又难以避免自身的局限性,"遮蔽"的现象无疑是存在的。

正因为如此,我们是否该扪心自问:人类对世界的认知,就只是主体对客体的认识吗?把世界划分为主体与客体,这种二分的方法合理吗?符号学只是揭示意义的符号表征吗?其实,在精神文化符号学那里,以庄子哲学思想中的"吾丧我"为基础,从反向的视角就可以表明:人类的认知作为一种精神活动,并不仅仅是作为主体的"我"对客体的认识,同时还并存着另一种更值得重视的认知模式,即"丧我"模式。这种"丧我"并不是要完全排斥认知主体,而是认知主体要超越一般意义上的"理性"层面,进入更高层的思维境界,即"用心若镜"。实际上,人类的认知活动

---

① 赵毅衡:《符号学:原理与推演》(修订本),南京:南京大学出版社,2016 年,第 3 页。

应该始于常被视为客体的大自然,而并不仅是人类主体。这还不只是因为人类自身就是大自然的一部分,更是因为大自然的无限自由性能够给予人类启发。我们应该把自然界的万事万物提升至生命境界来看待,视其为一个具有无限生命力的主体,而并非认知的客体或曰对象,符号意义存在于人与自然的主体间性活动中,也就是要把符号放置于生命境界之中。

人类应该尽量回避"我"的认知片面性和局限性,把每一种"理性"只看作认知的一种有限形式,而不是绝对真理,从而拓展认知思维的空间,以实现像大自然那样无限的自由。因此,从精神文化符号学来看,研究符号活动的任务并不是要确定符号表征的意义,而是要"释放"意义,发掘意义的无限可阐释空间,还原意义生成的自然性。也正是从这个意义上来说,符号与生命境界的关系就是表明,符号在生机勃勃的自然界中获得了生命,而不只是表意的载体。人类的认知活动也就由"人"指向"自然",转向了返回生命本身,即在指向"自然"的同时,也返回"人"自身。因此,符号离不开生命,符号学探索应该提升至生命的境界。

然而,究竟应该如何突破主客体二分的认知模式,从而认识"丧我"的认知过程,怎样才能让符号意义自由、回归自然之态,以此达到"用心若镜"呢?首先,"客体"必须得到重新的认知。学界通常所说的"客体",是以"主体"的对立面出现的,独立于"主体"并且是"主体"观察的对象。"客体"始于物我之分的"有分别的世界",而人们生活在这样的世界太久了。"看世界、理解世界,有一套积习已久的固定方式,这就是《齐物论》篇说的'有物、有封、有是非'。"[1]在精神文化符号学看来,符号活动的"主客体间性"和"主客体交融"[2],也正是出于这样的反思。其实,不妨换个角度看,将所谓"客体"也视为一种"主体"。从功能的角度来看,任何所谓"主体"对所谓"客体"的认知或二者之间的互动,都是主体之间的"对话"。

从这个意义上来说,所谓"客体"根本就不是在消极地等待某个"主体"来认识自身,而是在被认知的过程中,"积极地"反作用于"主体",形成某种形式

---

[1] 颜世安:《庄子评传》,南京:南京大学出版社,1999年,第239页。
[2] 张杰、余红兵:《反思与建构:关于精神文化符号学的几点设想》,《符号与传媒》,2021年春季号,总第22辑。

上的对话交融。显然,符号也并不只是认知主体(如人)对客体对象(物)的意义表征,即符号化过程的产物,而更是两个主体(人与物)相互作用的产物。据此,至少在很大程度上消解了物我两分,以精神与自然的契合直达"丧我"之境。这里不妨将此观点称为"自然主体论"。正是基于这个观点,从庄子的"吾丧我"思想得到启发,我们进一步阐明精神文化符号学的任务,即在"主体间性"新解的基础上释放意义,从而实现回归自然、达到自由的理想境界,让符号研究回归生命境界。

第一节 新"主体间性":走出主客体二分的羁绊

人文学科与自然科学研究方法的根本不同,或许就在于重个体性与重普遍性的迥异。前者由于关注人的主体性的作用,一般把看似简单的问题复杂化,以此揭示事物的可变性;后者则鉴于对人的主体性的排斥,竭力把复杂的问题简单化,以探寻客观的规律性。精神文化符号学自然属于人文学科,所以更加侧重人的主体性和事物的个性化,只不过是在对待主体性问题上,又表现出与西方哲学传统相悖的独特性。

图 10　意大利拉斐尔的《雅典学院》描绘了柏拉图、亚里士多德、苏格拉底等古希腊哲学家

第四讲 认知的反思:"吾丧我"与意义释放

如果沿着人类哲学史的发展轨迹,我们不难发现,哲学的主要任务就是探索人是如何认识世界和自我的。从古希腊哲学伊始,西方哲学传统就这一问题的研究主要是建立在主客体二分法的基础之上,即存在着一个认知的主体和一个独立于主体的客体,无疑这一客体也可以是所谓的"自我"。到了19世纪,德国哲学家黑格尔力图突破传统的主客体二分法,在《精神现象学》中明确提出"实体本质上即主体"①。然而,黑格尔重点探讨的"是人的意识经验如何克服实体与主体、存在与知识之间的对立或'不一致性'而使二者融合为一的过程"②,以此来摆脱主客体二分法。这其实是认知主体的外化③,而尚未给予客观实体以自身的主体性,因此,尚未实现真正的主客体交融。继黑格尔之后,胡塞尔、荣格、海德格尔、柏格森等哲学家都做过有益的探索,却都尚未实现客观实体自身的独立主体性。

反观中国哲学的传统,早在战国时期就已出现了超越主客二分的辩证思想,其中较具有代表性的当属庄子的观点,即在《齐物论》中论及的"吾丧我"。其实,庄子哲学的本体论并不是指向主体对客体认知的"理",而是强调"道",是论述"道"的学说。与老子之道不同的是,庄子所说的道"不再是一个万物之外或万物之先的独立实体,而是回到了自然万物本身,道就在自然之中,或者更干脆说,道就是自然"④。对这种"道"的理解,就是"从自然的无限和永恒上,去找到人类如何才能达到无限和自由的启示和秘密"⑤。在以庄子为代表的中国传统哲学思想中,对于宇宙本体或先于万物存在的超现实的认知,先存而不论,而是从自然本身、万物之中来探讨人类的生存和发展,寻找如何才能够像大自然那样,进入无限自由的境地。这也是生命存在的自由之境。

在精神文化符号学看来,从"理"的维度,人类无疑永远无法穷尽对世界的认知,更不用说意义的符号表征了。唯有从上述的"道"的角度,才能探索

---

① Georg Wilhelm Fredrich Hegel, *The Phenomenology of Spirit*, translated and edited by Terry Pinkard, Cambridge: Cambridge University Press, 2018, p.16.
② 张世英:《中西文化与自我》,北京:人民出版社,2011年,第19页。
③ 赵林:《西方哲学史讲演录》,北京:高等教育出版社,2009年,第364页。
④ 颜世安:《庄子评传》,南京:南京大学出版社,1999年,第220页。
⑤ 李泽厚、刘纲纪:《中国美学史》(第一卷),北京:中国社会科学出版社,1984年,第238页。

到像大自然那样的无拘无束的自由路径，在"吾丧我"的通明境界中，完成意义的释放。人的"主体"也只有与自然的"客体"完全平等，即把所谓"客体"也看作可以与之"对话"的主体，才有可以达到无限自由的"吾丧我"境界。毫无疑问，"吾丧我"并不是要把"吾"也"丧"掉，这里要"丧"的仅仅是功利化的、有局限性的"自我意识"，也就是突破单纯以归纳、演绎等逻辑思维为特征的"理性思考"方式。显然，"吾丧我"又不同于西方哲学中的非理性化哲学探索。

其实，对"理性"与"非理性"之区分本身就存在问题。英国语言哲学家罗伊·哈里斯就明确指出，"理性"根本不是人类思维的内在本质特征，从古希腊至今，西方所谓"理性思考"的概念仅仅是西方文化史上读写能力普及的副产品，仅仅是人类"理性"的一种表现形式而已。① 因此，西方哲学中所谓有关"非理性"的探索与"吾丧我"完全是两个维度的问题，并不能够相提并论。"吾丧我"是以"道"的原则在探索，超越了"有封""有物""有是非"的主体自我意识，不是为了企及某个局部真理的"理性"或者"非理性"感知。

在精神文化符号学看来，人类对外部世界的认识就不应只是一个"主体"对"客体"的探索，也并非仅是"主体"向"客体"的移情，而应该保持一种"丧我"的平静心境，尽可能排斥任何功利性的杂念与成见，还给"客体"以自然的生命和主体地位，以此达到一种能够进行平等"对话"的状态。只有在这一状况下，主体间性"互动"交融才能够实现。显然，此处的人可以是一个个体，也可以是某个群体，甚至是整个人类社会。这里被认识的世界既可以是相对于认知主体的任何个性或者群体主体，也可以是任何包括动植物在内的自然物体或前人创造的某个物体，乃至整个大自然界。

显然，如果所被认知的世界是作为人的社会群体或者个体，是能够与认知主体发生主体间性互动的。然而，如果是某物或者自然界时，这种活动还是主体间性的吗？它们又是怎样展开互动的呢？其实，任何由人创造的事物无疑均是人类社会历史的文化产物，认知主体与该产物的对话，就是在与前人对话。只不过这种对话应该在"丧我"的情景中，才可以得以实现。当认知主体与自然界物体发生关系的时候，同样也是在与自然界形成主体间性的

---

① Roy Harris, *Rationality and the Literate Mind*, New York: Routledge, 2009, p.160.

互动对话。

在精神文化符号学看来,这不只表明自然界万物皆是生生不息的生命体,哪怕是无生命活动的大海、江河、冰山、矿石等,也无一例外均是自然界长期孕育的物体,可以与认知主体产生对话。但是,若要进入平等对话的境地,必须有一个前提,就是要"丧我",即要尽量排除人类的功利性目的。人类在开发和利用任何自然资源时,这些自然物体也在"积极"与人类互动,甚至在频频昭示人类,不要仅仅为了自身的利益需求来保护自然,人更是自然界的一员,自然界的任何物体均是与人处于平等地位的。也正是这种平等对话与互动消解了人类中心主义,进入一种新世界的充满活力的自然呈现,即"深之又深而能物焉",以及新颖的品质特征,即"神之又神而能精焉"之中,[1]物我两忘,却又物我共聚。

在20世纪以来的符号学研究中,无论是索绪尔的符号二分法(见图11),即"能指"与"所指",还是皮尔士的符号三分法(见图12),即"对象""符号(表现体)"和"解释项",都是把符号活动看成是认知主体对客体的意义表征。他们相关的符号学理论均是建立在主客体二分法的基础之上,把符号视为认知行为发出者和接受者的意义载体。

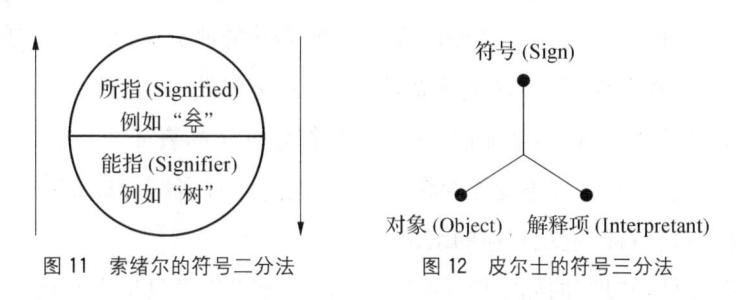

图 11　索绪尔的符号二分法　　　图 12　皮尔士的符号三分法

以庄子哲学的"吾丧我"思想来看,西方符号学研究不但没有"丧我",反而是从不同的维度强化了"我"在符号意义生成中的作用。然而,精神文化符号学则主张,任何被符号表征的客体都并非只是一个"个体",而且是一个具有生命力的"个性"。符号的意义表征是在认知主体与这些"个性"互动之间建立的联系。任何认知主体也仅有在"丧我"的状态中,才可以体知出这些

---

[1] 颜世安:《庄子评传》,南京:南京大学出版社,1999年,第243页。

"个性"的深层特征。要是把任何一部文学经典看成一个文学符号系统,那么也只有当作家在创作时尽可能处于"丧我"境地时,甚至违背自我先前的主观意识,才可能创作出传世之作。著名俄罗斯作家普希金在提及创作长篇诗体小说《叶甫盖尼·奥涅金》时,就曾经感叹道,女主人公塔吉亚娜作为俄罗斯的女神,怎么就竟然嫁人了?甚至还嫁给了一个将军老头。也许,塔吉亚娜之所以能够成为经典形象,恰恰在于普希金循着生活的"道"而进入"丧我"的境地。同时,文学形象塔吉亚娜的原型就不仅是一个"个体",而且是一个活生生的"个性"人物,她仿佛可以独立于作家这个创作主体而存在。

因此,符号学研究若要实现真正把握意义生成机制的目的,不是要努力通过自我的"理"去归纳分析或演绎意义,而是要立足于"道",甚至包括处世为人和学术之道(此为老子之道),才可以摆脱主客体对立、物我两分的束缚,实现真正的主客体融合,从而实现符号与生命境界相融合的目的。

第二节 道与理之分:转向意义的自然回归

任何科学研究都是通过所谓理性思维实现对所谓客体本质规律的认识,努力揭示真理。然而,无论这种由理性思维主导的研究多么正确,均会被后人不断超越,甚至修正、推翻或重新认识。"人是理性的动物"一说在当代西方学界已遭挑战、质疑乃至证伪。[1] 即便是符号意义的表征亦是如此,几乎很少有符号的意义是一成不变的存在,通常不同的阐释者都可以站在自身的立场,阐释出符合自己主观利益的结论。

这明显就是"理"的局限性:一方面人的"理性"认识只是人的认知的一部分而已[2],另一方面这一认识又不可避免地会受到各种权力话语和社会环境的制约,因为人是无法超越时空而存在的。不但如此,这种"理性"分析甚至还会导致不同程度的误解。符号学研究理应促使意义生成回归自然和自由,而并不是用理性思维和各种概念去加以限定,因为任何符号表征都只是对世

---

[1] Daniel Kahneman, *Thinking, Fast and Slow*, London: Penguin Books, 2011, p.9.
[2] Selmer Bringsjord, Are We Evolved Computers?: A Critical Review of Steven Pinker's How the Mind Works, *Philosophical Psychology*, 2001,14(2), pp.227-243.

界的有限建模(modeling)①,不可避免地会形成"遮蔽"现象,而对意义或真理的揭示,实际上都是海德格尔所阐释的"去蔽"的过程。在阐释文森特·凡·高的名画《农鞋》(见图 13)时,海德格尔从农妇的一双破旧农鞋中,看到了她所处的世界,"农鞋"进入了其存在的无遮蔽境地,而真理也超出表征而得以显现。②符号只有在"去蔽"的状态中,才能够真正显现意义,从而达到生命的自由境界。

图 13　文森特·凡·高(Vincent van Gogh)的作品《农鞋》

精神文化符号学基于庄子的"吾丧我"思想,强调"道"与"坐忘"相通。这是"获得精神自由的修养方法,达到'坐忘'的境界就可'离形去知,同于大通'(《大宗师》),亦即忘却一切,进入无遮无碍的自由天地"③。简言之,就是主动放下唯"理"是从的"小我",让"大我",即"吾",回归自然而自由的本真状态,以此实现对意义的释放,让意义获得自由。具体来说,应该排斥任何可能干扰把握意义的因素,真正做到心平气和、"用心若镜",保证认知主体的心态可以返回自然状态,才能够感知符号的丰富意义,给予意义以自由。这里不能回避,在 20 世纪西方哲学,尤其是美学思想中关于"非理性"的种种探索。无论是克罗齐的"直觉表现论"和柏格森的"绵延或生命冲动",还是弗洛伊德的"无意识"或荣格的"集体无意识"等相关论述,无一例外地都深入揭示了"理性"的局限性。然而,大多数理论均是预设了"我"的意识以及超乎该意识之外的维度,例如无意识,以此发掘心理活动的内驱力、自由状态,从而构建哲学体系。克罗齐就直接把艺术视为直觉的表现。柏格森则宣称最富有成效的哲学体系均源自直觉。弗洛伊德通过对无意识的研

---

① Thomas Albert Sebeok, Marcel Danesi, *The Forms of Meaning*: *Modeling Systems Theory and Semiotic Analysis*, Berlin: Mouton de Gruyter, 2000, p.188.
② Martin Heidegger, *Poetry*, *Language*, *Thought*, translated by Albert Hofstadter, New York: Harper Perennial, 2001, pp.33 - 35.
③ 刘笑敢:《庄子哲学及其演变》(修订版),北京:中国人民大学出版社,2010 年,第 200 页。

究,努力探索人的心灵奥秘,甚至阐释人类文明发展的规律,构建自己的文化哲学体系。荣格则在个人无意识的基础上,发掘了民族深层的集体无意识。

从无意识的视域来揭示非理性化,肯定不是一条理想的途径。原因很简单,既然是无意识,那就应该是无法意识到的,为什么弗洛伊德等理论家们会认识得如此清晰呢?显然,弗洛伊德是把无意识进行了意识化处理。因此,如何突破无意识难以揭示的困境,并且在理性之中探寻对存在的直觉把握,就成为后世不少西方理论家追求的目标。例如,胡塞尔曾提出"本质直观说",试图通过观察事物的"共相",完成对存在本质的认识,把存在理解为人的意识之中的现象。海德格尔却把"无"作为存在本身,以"敞开"的"去蔽"原则,让存在得以呈现。拉康则从无意识与语言的关系入手,努力通过"失语"等言语现象,揭示无意识现象。此类研究确实在很大程度上避免了理性思维的片面性,甚至在一定程度上完成了无意识的表征,在存留"理性"与"非理性"二元概念的思考框架前提下,无疑已经达到了相当的高度。

然而,"理性"与"非理性"这组概念的设立和阐释本身并不存在任何问题。哪怕在日常生活中,一个做出疯狂行为的人却未必疯狂,[1]"理性"一词至多仅是来自西方哲学传统的一种人为预设和推崇的目标。甚至连著名分析哲学创始人、逻辑学家罗素都认为"人是理性的动物"这个论断荒诞无据。[2]而如果把目光投向中国哲学传统,就可以发现很多已然超越了上述概念对立的思想,比如天人合一[3]和庄子所说的"吾丧我"等,均是如此。庄子的"吾丧我",并非表示"吾"丧失了"我"之后,成为一个"非理性"或者"无理性"的"吾",而是"吾"作为具有主体人格的体"道"之"至人"(哪怕只是暂时的),并不受制于某一种唯我的"理性"推论或分析。其结果是,既可以超越社会与文

---

[1] Elliot Aronson, *The Social Animal*, 12th edition, New York: Worth Publishers, 2018, p.9.
[2] Bertrand Russell, *The Basic Writings of Bertrand Russell*, edited by Robert E. Egner and Lester E. Denonn, London: Routledge, 2009, p.45.
[3] 张杰、余红兵:《反思与建构:关于精神文化符号学的几点设想》,《符号与传媒》,2021年春季号,总第22辑。

明加之于主体的某些知行指令和意义枷锁,也能够故意让各种"理性"分析同时共存、彼此对话,实现"和而不同"的状态。无论怎样,"吾"总是超然于上,并且不局限于"理"或某一"理"的分析之中。

"吾"要体悟"道",就必须有一个重要的前提,那就是要心静,达到"用心若镜"的境界。这里的"镜"明显迥异于拉康的"镜子"。在拉康那里,"镜子"只是用于检验幼儿自我意识的工具。幼儿如果在"镜子"中能够识别自我,就意味着进入了有意识阶段。"用心若镜"只是一种心态的比喻,就是要平静如镜子,不管外界发生什么,都不受影响,可以心平气和地对待和反应,不为功利所迷惑,提升自我,以便进入一种"坐忘"的心理状态。

在精神文化符号学看来,必须把"道"与"理"加以区分,"道"所说的是一种探索世界的态度、立场和方式,一种回归自然、让意义重获自由的认知路径。"理"却是一种分析、演绎、推理、归纳的思维方法,一种追求臻于"理性"、意义概括的理论方法。执着于"理"必然会导致对意义的束缚或误解,而"道"则能够释放意义,规避"理"对意义的遮蔽。为了达到"道"的境界,阐释者在面对意义的符号表征时,最好处于"用心若镜"的心境,站在"道"的高度,至少可以感知或赋予符号尽可能多的意义。其实,每一次符号意义的感知、每一种阐释的方法都只是揭示了意义的一种可能性,意义是不可能穷尽的。

符号的世界是无限的,意义自然也是无限的。那么,研究符号及其意义生成机制又有什么价值呢?精神文化符号学认为,其价值可能还并非只限于对符号表征和意义生成的探索或揭示,更重要的是,提升符号与意义的接受者或阐释者的思维能力,拓宽人们认识的广度,提升人们的认知水平。在精神文化符号学看来,符号与意义的阐释者唯有不囿于"理"的限制,才能在"丧我"的前提下,站在"道"的高度,以"用心若镜"的心态,去看待符号与意义,从而更为透彻地领悟意义及其生成机制。唯有如此,意义与生命才能够得以升华。

第三节　走向融合的"互依型"释义

任何一种理论或学说,从创立初期起,就必然会明确自己的终极目标和任务。精神文化符号学的最终任务是发掘尽可能多的意义,"实现意义的多元化"①。从文本的意义揭示来看,它就是要基于老子的"道法自然"和庄子哲学中的"吾丧我"等思想,从新的主体间性角度出发,不断释放意义。这种对意义生成的揭示,虽然源自中国思想传统的深厚底蕴,但是并不排斥西方哲学思想的精华,最终必然走向一条中西方符号学思想相结合的释义路径。

首先,就对主体的认知上,每个人类社会均会有自己的主体观。大概比较一下中西文化传统,仿佛存在重群体意识的"互依型自我"(中)与重个性自由的"独立型自我"(西)之差异。② 如若从庄子的"吾丧我"来看,意义生成过程中个性之间的关系问题,至少可以把这里所"丧"的"我",理解为莱维纳斯所批判的"自我专制主义"。③ 那么,在对意义生成的过程中,就能够尽量避免个人的自我意识干扰,从而达到从"道"的高度来把握作为群体的"我们"这个意义综合体。每一个"我"的释义都只是一种解释,哪怕这些"我"之间的认识是相互矛盾的,都可以"和而不同"地互依互存。这就是中华文化的群体性和包容性,也是在"道理"一词中,"道"先于"理"之根本原因。显然,庄子"吾丧我"中所蕴含的理念,并非只用"我们"这个维度就可以阐释,其关于自由的论述远远超出了所谓狭隘的"自我"和绝对自由问题,庄子所说的自由在于自然之道。

其次,在涉及每一个所谓客体时,精神文化符号学还借鉴了西方文化传统的主体观,即以"自我"优先,把每一个符号表征的个体"客体"看作"独立型自我"的个性。"个性"与"个体"尽管只有一字之差,却赋予了其生命力,完全可以独立于"我"的主观控制和欲望。当然,人文学科研究不同于自然科学的

---

① 张杰、余红兵:《反思与建构:关于精神文化符号学的几点设想》,《符号与传媒》,2021年春季号,总第22辑。
② 张世英:《中西文化与自我》,北京:人民出版社,2011年,序第2页。
③ 张世英:《中西文化与自我》,北京:人民出版社,2011年,序第3页。

最主要特征之一就是注重个性和差异,而自然科学则关注共性,强调规则与规律。从文学语境出发,其实这里分别可以对应俄裔美籍作家纳博科夫所说的"文艺性"与"科学性":"一个读者可拥有或培养的最好气质是一种结合体,既是文艺性的,又是科学性的。仅凭艺术家之热忱,其对一本书的态度易过于主观,因此一种科学的冷静可以降降直觉的热温。然而,如果一个人毫无艺术家的激情,又没有科学家的耐心,那么他将很难享受伟大的文学作品。"[1]无疑,人文与科学是人类存在缺一不可的重要学科门类,也是人必须具备的两种素养。这二者之间本来应是共通的。但是自圣西门(Claude Henri de Saint-Simon)以来,"科学主义"(scientism)就被视为人类智识的绝对至尊。[2]这就造成几百年来人文与科学的相互疏离,这不只冲击了人文,也戕害了科学自身。精神文化符号学的目的之一,就是在"科学主义"与"人本主义"的对峙中,揭示自然之物是怎样转化为人文之物的,不再让自然科学与人文学科相对立,而是回归二者的共通,至少是共存。

显然,中国哲学传统里的"天人合一"思想,并非只包含着个性之间融为一体的"互依型自我"所形成的群体意识,还体现着人与自然相互融合,和天地与人合一的观念。然而,中国哲学传统本身也并非同质性的铁板一块。在文明发展的历史长河中,有些产生过巨大社会影响的思想确实导致了过分的"群体"意识,而使得作为自由个性的"自我"在中国社会文化传统中受到一定的压抑。在中国哲学传统里不乏可以用来启发"独立型自我"的思想,但仍需要张扬中华民族群体中每一个性的主体性意识,将个体意识与群体意识更好地结合,以迎中华文明未来之辉煌。

在精神文化符号学那里,任何释义的过程都不仅是在对符号及其对象或能指与所指之间对应关系的阐释,而且是一种意义的释放,也就是从不同维度尽可能多地不断发掘事物的意义,拓展意义可阐释空间的无限可能。

---

[1] Vladimir Vladimirovich Nabokov, *Lectures on Literature*, edited by Fredson Bowers, New York: Harcourt Brace Jovanovich, 1980, pp.4 – 5.

[2] Friedrich August von Hayek, *The Counter-Revolution of Science: Studies on the Abuse of Reason*, Glencoe: The Free Press, 1952, p.15.

显然,这与皮尔士的"无限符号活动"①存在着高度的契合。同时,意义的释放也应该看作人性的解放和个性的自由。当然,这种个性自由又迥异于个人主义,前者体现的是人格精神的独立,后者则是唯我的自私自利。

文学艺术创作往往被视为通向自由和个性解放的较为理想途径。文艺作品作为审美形式体系,与现实生活保持着一定的距离,因此容易做到一定程度上的"丧我",进入高度自由的创作和阅读状态,实现精神与个性的融合。瓦西里·康定斯基(Wassily Kandinsky)在《艺术中的精神》一书中,明确指出艺术关系创造精神(或曰抽象精神)。"创造精神潜存于物质的背后或物质的内部。精神处于物质厚厚的掩蔽层下。因此,只有少数人可以透视精神。时至今日,仍有许多人否认宗教、艺术中的精神存在。或有整整一个时代,人们否定精神。原因在于,人们丧失了辨认精神的视觉。十九世纪正是这样一个时代,现代亦大同小异。"②创造精神对于追求自由和个性解放特别重要,因为它"通往人类的灵魂。随着时间的推移,它会发现联系广众精神的途径,引起人们的憧憬或内在冲动……在人们的心中发生作用。人们将获得一种创造力,在人类精神中创造新的价值"③。柏格森也曾经指出:"当我们的动作出自我们的整个人格时,当动作把人格表现出来时,当动作与人格之间有着那种不可言状的相像,如同艺术家与其作品之间有时所有的那样时,我们就是自由的。"④

文艺形象的自由创造和阅读,能够使作者与读者及现实保持距离,以艺术审美的方式突破世俗和刻板的理性分析。列夫·托尔斯泰的经典名著《安娜·卡列尼娜》就是极为典型的例子。该长篇小说所描绘的伦理道德环境,是19世纪下半期的俄罗斯社会。作家的创作初心是要把安娜写成一个"不贞洁"的女人。然而,随着创作的不断展开,作家逐渐进入"丧我"的自由创作状态,主人公安娜也渐渐在作家笔下获得了新生,成为一位极具人格魅力的、追

---

① Charles Sanders Peirce, *Collected Papers of Charles Sanders Peirce*, Vol. I, edited by Charles Hartshorne and Paul Weiss, Cambridge MA: Harvard University Press, 1932, CP 1. 339.
②③ 康定斯基:《艺术中的精神》,李政文等译,昆明:云南人民出版社,1999 年,第 93 页。
④ 柏格森:《时间与自由意志》,吴士栋译,北京:商务印书馆,2009 年,第 128 页。柏格森所说的"人格"与本文所提的"个性"相通,均对应英文中的 personality。

求新生活的女性形象。同样,如果读者同样处于类似"丧我"的情景中,并不掺杂任何社会伦理道德观念和个人理性与情感,①在阅读欣赏中也能够走出自己所处社会现实伦理的羁绊,让自我返回自然状态,可以与主人公安娜展开平等自由的主体间性对话,对安娜的所作所为能够不受约束地进行阐释。这样读者才能理解安娜,把她视为一位追求新生活的女性。经过如此的阅读,安娜这一形象的意义就可以尽可能地被释放出来。

总之,精神文化符号学尝试把中西方思想传统的主体观相互融合,取长补短。"互依型自我"显然可以被视为一个起点,以"我们"为核心的群体意识仍然是需要坚持的。同时,西方传统中的"独立型自我",也可以加以借鉴。因此,精神文化符号学坚持在"和而不同"与"天人合一"的原则基础上,不只在认知"主体"的维度上维护群体的"互依型",也注重每一个主体的"独立型",把所谓的"客体"当作具有生命力即由独立"个性"构成的"主体"。精神文化符号学的目标就是要把符号的意义融化在生命之中,在一个充满生命互动的世界中,在不同主体的相互联系或曰"主体间性"里,不断释放符号的意义,而并非确定意义的符号表征。

---

① Vladimir Vladimirovich Nabokov, *Lectures on Literature*, edited by Fredson Bowers, New York: Harcourt Brace Jovanovich, 1980.

第二篇　反向认知与"感而遂通"

第五讲　反向认知：自然主体论的思维范式阐释

第六讲　"感而遂通"：符号表征的反向认知

第七讲　生态的认知：关于伦理符号学的反思

第八讲　"转识成智"：返回存在的符号活动

第五讲

反向认知：自然主体论的思维范式阐释

"吾丧我"的认知模式实际上就是一种自然主体论的思维方式，把受固定理性思维局限的小"我"丢掉，以"用心若镜"的心境来感悟自然的"道"，由此在符号意义与生命体悟的互动中，实现"意义释放"。这一切的前提又是把大自然视为认知行为的发生者，而人的认知是第二性的。符号与生命境界的关系就不只是符号与人的关系，也并非仅是拓展到符号与动植物生命间的联系，甚至可以关乎一切自然存在物。

显然，在论及语言习得和文化学习时，主体的认知活动终究是一个无法绕开的话题。长期以来，我国的语言教学及研究主要遵循的是国外通行的语言认知和习得理论，例如"母语主义"、"输入—输出"模型、标准语等，以此努力把握语言教学的客观"认知规律"。其实，这些均是基于包括"表征主义"（representationism）和"心灵计算主义"（computationalism）在内的哲学思想，将认知活动设定为人作为主体对包括自然在内的客体所进行的单维度认识。知识和真理便产生于这种"正确认知"之中。在这里，我们权且把这类由主体到客体的认知称为"正向认知"。当代符号学研究，无论是在语言与文学符号系统内，还是在传媒等其他领域中，主要是在此设定的基础上，就符号意义感知的表征和阐释展开探索。

然而，随着符号系统研究的逐渐深入，这种正向认知模式的局限性也不断凸显。例如，早在20世纪中后期，围绕语言符号意义的存在问题，对于其表征的"遮蔽"与"去蔽"的探索就已经展开了。解构主义者们不仅彻底颠覆了语言符号的表意功能，而且还直接质疑了现存知识话语谱系，甚至把权力视为产生知识和真理的根本。[1] 人的认知当然不可能不受到时空条件的限制，更无法挣脱自身、社会和文化权力场的掌控。其实，用人类如此有限的认知

---

[1] 福柯：《权力的眼睛：福柯访谈录》（修订译本），严锋译，上海：上海人民出版社，2021年。

去把握无限的自然界,是很难做到的。在地球上,大自然用了45亿多年的时间,才最终孕育出了人类。人类自从诞生之后,在自我进化和文明发展的过程中,貌似日益摆脱自然的控制,甚至以地球主人的身份自居,企图改造和征服自然。然而,人类在社会生活水平逐渐提高的同时,也越来越不可避免地陷入科技发展所带来的健康等危机。这种危机还不仅是涉及生态环境维护问题,更是关系到人的大脑作为一种自然生命体的保护。难道大自然真的只是被人类认知的对象吗?是否还存在大自然对人的"反向认知"呢?在如此的语境下,基于自然主体论对人类认知模式进行反思,就成为精神文化符号学研究的主要任务之一。

本讲探讨的目的,是要在这一基础上,深入阐释精神文化符号学的认知模式,并为我国的语言教学及其研究提供有价值的参考。从表面上来看,该认知模式的探讨仿佛与语言教学相隔甚远,而其实在"底层逻辑"上,两者存在着深刻的关联。首先,主流的语言教学实际上已经是将语言看成脱离自然主体和自然语境的一种独立存在,像某种物品或者外在技能一样可以被获取。其次,长期以来,我国语言人才的培养过分局限于所谓"语言知识"和"技能"的传授。语言教学在这两个层面所产生的问题,均是因为遵循了前面所说的"正向认知"。若要尝试突破这种困局,在我们看来,"反向认知"是一条值得参考的途径。这条途径可以从精神文化符号学的维度来加以阐释。

实际上,在当今的世界符号学界,自然主体论已成为关注的焦点之一。例如,当代著名美国符号学家、生物符号学研究的倡导者之一西比奥克,就提出把符号活动(semiosis)的范围拓展到人类以外的动物界,同时还构建了"建模系统理论"(Modeling Systems Theory)[1],从生物主体的"圜境"(Umwelt)[2]及建模方式等维度出发,探索符号的意义。这一探索虽已经把生态作为研究的主要对象,但仍然属于正向认知的范畴,也就是人对自然意义的感知及其表征。

---

[1] Thomas A. Sebeok, Marcel Danesi, *The Forms of Meaning: Modeling Systems Theory and Semiotic Analysis*, Berlin: Mouton de Gruyter, 2000.

[2] 关于现代符号学中 Umwelt 一词的汉译,本处取余红兵《符号建模论》第3页脚注②中的译法,另有译"环境界"。

第五讲 反向认知：自然主体论的思维范式阐释

在20世纪与21世纪之交，塔尔图符号学派也出现了"生态符号学"（ecosemiotic）转向：在研究以洛特曼为代表的文化符号学理论的同时，还积极探索乌克斯库尔的生物符号学思想，并且通过"自然文本"（nature-text）分析等研究路径，尝试将上述两个方向融合起来。这一研究把重点由"符号域"（semiosphere）转向了"圄境"，并且已经开始把"圄境"视为认知行为的发生器。该学派虽然尚未正式提出"反向认知"的概念，也没有专门阐释反向认知与正向认知之间的互动，不过其有关"圄境"的阐释和"自然文本"的分析方法，其实就是把"圄境"看成某种具有生命力的"主体"，追求通过回归自然让符号意义得以充分释放。

这与中国传统文化思想中的部分理念，尤其是"天人合一"，存在着异曲同工之妙。例如，庄子哲学中的"吾丧我"和"用心若镜"，就已经突破了主体对客体的单维度认知模式，实现了主体间性的互动，就是把客体也当作具有生命力的个性。[①]《道德经》也曾经明确指出："人法地，地法天，天法道，道法自然。"显而易见，以老子为代表的中国古代哲人是把自然视为第一性的。"丧我"与自然至上是相互指涉和互相贯通的。任何"我"的拙力都无疑是徒劳的，唯有"用心若镜"地看待自然界或曰客体，才可能达到"天人合一"的境界；而在"天人合一"之中，作为自然的"天"是第一位的。我们认为，这些是典型的反向认知。唯有在反向认知与正向认知互动的境况中，符号才能够与生命境界真正实现相互融合。然而，反向认知究竟是如何在自然与人之间展开的呢？客体是否真的能拥有自身的独立认知呢？这种认知又是如何表达的呢？这些将是本讲主要探讨的问题。

第一节 问题的反思：正向与反向之间

一般而言，学校的教学活动，包括语言教学在内，是在教师知识传授和思想指导下，学生获取和积累知识，并不断提升思维能力的认知活动。具体来

---

① 张杰、余红兵：《"用心若镜"与意义释放——再论精神文化符号学的任务》，《江海学刊》，2022年第3期，第241—247页。

说，这就是学生了解世界，并通过对现象的感知，渐渐深入发掘其本质、探寻其中蕴含的客观规律的认知过程，目的是获得资源、改造世界。因此，人类的认识活动一直以来大都被视为由主体面对客体的意识投射过程，由此而获得的一定认识在经过实践证明后就会成为人类的知识或真理。

西方学界尽管早已发现人的理性认知存在局限性，并且充分发掘了非理性活动的重要作用，却似乎很少对人类认知过程的出发点产生过质疑。无论是理性或是非理性的感知活动，都是从人自身的主体出发的，而客体或自然则是被感知和认识的对象，不可能被视为认知行为的主动发生者。法国思想家、认识论哲学的开拓者笛卡尔(René Descartes)就曾提出"我思故我在"的著名论断。他据此出发，明确了人类知识和真理的合法性，他也被黑格尔誉为"现代哲学之父"。在笛卡尔那里，自我是根本无法被否定的，因为当这种否定和怀疑产生时，自我就早已经存在了，认知主体是认识活动开始的前提。

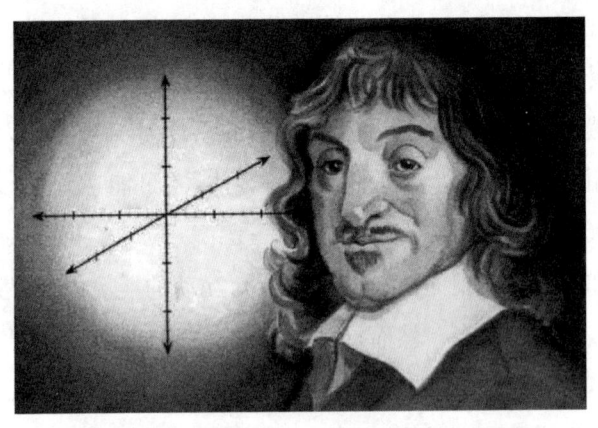

图 14　法国哲学家勒内·笛卡尔提出"我思故我在"

进入 20 世纪以后，奥地利现象学哲学家胡塞尔又把人类认识活动的研究进一步引向深入，区分了认识活动的两种不同思维，即自然思维与哲学思维。前者是指向对事物的认识，后者则是对这一认识行为的批判。胡塞尔曾明确指出："生活和科学中自然的思维对认识可能性的问题是漠不关心的——而哲学的思维则取决于对认识可能性问题的态度。"①胡塞尔所强调的哲学思维

---

① 胡塞尔：《现象学的观念》，倪梁康译，上海：上海译文出版社，1986 年，第 7 页。

是对认识行为本身的思考,却仍是把人这个主体看成认识行为的发生者。

在胡塞尔那里,人类认识的局限性是极其明显的,而且知识覆盖层的不断叠加和累积,就仿佛一张层层涂脂抹粉的人脸,必然会使得本来的面目失去真实,人脸如此,世界更是如此。因此,为了避免知识的"遮蔽",胡塞尔不再进行所谓的"透过现象看本质",反而是转向了直观感知和把握,直接观照事物的呈现,即把事物的认识当作对现象的不同感知过程。胡塞尔不去追求事物背后的本质,而是要返回事物本身,也就是回归现象。现象学的研究方法就是如此。据此,人们对现象不同维度的观察,就会产生不同的认知结果。本质就不再是单一不变的,而是多元变化的,这在很大程度上直面了认知的片面性。此后,现代西方哲学的诸多流派和理论均直接或间接继承了这种方法。

俄罗斯著名学者、科学院院士利哈乔夫依据现象学的思维范式,归纳出人类迥异于科学思维的另外一种思维形式,即艺术思维。利哈乔夫曾明确指出:"科学总是在探索规律性,科学首先注重那些重复、相似和共同的现象,而却很少关注个别的现象。"①这其实是把复杂问题简单化的一种逻辑学思维范式,科学研究者探寻的是客观事物的共性特征,所得出的是带有普遍意义的结论。俄罗斯人文社科界的这位领军人物又进一步明确,艺术思维注重的是把似乎简单的问题复杂化,不探求揭示事物的本质,而是注重事物的复杂现象,尤其是非规律性和偶然性。无疑,以艺术思维为主的研究方式,在一定程度上可以避免科学思维方法造成的"遮蔽"现象。

法国哲学家、诺贝尔文学奖获得者、胡塞尔的同时代人亨利·柏格森(Henri Bergson),则更是摆脱了人类理性思维的羁绊,不只旗帜鲜明地反对理性主义,而且更是坚持一切从直觉出发。柏格森认为,唯有直觉才能够体验和把握生命存在的本质,也就是"绵延",后来他又将其改为"生命冲动"。他充分意识到了人类理性思维的有限性和自然的无限性,明确指出宇宙是不受时间和经验约束的。然而,柏格森还是把人类当作认知行为的发生者,只不过注重的是非理性的直觉认知。

---

① Лихачев, Д. С., Искусство и наука (мысли), *Русская литература*, 1992(3), c.3 – 13.

显然，胡塞尔、利哈乔夫与柏格森均在不同程度上超越了笛卡尔的认识论哲学。胡塞尔是从方法论的维度，对这一认知行为进行了哲学反思，利哈乔夫无疑区分了科学思维与艺术思维的不同，而柏格森则更是努力走出了理性思维的藩篱。然而，他们的立足点依然是把人类的认知活动看成是由主体到客体的认知过程，三者的共同点就是把人作为认知的主体，也就是认知行为的出发点。其实，如若进行认真反思，这个出发点本身就是值得怀疑的。这种用人类有限的思维模式，哪怕是一种直觉的方式，去把握无边无际的自然和宇宙，显然是研究的方法与对象之间的不匹配，根本无法避免语言表征的危机。

新塔尔图符号学派的年轻学者蒂莫·马伦（Timo Maran）在《通向生态符号学的整一方法：自然文本的概念》（*Towards an Integrated Methodology of Ecosemiotics: The Concept of Nature-text*）一文中，就曾经揭示了自然文本分析方法是怎样尝试走出表征危机的。他把自然文本分析看成是圜境与表征文本之间联系的一种研究方法，"把通过这两个对应物之间的意义关系形成的集合称之为自然文本（nature-text）"①。马伦指出："与书面文本相比，自然环境的结构以及对其的感知是多模式的。因此，自然环境和书面文本之间并不是平等的对应关系，而是一对多的关系。"②非常明显，在自然文本分析那里，圜境是能够主动发出各种信息的主体，就一定会对应多个甚至是无数多个符号文本。"新方法表现为在文化中再现自然以及在自然本身的符号活动中再现自然，这种双重分析框架的理想模式就是自然写作（nature writing）。"③这不只揭示了自然的文本化和自然自身的符号活动，更重要的是强调符号表征要返回自然生态环境本身。在生态符号学看来，"圜境"肯定是第一位的。乌克斯库尔及其追随者们已开始关注人类认知活动的出发点，也就是一切从基于自然主体的"圜境"出发，以此来克服以人作为主体的单维度认知活动的局限性。

---

①② Timo Maran, Towards an Integrated Methodology of Ecosemiotics: The Concept of Nature-text, *Sign Systems Studies*, 2007, 35 (1/2), p.280.

③ Timo Maran, Towards an Integrated Methodology of Ecosemiotics: The Concept of Nature-text, *Sign Systems Studies*, 2007, 35 (1/2), pp.279-280.

实际上，人类的任何认知活动都是与大自然息息相关的。认知行为首先源自大自然，没有大自然的环境，包括条件、赋能和反应等，人的认知活动便无从展开。以自然为出发点的反向认知显然强调自然是第一性的，人的正向认知活动则是第二性的，更何况人自身也只是大自然中间的一员。《易传·系辞上》曰："《易》无思也，无为也，寂然不动，感而遂通天下之故。"[①]这里所说的"无思"和"无为"就是指要回归自然首先的位置，唯有"任运自然""任运自动"，才能够实现"感而遂通"的效果。"无思"并非没有知觉，而是要让心态平静下来，尽量"去蔽"，排除任何杂念或者主观片面性，从而达到"寂然不动"的境界。这种"无思"其实比任何"思"都更加需要人自身的意志力，是要"实修"，即"修身养性"，才可以实现的。"无为"则是反对人为的主观狭隘干预，克服行为的片面性、刻意性和目的性，避免因过度"有为"而造成"人为"的"伪"。

在精神文化符号学看来，若要尽可能避免符号表意的"遮蔽"，就必然要把符号意义与生命境界相关联，把自然界的万事万物均视为具有生命力的"个性"。精神文化符号学的认知模式必须建立在自然第一性的基础之上，而且由"反向认知"出发，在正反向互动的过程之中，来探讨符号的认知和表征活动。这就是一种以自然为中心的认知模式，就是要消解人类中心主义，坚持人类仅仅是自然界的一员，甚至注重避免任何主观片面思想对人的大脑的侵蚀，维护人类"脑生态"。其实，只有在反向与正向的认知互动之中，人类才能够避免理性思维的"遮蔽"，返回到自然或曰事物本身。这种互动过程首先源自客体（自然），主体（人类）感受到客体的信息后，形成相应的意识再反过来作用于客体，并由此产生出特定形式的知识或曰真理。显然，这种知识或真理应该用自然的形态来表征，如绘画、塑像、音响、实物等，而并不是语言符号的直接表征。即便运用语言符号来表征，也只是辅助的说明，而并非单纯的演绎、概括、归纳和总结，努力避免因人的主观推演所产生的认知片面性。自然现象既是认知活动的出发点，又应该是人类意识表征的最终形态。这也就是精神文化符号学的自然主体论的思维范式，也是符号与自然生命相互融合的理想境界。

---

① 《周易译注》，黄寿祺、张善文译注，上海：上海古籍出版社，2016年，第687—688页。

第二节 反向认知：主体与客体之间

在教学活动中，由于受到正向认知思维范式的制约，主体与客体间最基本的关系常常被看成认识与被认识、改造与被改造的相互关系。主体是作为人的认识者和改造者，而客体则是作为被认识者和被改造者的自然界和社会环境。当然，这种关系在很大程度上也是互动的，即客体也可以反作用于主体。然而，主体作为认知行为的发生者是确定无疑的，主体认知与客体规律的相符，就会被认定为学生应该习得的真理或曰知识。

其实，真理或知识形成的过程确实如此吗？由主体发生的认知行为，不可能不受到理性思维的限制，难免会导致认知的"遮蔽"状况。早在古希腊罗马时代，人类就开始了"世界的本质是什么"的"本体论"探索。直至17世纪，以笛卡尔为代表的哲学家深切认识到"本体论"问题是难以回答的，于是就进行了"认识论"转向，努力揭示人是"怎样认识世界本质"的。进入20世纪，海德格尔等学者在对索绪尔共时性语言学批判继承的基础上，又发现任何认识都是通过语言的表征而存在起来的，这就引发了"语言学转向"。该转向所探讨的问题就变成了"如何用语言来表征对世界本质的认识"。到了20世纪后半期，格林布拉特（Stephen Jay Greenblatt）等新历史主义者们，又提出任何语言表征实际上都离不开历史文化语境，这就推进了"文化哲学转向"，即主要探讨的问题是"在怎样的历史文化语境下通过语言来表征对世界本质的认识"。在精神文化符号学看来，大自然才是万事万物的信息来源，作为主体的人则是自然信息的接受者，当然这种接受并不是消极的，而是积极的。

在认知过程中，主客体的关系究竟是怎样的？如果说客体或曰作为客体的大自然被视为是第一性的，是认知行为的始作俑者，那么人作为主体就是第二性的，而这种"反向认知"又是怎样进行的呢？究竟是大自然在被动等待人类的认知，还是人类的认知都受到大自然的作用？我们只需回顾一下人类文明的发展历程，就不难找到解决这些问题的答案。早在人类诞生之初，生产力水平非常低下，不可能对大自然造成明显的损害，因此大自然就没有提示人类要保护生态，人类也不会产生相应的环保意识。随着人类社会文明的不断发展,大量温室气体的排放使得温室效应日益严重,造成全球气温不断升高,导致了极地冰川的加速融化。其实,这也就是大自然传递出了需要保护生态环境的信息,首先向人类表达了自己的"认知",并向人类发出了警告。只不过,这种认知并没有通过语言的方式来表达,而是以自然自己的方式在向人类发出信号。因此,所谓"实践对真理或知识的检验",其实就是一个"客体(自然)→主体(人)→客体(自然)"的循环过程。如果这一循环符合自然的规律,就是顺应自然的,否则就是违背的。

因此,精神文化符号学认为,在人类的认知活动中,自然(客体)是认知行为的发生者,而人只是在受自然作用后才形成了相应的认知和思维活动。在这里,究竟应该怎样认识实践活动中的知识或真理产生?真理并不是主客体认知的相符或一致,而应是客体(自然)对人的认知(主体)的激活。《周易》中早就提及了"感而遂通"的认知模式,其目的就是要跳出理性的影响,在"任运自然""任运自动"的状态下,达到心物一体的理想境界,即庄子的所谓"听止于耳,心止于符"①。这也是符号与生命相融的最为理想的境界。

从正向认知来看,人作为认知主体,首先感知到的是外部世界的大量印象。这些印象不断积累,经过逻辑推理、归纳、概括,乃至深入的分析和研究,便形成了某些概念或规律,也就是通常所说的知识或真理。然而,如果从"反向认知"出发,来自大自然的大量信息是人类主体认知活动的本源,自然界激活了人脑思维中的"正确"认知,可以去体悟知识或真理。不过,鉴于人的理性认知无法避免自身的局限性,因此被"瞬间"激活的直觉通常被视为生命真谛之所在。为了能延长这一直觉的"瞬间",依照庄子的说法,可以通过"实修"的方法,真正进入直觉状态,延长直觉的时间,使得直觉不再只是"瞬间"的。"吾丧我"就是通过"实修"来实现的。当然,这种"实修"是需要高度的理性意志力的。这不仅是老庄哲学的一个重要思想,也是中国文化传统的一个独特的品质。

毫无疑问,在"反向认知"中,自然界作为信息行为的主动发生者,肯定是体现某种生命力的。"反向认知"就是把大自然看成由不同生命体组成的

---

① 《庄子注疏》,郭象注,成玄英疏,曹础基、黄兰发点校,北京:中华书局,2011年,第80—81页。

"圜境"。新塔尔图符号学派的代表人物马格纳斯和库尔就明确写道:"圜境是生命体通过其特有的感知和运动系统而获致和创造的世界。根据乌克斯库尔的观点,生物学家应该描绘的那部分现实是由生命体自身构建的。"[1]这里的"圜境"迥异于达尔文式的"环境"。在达尔文看来,"环境"包括生命、有机体和作为其衍生物的进化。"环境"的存在是第一性的,随后出现了有机体,"环境"孕育了生命。在乌克斯库尔的"圜境"中,首先存在的就是有机体,正是有机体创造了主体性的世界,每种生物都以自己独特的方式拥有属于自身的主体性世界,互相作用并互相依存。从这个意义来看,"圜境"也可以被视为一个由生命体形成的大主体,而不仅是被反映的纯物理性的客体"环境",是第一性的。

在"反向认知"活动过程中,人作为主体并不是要从丰富多彩的"圜境"中,直接归纳和概括出某种规律或曰知识和真理,而是要在"吾丧我"之后,用自身的心灵去感知大自然的真谛,让自己进入"用心若镜"的境界,并还给意义以充分的自由,而不是用符号表征某个确定的意义。在"吾"丧"我"之后,"吾"就是有主体人格的得"道"之人,就是"用心若镜"的"至人"。"道"其实是一种效法自然的生活准则和态度,把大自然放在优先于人的地位,只有以此才能够触及本真的自然。"道"蕴含在自然之中,却被"理"相隔离,只有瓦解现存的理性牢笼,包括知识谱系,才可以企及"道"的境界。"道"能够释放符号的意义,规避"理"对意义的"遮蔽",以与无限的宇宙相匹配的方法,进入自然之境。精神文化符号学强调这种自然主体论,并且以庄子哲学思想中的"吾丧我"为依据,尽可能地释放意义,从而达到回归自然的目的。[2]

---

[1] R. Magnus, K. Kull, Roots of Culture in the Umwelt, edited by J. Valsiner, *The Oxford Handbook of Culture and Psychology*, Oxford: Oxford University Press, 2012, p.650.

[2] 张杰、余红兵:《"用心若镜"与意义释放——再论精神文化符号学的任务》,《江海学刊》,2022 年第 3 期,第 241—247 页。

第三节　自然的回归：有限与无限之间

通常说来，大自然主要是指地球内的天然环境，同时与地球之外的地月系和太阳系存在着一定的联系。随着人类科学技术的日新月异，大自然与宇宙的关系也不断扩展，几近无限。这样一来，有限的人类认知怎样把握如此无限的自然和宇宙呢？难道人类一边在利用科学技术改造世界，另一边又要返回到原始生态环境中去吗？回答无疑是否定的。回归自然与发展科技实际上并不矛盾，而人类科学技术的发展方向，能够使得人类有限的认知能力无限放大，甚至超过人类自身的智力。正反向互动的认知思维模式早已成为当代人工智能时代机器学习的重要途径之一。2019年出版的《暗知识：机器认知如何颠覆商业和社会》一书中，以知识的表征来分类，把知识划分成明知识、默知识和暗知识。前两者分别是可用符号表达的和只能意会不可言传的知识，例如西医属于前者，而传统中医属于后者。暗知识[①]却不仅无法用符号表征，而且是不可感受的知识。这就是机器发掘出来的暗知识，是当前阶段人的大脑无法产生的知识。也正是由于暗知识，机器人才能够在一定程度上战胜人类，就如同AlphaGo击败了世界围棋冠军，而AlphaGoZero又彻底打败了AlphaGo。

图15　人工智能机器人，视觉中国供图

[①] 王维嘉：《暗知识：机器认知如何颠覆商业和社会》，北京：中信出版社，2019年，第27—32页。

目前，在人工智能的机器获取暗知识方面，零样本学习（Zero-Shot Learning，简称 ZSL）可以算作一个机器学习的方向。这是由兰伯特（Lampert）等人于 2009 年提出的，它追求挣脱任何人类样本的制约，通过训练数据组合，模拟人类推理活动，其功能能够使得计算机具有知识迁移的能力，非常符合自然生活中海量信息的存在方式。① 生成对抗网络（Generative Adversarial Networks，简称 GAN）是众多机器学习的主要办法之一，其主要运用空间是生成和原样本类似的数据，是由古德菲洛（Goodfellow）等研究人员在 2014 年于蒙特利尔大学发表的一篇论文中介绍的。这是一种深度学习模型，它通过框架中至少两个模块，也就是生成模型（Generative Model）和判别模型（Discriminative Model），相互博弈学习滋生相当好的输出。② 在原始 GAN 理论中，并非要求生成模型和判别模型都是神经网络，仅需要是能拟合相应生成和判别的函数即可。在生成对抗网络中，生成模型就仿佛千姿百态的大自然，提出众多样本，形成与判别模型（人脑）的对抗。判别模型从生成模型一方获取信息，努力学习怎样按照人类的需要来正确区分真伪样本，把判别结果返回到生成模式中去，再增强生成器的"欺骗性"。这种往返过程也就是正反向认知的互动循环。随着模型的训练，生成网络就会不断产生在辨别网络看来是更具有欺骗性的图片。这些好像是在干扰辨别网络的因素，反而却不断增强了该网络的辨别能力。虽然辨别器也在不断提高自身，却由于自身模型复杂度的局限，最终稳定状态下辨别器的正确率会在 50% 左右，几乎接近于乱猜。它无法分辨到底是生成的还是原来就有的，而这又正好体现出正向认知的局限性。在面对不断复杂化的情况下，人的大脑由于受制于自身的认知，很难给予正确的答案。

显而易见，无论是尽量避免人类主观样本制约的推理问题探讨，又或是具有对抗性博弈的深度学习模型，均体现了从有限理性到无限自然的研究

---

① Christoph H. Lampert, Hannes Nickisch, Stefen Harmeling, Learning to Detect Unseen Object Classes by Between-class Attribute Transfer, 2009 *IEEE Conference on Computer Vision and Pattern Recognition*, Miami: IEEE, 2009.

② Ian J. Goodfellow et al., Generative Adversarial Nets, *Proceedings of the 28th International Conference on Neural Information Processing Systems*, Vol. 2, Cambridge: MIT Press, 2014.

或学习方式。因为只有"零样本"的推理,才可以赢得更多,甚至是无限的"样本",而"对抗"和"博弈"便是自然界的生存法则。在人工智能时代的机器学习里,对抗思想被成功引入,使得判别模型在深度学习乃至机器学习领域取得了巨大成功。其实,要想不断推进人类文明,用有限的理性思维去把握无限的自然世界,对抗性或曰批判性的辨别或是一种非常理想的学习方法。

正向认知确实存在着明显的局限性,因为在面对极其复杂的自然世界问题时,人的大脑由于受制于自身的认知,在很多情况下难以甚至无法给出绝对正确的答案。若要想让人类文明不断发展,以有限的理性思维去把握无限的自然世界,精神文化符号学所提倡的具有开放性和批判性的"反向认知",或许能够为我们打开一条较为理想的认知途径。

除了这种从自然到人的"反向认知",我们还可以将其运用到具体的教学中去。例如,我们通常把学校视为传授知识的场所,也习惯说:"教师有一缸水,才能给学生一碗水。"

当然,从对教师的要求而言,这在一定程度上是正确的。因为教师只有知识丰富,才可能传授给学生更多的知识。然而,果真如此的话,那我们岂不是将会一代不如一代,甚至可能会出现"无水可给"的尴尬境地吗?实际上,从"反向认知"的维度来看,"教师如果有一缸水,学生应该成为汪洋大海",学生理应也可以超越教师。不仅教学者需要具备这种"反向认知"的能力,我们更需要培养学生获得并提升这种能力。

从人与自然之间的正向与反向的认知问题来看,人类的认知能力形成于大自然,提升于人的不断自我批判。教育的创新人才培养应当立足于此。"圜境"的力量无疑是第一性的,是信息产生的源泉。自然界不只给人类提供了极其丰富的意义内容,而且还呈现了可感知的多彩形式。相较于人的理性思维而言,自然界的物种和感性体验不仅是出发点,还是归宿地。人的认知活动其实是由客观世界至主观世界,再回至客观世界的过程。

《道德经》曰:"反者,道之动。"这里明显存在着"反向认知"的哲理,还蕴含着返璞归真的含义,也就是"反"与"返"相通,使得人摆脱自身认知的局限性,返回自然的本真状态,提倡自然孕育人,人再回归自然。在中国传统文化中,这种"反"的思想不只是存在于以老庄为代表的道家学说,而且还反映在儒家等其他学说中。孟子的"反身而诚"的出发点乃是"万物皆备于我",也就是以自然为主体。这里所说的"我"是"吾丧我"里的"吾",即"大我"。"吾"与万物融为一体,其实就是要"丧"掉"小我"。北宋哲学家邵雍明确指出:"所以谓之反观者,不以我观物也……以物观物之谓也。"①这一"反观",也就是要以物观物,从而进入"任运自然"的感通状态。各家虽然对"反"有着并不完全一致的阐释,但均与"寂然不动,感而遂通"的哲理相通,都是为了企及"无思无虑始知道"境界。

如果把以"反向认知"为特征的自然主体论思维范式,应用于我国高校的教学实践中,这就不仅在于揭示了从客体(自然)到主体(人)的"反向认知"过程,更主要在于表明了自然的无限性、认知的局限性,以便进一步指出"返回自然",即返回事物本身,是克服人类认知局限和知识再生的关键。哪怕是落到最基本的语言文化知识习得层面,也应超越过于简单概括的语法、构词和发音等规则的背诵,而是要通过具有无限复杂性的自然生活语言环境和文化交流来生成真正的知识和能力。因此,各类人才培养的目的,特别是在高校的教学中,不仅仅是知识的传授,而且是对现存知识的质疑和批判,主要不仅是为了弄清知识或真理,还需要更多地去自省、反思和使用,并且思考产生知识和真理的缘由与途径。语言教学的任务就是要超越语言知识的传授和技能的培养,转向更为关注学生获取知识和思维能力的提升。"反向认知"就是这种能力再生的前提和立足点。高校教学应该尽可能重新思考现有固化的知识谱系和文化权力话语场,面向知识和意义的再生,让学生的思维成为可再生能源。接班人的培养不仅是从前辈手中接过接力棒,继续沿着前人的道路跑下去,而且是需要不断更新理念,探索新的路径,超越前辈。

---

① 邵雍:《皇极经世书》,北京:九州出版社,2012年,第484—485页。

第六讲
"感而遂通":符号表征的反向认知

符号表征,作为主体对客体深入理解和认知的核心媒介,其过程凝聚了理性思维的精髓。从主体的视角出发,对客体实施符号表征,无疑属于理性思维的范畴。然而,鉴于人类认知的局限,试图全面把握不断变化的客体世界,无疑是一项艰难且近乎不可企及的任务。为了克服这一困境,我们必须深刻认识到人类所拥有的双向认知能力。一方面,我们依赖主观认知解读世界,以语言符号为媒介,传递对世界的理解;另一方面,我们亦能超越主观视角,让自然的"认知"对我们产生影响,进而反向诠释符号所承载的意义。这种双向循环的认知模式,是实现全面理解的必由之路。为了实现这一目标,我们需要超越当前以主体为主导的符号表征模式,探索一种以客体或自然为本位的"反向认知"路径。这正是中国古代哲学家基于自然主体论的认知方式——"感而遂通"的精髓所在,也是精神文化符号学所追求的认知范式。

本讲立足中国传统文化,以西方"休谟问题"为切入点,借鉴索绪尔、皮尔士等学者的符号学理论,深入剖析符号活动中的"休谟问题"。此次研究特别聚焦于"反向认知"路径,需要明确的是,虽然本讲对"反向认知"给予了特别关注,但这并不意味着"反向认知"在认知模式中的重要性超越了"正向认知"。在当前科学文明迅速发展的背景下,人类往往过于依赖"正向认知",而忽视"反向认知"的潜在价值。因此,有必要在一定程度上调整这种单向的认知模式,以实现更为全面和平衡的认知发展。

第一节 主客体质疑:"休谟问题"的重释

"休谟问题",即由大卫·休谟(David Hume)所提出的一个关于人类知识本质及其起源的深刻议题,在西方近代哲学史上占据了极其重要的地位。这一问题的核心在于探讨一个根本性的疑问:我们是否能够从"是"这一事实性陈述中，合乎逻辑地推导出"应该"这一价值判断。换句话说，休谟质疑了我们是否能够从纯粹的事实描述中直接得出价值上的结论。以天鹅的颜色为例，人们数百年来观察到天鹅"是"白色的这一现象，进而推论出天鹅"应该"是白色的这一结论。这种认知过程建立在感知和逻辑的基础之上，看似合理且符合常识。然而，随着地理大发现时代的到来，澳大利亚黑天鹅的发现彻底打破了基于经验的这一推断，引发了对人类认知模式的深刻反思。这一发现质疑了我们依赖归纳演绎进行逻辑思维的模式，特别是对归纳推理的可靠性提出了质疑。

同样，在语言符号活动中，"休谟问题"也有所体现。语言符号活动是一个由感知、接收、接受到解释的过程。在此过程中，"接收"与"接受"之间存在微妙的差异，其中"接受"标志着内化的开始。根据皮尔士的符号学理论，解释项是符号在经过感知、接收、接受后，在解释者大脑中的呈现。这一过程主要由经验归纳与理性演绎所构成。然而，经验既具有其助益性，也存在误导性。任何解释项的理性演绎均基于某种归纳的前提或"共同感受"，而"共同感受"本身即包含非理性的因素，因此，在演绎过程中存在解释项与对象不一致的可能性。

基于皮尔士的符号学理论，符号活动呈现为一个持续演进、动态升级的过程。在此过程中，每个符号的解释项不仅承载着作为新符号代表项的职能，而且与另一新的对象建立起关联，进而形成新的符号。这一循环不息的过程，极大地推动了人类文明的传承与发展。无论是基于经验还是理性的符号活动，均对人类社会的进步产生了深远的影响和显著的贡献。然而，随着研究的深入，符号表征中隐含的"遮蔽"现象逐渐引起了学界的广泛关注。在皮尔士的理论体系中，符号的对象与解释项之间存在着明确的界限，对象存在于意识之外，而解释项则形成于人的意识之内。由于意识的有限性和局限性，人类的意识难以完全"渗透"到对象之中，从而构成了符号表征中的"遮蔽"现象。这种"遮蔽"现象意味着我们在解释符号时，可能会忽略或无法完全理解符号所代表的真实对象，从而导致对符号的理解存在偏差或不完整。

语言符号的"休谟问题"揭示了西方符号学在主体主导的符号意义表征

活动中所存在的根本问题,即凸显了"正向认知"的内在局限性。所谓"正向认知",是指人类主体基于主观经验,通过深思熟虑、系统分析和逻辑推理等方式,对客体或自然界进行理解与认知的基本范式,它是人类探索世界、理解自然的核心手段。在"正向认知"的过程中,人类试图从主观视角出发,运用符号来表征客体,这一过程本质上是在理性框架中进行的。然而,鉴于人类理性认知模式的固有限制,面对浩瀚多变且纷繁复杂的客体世界或自然界,我们的理性认知往往可能遭遇"遮蔽"现象,即部分真实状态被忽视或误读。面对这一挑战,我们必须积极探索解决策略,其中,回归自然本源的"反向认知"方法,为我们提供了一条值得深入研究的途径。

应当明确的是,"反向认知"与"逆向认知"(Reverse Cognition)两者之间存有明显的界限。"逆向认知"或者"逆向思维",通常指的是一种与传统或常规认知相异的思考范式,它鼓励从反向或迥异的视角审视问题,旨在揭示问题的多元维度或寻求创新的解决方案。在某些情境下,逆向认知可被视为一种促进创新思维的方式,它激励人们质疑并挑战既有的观念与做法,进而可能引发新的发现或实现突破。然而,"逆向认知"或者"逆向思维"仍旧建立在人类主体性思维模式的基础之上,并未将自然置于核心地位。

"反向认知"作为一种颠覆性的认知模式,它呼吁人们摒弃传统的主体与客体之间的界限,重归自然本源的主体地位。这种认知方式并非仅仅意味着从对立面进行思维,而是倡导人们摒弃主观立场,让自然能够"感知"并"引导"人类。它强调的是人类与自然之间的和谐共生与平等相待,将自然置于认知的首要地位。通过"反向认知",我们有可能揭开那些在传统"正向认知"中被忽视或遮蔽的真相,从而获取更为全面和深入的理解与认知。

具体来说,"反向认知"要求我们重新审视人类与自然的关系,不再将自然视为被动的客体,而是将其视为具有主动性和能动性的存在。在这种认知模式下,人类不再是唯一的认知主体,我们能够更加贴近自然的真实状态。同时,"反向认知"也要求我们反思和质疑传统科学方法与理性思维的局限性,探索更加全面和多元的认知路径。只有这样,我们才能真正实现与自然的和谐共处,推动人类社会的可持续发展。

第二节　反向认知："心止于符"的范式

"反向认知"是一种返回自然的思维范式。"反"在先秦哲理中概念独特，老子说："反者，道之动。"①王弼注："动皆知其所无，则物通矣。"②楼宇烈就此进一步解释："万物动作如能知道其根本是无，就可包通万物了。"③显然，老子"反"的思想是寻求与万物相通，而这种相通的前提是"无"。郭店楚简《老子》（甲本）同样说道："返也者，道动也。"④"返"与"反"相通，其寓意都是要摆脱人的主体性影响而回归自然。庄子也将"反"与"道"相关联，庄子倡导"反衍"，庄子说："以道观之，何贵何贱，是谓反衍。"⑤在庄子思想中，与"反衍"对应的是"以道观之"，显然是为了突破"以人观之"的局限性。孟子也喜欢说"反"，其"反身而诚"⑥貌似"有我"，但前提是"万物皆备于我矣"⑦，当"有我"大到与万物一体时，其本质已是"无我"，从根本上就是指心物一体的状态。

先秦时代，尤其是曾在齐国稷下读书的学士们都比较推崇"反"。韩非子提出的"上因天之道，下则反形之理"⑧，其实就是尽可能避免人的主观性，以顺应自然之道，目的是"去智与巧"⑨，方法是"虚以静后，未尝用己"⑩，推崇要获得正确的认识就应该排除主观干扰。《管子》的"静因之道"⑪与韩非子的"反形"异曲同工，明确倡导"为道"，即顺应自然，消解人的主观束缚，从而获得由客体到主体的"反向认知"。

后代学者北宋邵雍提出"反观"，对"反向认知"的描述就更加简洁明了。他指出："所以谓之反观者，不以我观物也。"⑫"反观"显然是与"我观"相对应的，就是要突破主体认知的局限性，走出认知的"遮蔽"困境，以无我的状态，

---

①②③　《老子道德经注校释》，王弼注，楼宇烈校释，北京：中华书局，2008年，第110页。

④　刘钊：《郭店楚简校释》，福州：福建人民出版社，2003年，第26页。

⑤　《庄子注疏》，郭象注，成玄英疏，曹础基、黄兰发点校，北京：中华书局，2011年，第317页。

⑥⑦　《孟子》，朱熹集注，上海：上海古籍出版社，2013年，第181页。

⑧⑨⑩　《韩非子集解》，王先慎撰，钟哲点校，北京：中华书局，2013年，第46页。

⑪　《管子》，房玄龄注，刘绩补注，上海：上海古籍出版社，2015年，第263页。

⑫　邵雍：《皇极经世书》，北京：九州出版社，2012年，第484页。

达到"不以我观物者,以物观物之谓也"①。"以物观物"不同于西方后现代主义的麻木不仁,而是一种以自然为主体,让生命达到任运自然的感通状态。"反向认知"就是破除从主体到客体的"以我观物",形成由客体到主体的"以物观物"。

人类的知识探索就是在寻求主客体的一致,从主体到客体或从客体到主体的相符,其实本质上是相同的。因此,"反向认知"是一种特殊的认知符合论。庄子提出"听止于耳,心止于符",前者是"遣耳目"的状态,后者则是"去心意"的状态。"心止于符"是消解意识对名相符号的执念,不再追求从主体出发寻求主客体的一致。"心止于符"关注那些不刻意进行分别或判断的觉知,放下完全以经验为标准的识别活动,力求超越归纳或者演绎的意向活动。"心止于符"产生的客体与主体相符合,不同于主客体分离的认知,而是主客体相融合的心物一体,正如庄子说的"万物与我为一"②。

如果按照后期道家曾据"听止于耳"提倡反听,"心止于符"也可以说是一种反观。"反向认知"追求的不是基于认识论的透过现象看本质,而是让人从认识世界返回到本体世界。这个本体世界不同于哲学概念中的本体世界,而是包括身体在内的活生生的行为本体。"反向认知"寻求的是与万物相通的本体状态。

"反向认知"属于非语言符号活动,是用语言符号无法表述清楚的,所谓"书不尽言,言不尽意"③。语言符号往往只能表现相对的、有限的感知,而对绝对的、无限的感通则显得力不从心。因此,是否可以改造现有的语言符号系统来描述非语言符号活动呢?先秦的很多思想家都开展了积极的探索,老子采用的是"强为之名"的方法,"道"就是一种勉强的"名字"。老子说:"吾不知其名,字之曰道,强为之名曰大。"④在索绪尔的普通语言学教程中,"名字"本是语言符号活动中的"能指",对应于相关的"所指"。如果从"反向认知"的维度,"能指"与"所指"的对应关系可能是颠倒的,也就是万物中皆有"道"。

---

① 邵雍:《皇极经世书》,北京:九州出版社,2012年,第484—485页。
② 《庄子注疏》,郭象注,成玄英疏,曹础基、黄兰发点校,北京:中华书局,2011年,第44页。
③ 《周易注校释》,王弼撰,楼宇烈校释,北京:中华书局,2012年,第244页。
④ 《老子道德经注校释》,王弼注,楼宇烈校释,北京:中华书局,2008年,第63页。

万物均是"道"的"能指",而"道"反而成了说不尽的"所指",并且这种关系是动态不定的。正如《列子》所说"无指则皆至"①,"道"就属于无指之指,因而不同于普通的语言符号,所以老子还说"道可道,非常道"②。尽管"道"是无法说清的,但毕竟为语言符号的反向表征,即"能所指"关系倒置,提供了深刻的思考。

其实,庄子也运用了"卮言""重言"等独特的语言符号形式。他提出了"卮言日出,和以天倪"③。这里"日出"是指每天都处于变化之中,突破了语言符号的时间固化,而"天倪"是指符合自然之道的平衡状态,突破了语言符号的人为固化。唐代成玄英注疏:"无心之言,即卮言也。"④这就是"无心"状态中的语言符号形式,或者说是庄子的"天人合一"的语言符号表征。庄子还说"以卮言为曼衍"⑤。曼衍也是"无心"的寓意,所以"卮言"是庄子悬置主观成见的体道之言,庄子就是要消解人对语言符号的执念。唐代成玄英说:"卮言,不定也。"⑥"卮言"之所以"不定",正如《庄子》所说"指不至,至不绝"⑦,"卮言"解放了语言符号"能指"与"所指"的束缚,是为了听者自悟而形成的一种语言符号表征,不是一种逻辑的演绎过程。"卮"是中国古代一种非常特殊的器皿,"卮"的特质是"夫卮满则倾,卮空则仰,空满任物,倾仰随人"⑧。所以,庄子的"卮言"是一种舍己从人模式的语言交流活动,是为了触发听者的自我对话。庄子还推崇"重言",提出"以重言为真"⑨。"重言"所释放的内容很难通过理性思考充分理解,但信任这样的"重言"就能有收获。"卮言"的不确定性与"重言"的毋庸置疑性,都不符合语言符号活动的规律,因为这些语言形式都是为了借语言而抵达非语言的体悟。

此外,中国传统文化中的特殊象符号亦被视为"反向认知"的重要表现形式。语言符号通常作为人对客观复杂现象的精练表征,即主体对客体认知的

---

① 《列子》,叶蓓卿译注,北京:中华书局,2011年,第108页。
② 《老子道德经注校释》,王弼注,楼宇烈校释,北京:中华书局,2008年,第1页。
③④ 《庄子注疏》,郭象注,成玄英疏,曹础基、黄兰发点校,北京:中华书局,2011年,第494页。
⑤⑥ 《庄子注疏》,郭象注,成玄英疏,曹础基、黄兰发点校,北京:中华书局,2011年,第569页。
⑦ 《庄子注疏》,郭象注,成玄英疏,曹础基、黄兰发点校,北京:中华书局,2011年,第573页。
⑧ 《庄子注疏》,郭象注,成玄英疏,曹础基、黄兰发点校,北京:中华书局,2011年,第494页。
⑨ 《庄子注疏》,郭象注,成玄英疏,曹础基、黄兰发点校,北京:中华书局,2011年,第569页。

明确表达。然而,象符号则与之相异,它通过"原象"来映射万事万物的动态演变,进而揭示事物的内在复杂性。在此逻辑中,"原象"作为"能指"能够映射多个或无数变化形态下的"所指"。

以《周易》为例,其以阴阳为基本元素,利用阴爻"--"和阳爻"—"作为"原象"(能指),进而组合形成八卦。八卦再经组合,衍生出六十四卦,象征了天地万物的多样性(见图16)。显然,与此相对应的"所指"则是千变万化的阴阳组合。在此体系中,"能指"与"所指"的关系不再是单一的对应,而是形成了一对多,乃至一对无限的关系。因此,象符号并非旨在归纳或概括意义,而是致力于意义的释放。它打破了"人说符号"的传统逻辑,转变为"符号说人"。换言之,象符号帮助人们从语言符号的概念束缚中解脱出来,赋予符号以自由的解释空间。

图 16 《周易》八卦图

《周易》中象符号的构成,运用了"法天取象"的方式,即"仰则观象于天,俯则观法于地"①。"法天取象"是一种对自然文本的解读,自然文本是有生命力的、活生生的文本,自然文本的最大魅力是自然中亘古变与不变合一的文本内涵。万事万物中都含有阴阳,乃至动静也是阴阳,所以"阴阳"的解释项也不能确定,阴阳重叠而成其余卦象。正因为阴阳的"所指"是不固定的,那么由此构成的各种象符号就拥有了无限的解释性。阴阳之说对中国古代医家、兵家、哲学家、养生家等几乎各门各派的思想都产生了深远影响,所谓"仁者见之谓之仁,知者见之谓之知"②,而这一切都源于阴、阳两个原象符号,所以《易经·系辞上》曰:"一阴一阳之谓道。"③

显然,中国传统文化中的象符号与现代语言符号存在着显著的差异。索绪尔为了维护语言符号的任意性和时间性,防止其受到干扰,有意识地排除了理据性象符号在语言符号中的位置。皮尔士虽未完全将语象进行分

---

① 《周易注校释》,王弼撰,楼宇烈校释,北京:中华书局,2012年,第247页。
②③ 《周易注校释》,王弼撰,楼宇烈校释,北京:中华书局,2012年,第236页。

离，但他确实提出了语象分治的观点。他通过像似符、指示符、规约符的三分法，旨在明确区分语言符号与异质符号。然而，中国传统文化中的象符号，其目的则在于消解语言的意义表征，实现一种"反向认知"的深层目标。

除了《周易》中以阴、阳为原象的象符号，中国传统文化中还有很多其他形式的象符号。例如，某些特殊的音乐也具有象符号的功能，正所谓"乐者所以象德也"①（见图17）；某些特殊的图形甚至绘画也承载着象符号的职能；甚至青铜器等器皿也肩负着一定的象符号功能。中国传统文化中象符号的目标可以用八个字来概括：象以载道，道以象显。也就是说，"象"只是一个载体，"道"才是根本，既不能沉迷于"象"之中，又不能忽视"象"的作用。如果没有"象"，就无法显现出"道"。老子的"大象无形"正是这个寓意的体现。拘泥于象符号寻求"道"是缘木求鱼，而完全脱离象符号之后，"道"将消失无踪。只有基于象符号，又超越象符号，才能真正"执大象，天下往"②。"反向认知"正是促使中国传统文化中象符号丰富的重要原因。

图17 编钟是古代礼乐文明的物质载体与象符号之一

"反向认知"，作为中国传统文化中独树一帜且富有成效的认知模式，其所蕴含的深刻价值值得我们予以高度重视。这一模式不仅超越了语言和概

---

① 《礼记》，胡平生、张萌译注，北京：中华书局，2017年，第730页。
② 《老子道德经注校释》，王弼注，楼宇烈校释，北京：中华书局，2008年，第87页。

念的框架,更深刻揭示了事物的内在本质和深层含义,引导人们进行深入的体悟与理解。这种独特的认知方式极大地拓展了人们的审美范畴,并为他们的生活方式和理念注入了新的活力与启示。在当前信息爆炸、多元文化交融的时代背景下,我们更应深入挖掘并吸收"反向认知"中的智慧,秉持开放包容的态度,积极面向世界,致力于提升个人的生命境界与认知能力。

第三节 意义的自由:任运自然的感通

自古以来,人类不断探索与改造自然,力求实现与自然力量的和谐共生,以满足自身发展需求。然而,无论科技如何迅猛发展,人类力量如何强大,最终仍需回归自然的怀抱。这种回归并非指向原始的丛林时代,而是一种在认知层面上的深刻转变,即从人类中心主义逐步过渡到自然中心主义的"反向认知"状态。在此过程中,我们需要摒弃以人类为中心的主客体单一模式。为了深入理解和有效运用中国传统文化中的"反向认知"理念,我们需要找到一把合适的钥匙,而"感而遂通"正是这把关键的钥匙。

要开启"感而遂通"的认知模式,前提就是"无思""无为"。"感而遂通"出自《周易》,"易无思也,无为也","寂然不动,感而遂通天下之故"。[①] "无思"不是没有觉知,"任运自然,不关心虑,是无思也"[②]。"无为"不是不作为,"任运自动,不须营造,是无为也"[③]。也就是说,只有在"任运自然""任运自动"的行为状态下,才能产生"感而遂通"的知觉模式。这种任运自然的感通不会将主观思想附加给客观现象而产生某种意义,因此反而能够真正实现符号意义的释放。这种知觉过程就是要消解认知主体的成见、已形成的概念等人为因素的干扰,从而获得与万物相通的状态。

显然,"感而遂通"并非要确定符号的意义,而是要在任运自然的状态下,还符号意义以自由。无论是皮尔士的"代表项—对象—解释项",还是索绪尔的"能指"与"所指",这些都是"有思""有为"的过程。任运自然的感通是通过"无思""无为"的"无知",从而实现"感而遂通"。宋代哲学家张载就此进行了

---

①②③ 王弼、孔颖达编著:《周易正义》,北京:中国致公出版社,2009年,第272页。

专门阐释:"无知者,以其无不知也;若言有知,则有所不知也。惟其无知,故能竭两端,《易》所谓'寂然不动,感而遂通'也。"①"无知"的根本目标是努力消解人为的语言符号所构成的知识,敞开符号自身的意义。

任运自然的感通不是一种理论推断出的结论,而是真实存在的实修结果。实修的"无思""无为",不同于概念理解的"无思""无为"。只有实修上的"任运自然""任运自动",才能实现真正的"无思""无为",而理解中的"无思""无为",不会产生"感而遂通"的知觉。郭店楚简《老子》(甲本)曰"为无为"②,这里的"为"是要达到"无为"的境界。老子还说"涤除玄览",其中的"涤除"就是一种行为,"涤除"的目标是为了"无思""无为",而"玄览"类似于"感而遂通"的境界。只有进行"涤除"的行为后,心才能够如同一尘不染的明镜,既可以观照万物又会不留下万物的痕迹。其实,不仅是道家重视行为实修而不是概念理解,儒家亦是如此。《孟子》中"所不虑而知者,其良知也"的思想寓意类似于"无思""无为",以至于"感而遂通"。王阳明传承孟子思想并把自己的学术归为"致良知"③,这本是与"为无为"不同的两种思想,但如果把"致"与《老子》(甲本)"为无为"中的"为"联系起来,就不难见出,要达到任运自然的感通或曰"良知",就不能够仅凭概念理解,而是要实现"为"的"无为"。

在深入探讨"感而遂通"这一认知模式的核心理念时,我们实质上是在追寻一种博大精深的哲学智慧,即"天人合一"的宇宙观。此观念深刻揭示了人类并非孤立于自然之外,亦非自然的统治者,而是自然中不可或缺的一部分。我们的生存与发展,无不依赖于自然的滋养与呵护。要实现"感而遂通"的境界,我们不仅需秉持"无思""无为"的哲学态度,更需培养对自然的敬畏之心,以谦卑的态度面对自然的伟大与深邃。

此外,"感而遂通"亦要求我们拥有超越五官局限的敏锐感知能力,这种能力使我们能够洞察自然的本质与规律,深化对世界的理解。在现代社会,科技的飞速发展和生活方式的巨大变迁使得我们与自然的关系面临着新的挑战和机遇。然而,无论这些变化如何,我们都应铭记人类与自然的紧密

---

① 丁原明:《横渠易说导读》,济南:齐鲁书社,2004年,第168页。
② 刘钊:《郭店楚简校释》,福州:福建人民出版社,2003年,第2页。
③ 《王阳明全集》,王守仁撰,吴光等编校,上海:上海古籍出版社,2012年,第969页。

联系，重新审视人类与自然的关系，尊重自然的规律。唯有如此，我们才能真正实现"感而遂通"的目标，达成人与自然的和谐共生，共同构建一个可持续发展的未来。

在这个充满变革与创新的时代，这个时代的核心特征在于将符号活动视为人类的基本特征，将其视为人类行为和思维的重要组成部分。从宏观的视角来看，人类社会在信息化、高科技和人工智能的深刻影响下，已经展现出丰富多彩的符号化现象。然而，尽管我们不断强化人的主体地位，挖掘人的潜能，但同时也发现人类的焦虑与孤独感在逐渐加深。在这种背景下，人们开始反思，自然主体论的思潮随之兴起。在符号学领域，一场由"人说符号"向"符号说人"转变的哥白尼式革命正在悄然进行。时代呼唤这种"感而遂通"的"反向认知"方式。这种方式要求我们超越经验与理性，通过感知与理解来认识世界。最终，"正向认知"与"反向认知"这两种模式必须相互融合，方能深入探索世界的本质，探寻人类存在的深远意义，使天地精神、宇宙精神与我们的身心达到真正的融合。

文化传承的核心在于精神的延续。精神文化符号学的目标正是实践这种天地间人与自然和谐共生的精神。它致力于构建一个双向的符号活动流程：一方面，鼓励我们从主观出发，客观认知世界，并通过语言符号精准表达理解；另一方面，倡导以自然为核心，从客观事实出发，反向挖掘符号的深层意义，形成与世界"感而遂通"的认知模式。这种"正向认知"与"反向认知"的循环模式，将极大地促进我们更全面地理解世界，更深刻地理解人类自身，进而提升生命的境界。

第七讲
生态的认知：关于伦理符号学的反思

我们应该承认，科学技术的发展与伦理道德的完善是人类社会文明程度的两个重大标志。然而，科学技术在日益改善人类社会生活的同时，却又反过来掌控着人本身；伦理道德既提升人类的文明，又规范了人的行为。因此，我们不禁要问：如何认识人类科学技术进步和伦理道德的构建？认知行为的发生者究竟是自然和身体，还是人及其大脑？此类问题，其实都能够从符号学的跨学科维度来审视。①

意大利符号学学者苏珊·佩特丽莉（Susan Petrilli）和她的老师奥古斯都·庞奇奥（Augusto Ponzio）在 2003 年就曾提出"伦理符号学"（semioethics），对上述部分问题进行了初步探讨。该理论继承了美国符号学家托马斯·西比奥克反"人类中心主义"及反"语言中心主义"的学术思想，研究的关键问题是全球视域下的"关爱生命"（care for life）②。这种思想的价值是显而易见的，至少拓展了将科学与伦理、符号与意义、己者与他者、身体与大脑等融合研究的途径。然而，在精神文化符号学看来，该研究还需进一步拓深，不但要超越人类中心主义，还应提倡与生物界以外的非生命体平等，实现更广义也更加深刻的全球视域。

本讲将沿着伦理符号学开辟的道路，结合精神文化符号学③，对上述问题展开深入探索。我们将根据《易传》中的"各正性命"思想，关注文学创作实践，同时也对符号学的研究方法进行反思。在我们看来，在文学创作中，并不是用语言符号弘扬人类某一社会的伦理道德精神就是在关爱生命。恰恰相反，符号学研究应通过回归自然本体，充分释放意义，关爱包括"己者"在内的

---

① 这里的符号学，我们取其广义，即跨学科的方法论工具，它亦可被视为研究意义生成的学问。
② Susan Petrilli, Augusto Ponzio, "Semioethics", *The Routledge Companion to Semiotics*, edited by Paul Cobley, London: Routledge, 2010, p.151.
③ 张杰、余红兵：《反思与建构：关于精神文化符号学的几点设想》，《符号与传媒》，2021 年春季号，总第 22 辑，第 1—13 页。

所有生命体,甚至把非生命体也看作广义的"个性"。这才是把符号学与生命真正相互融合在一起,才能真正肩负起符号学研究的神圣使命和伦理责任,从生态视域下的认知角度,探索出一条返回自然、回归本体、释放意义、追求自由的符号学研究方法。

第一节 "关爱生命":"症状"与"符号"

符号学作为研究意义生成的一门学问,早就为人们揭示:任何意义的符号表征都无法避免"遮蔽"现象,符号表征越是复杂,人离所表征事物的"本体"也就越遥远。[①] 人仿佛被悬置、包裹在自我创造出来的各种符号网络中,这就是意义之网,构建了一种独特的现实维度。[②] 当人工智能飞速发展的今天,如若仍然仅仅沿着知识积累、真理探索或意义表征的路径前行,显然是不够的,甚至人脑都可能被人工智能超越。AlphaGo 在 2016 年挑战围棋世界冠军李世石,取得了 4∶1 的胜利,便是很好的例证。怎样走出语言表征的困惑,超越"科技选择",已不再是传统符号学自己可以解决的问题。我们应该引入生命的维度,"伦理符号学"便是一个很好的理论尝试。

伦理符号学作为一种研究意义生成的独特方法,表现出与科学技术和伦理道德发展相反的探索路径。这就不再是从对自然客体和人类社会的研究中概括出某种科学规律或者伦理道德规范,而是反其道而行之。佩特丽莉和庞奇奥根据西比奥克的生物符号学思想追根溯源,努力揭示符号与意义的关系。他们认为,符号学渊源于以生命健康为宗旨的症状学(semeiotics,或 symptomatology),甚至把希波克拉底(约前 460—前 370)视为符号学之祖。然而,伦理符号学并不是要依据"症状"医治病患,而是要"关爱生命"。因此,我们不妨把"症状"一词解读为生命力的各种身体呈现,像"体态"一般的

[①] Ernst Cassirer, *An Essay on Man*: *An Introduction to a Philosophy of Haman Culture*, New Haven: Yale University Press, 2021, p.25.
[②] Yu Hongbing, Confucius the Untouchable: On the Semiotics of Historization, *Chinese Semiotic Studies*, 2022, 18(3), pp.391-412.

表征①，是对生命内在价值的尊重与认同，而不是看成需要医治的"疾病"。正如佩特丽莉和庞奇奥所说："重要的是明确'关爱'(to care for)之不同于'根治'(to cure)或'治疗'(to treat)。以符号活动即生命②为中心而关注病症的符号学者，并不是医生，也不是一般从业者或专家……今天的符号学必须要恢复人类符号活动的价值论维度。"③

图 18　古希腊医学衍生出"症状"学，"症状"学又衍生出符号学

伦理符号学已经把符号学与生命科学融合在一起，以"关爱生命"为目标，体现了一种在当今全球化语境中特别值得关注的研究视角、方法和方向。它仿佛开拓出了一条由"症状"→"身体"→"本体"的符号学探索路径，而并非沿着"符号"→"文本"→"文明"的足迹前行。伦理符号学要在人类步入"科技选择"时代之际，由运用符号表征意义，返回至生命体本身。这种反向探索的

---

① 对照精神文化符号学对"精神"的定义——"由心灵、生命力与创造力共同形成的流动变化的整体"，参见 Zhang Jie, Yu Hongbing, A Cultural Semiotics of Jingshen: A Manifesto, *Chinese Semiotic Studies*, 2020, 16(4), p.517。

② 佩特丽莉和庞奇奥秉承了西比奥克辩证的生命符号观，即一切生命的标准特征是符号活动，而符号活动即预设了生命，二者互为条件、互相定义。参见 Thomas A. Sebeok, *Global Semiotics*, Bloomington and Indianapolis: Indiana University Press, 2001, p.10。

③ Susan Petrilli, Augusto Ponzio, "Semioethics", *The Routledge Companion to Semiotics*, edited by Paul Cobley, London: Routledge, 2010, p.151。

跨学科道路是与人工智能的发展轨迹相反的，更可以彰显生命体的伦理价值。人类不可能沿着科学技术的跑道与人工智能的演算力和发展相抗衡，也许相悖而行才是更为明智的选择。从符号表征回归本体，至少能够使得意义敞开，赋予人类无限的可阐释空间。这就是符号学返回生态，回归人体本身的认知探索。

这一探索的启示，也许运用于文学批评领域尤其合适。托尔斯泰的长篇小说《安娜·卡列尼娜》曾经引发读者和文学批评界的广泛争议，就是一个例证。20世纪80年代，即我国改革开放初期，当该小说改编的电视剧在我国中央电视台公开放映时，甚至有观众联名反对。他们把主人公安娜看成是一个道德败坏的女人，而并非一位追求新生活的女性。其实，托尔斯泰本人在与妻子的交谈中，也曾提及自己创作的本意是要描写一个"不贞洁"的女人。文学批评界从社会伦理道德和文学的教诲功能出发，也曾发表过一些对安

图 19 俄罗斯画家列宾1887年夏天创作的《列夫·托尔斯泰肖像》

娜形象相关的评论。然而，在俄罗斯文学的教科书和文学史中，安娜却又被无可争议地称赞为追求新生活的女性，是世界文学众多经典形象中当之无愧的一员，托尔斯泰笔下的安娜爱情悲剧震撼着一代又一代读者。

那么，究竟应怎样评价主人公安娜有悖社会伦理道德的行为？安娜究竟是在与俄罗斯上流社会的恶劣环境相抗争、勇敢追求新生活，还是在道德沦丧？如果我们简单地把安娜指责为道德败坏的女人，无疑是不合适的，但是从关爱"他者"的伦理视角来看，又很难将她抛夫弃子、与情人沃伦斯基私奔肯定为女性追求新生活的体现。其实，如若从伦理符号学的返回"症状""己者"与"关爱生命"的维度出发，深入细致地分析主人公安娜在不同场合的行为举止等"体态"特征，读者又不难发现安娜性格的复杂矛盾性以及心理演变的渐进过程。显然，任何一种简单的归纳和概括都是不合适的，

应从返回人体的生态维度，回归到人物形象本身，向读者展示活生生的安娜。

从安娜本身的"症状"描写来看，她最初"引人注目的只是她这个人：雍容，潇洒，优雅，同时又快快活活，生气勃勃"，"眼睛里那颤动的、闪烁不停的光芒，那情不自禁地浮现在朱唇上的幸福和兴奋的微笑，还有那格外优美、利落、轻盈的动作"。当然，托尔斯泰也在安娜的"症状"里埋下了伏笔："在她的美艳之中有一种可怕的、残酷的意味儿。"作家以浓烈的笔墨，故意渲染了安娜因爱情燃烧的"体态"："她满面红光；但这红光不是喜悦的光彩，却像是黑夜里熊熊大火的火光。"

随后，在观看沃伦斯基赛马时，安娜的面部表情发生了根本的变化："安娜脸色煞白，异常紧张。"特别是当沃伦斯基跌落下马时，"安娜'哎哟'大叫一声，……她简直失魂落魄了"。后来，当沃伦斯基逐渐开始冷落和厌倦安娜时，她"含着绝望和怨恨的泪水"在呼喊。她走进车站，在临卧轨自杀前，"又是时而感到有希望，时而感到绝望，使一颗受尽摧残、恐惧地怦怦跳动着的心痛上加痛"。① 小说里安娜心理和体征的各种"症状"，揭示了安娜的美丽、爱的炽热和紧张以及矛盾的心态。

《易传》曰："乾道变化，各正性命。保合大和，乃利贞。"②万物都在不断演变，在变化中逐渐实现自己的"性命"（天生之质与后天禀受的结合），有自身存在的价值和该有的"生态位"（niche）③。这就是所谓"各正性命"。简而言之，也就是"己者"在流动变换中保持相对的自稳态（homeostasis）。因此，对小说复杂内涵的任何单维度解读，显然又是非常不够的。如果尽量避免归纳和概括产生的片面性，从"己者"和身体"症状"出发，也许对于《安娜·卡列尼娜》等文学经典的伦理价值判断，便会产生不同的理解。读者也会更加把安娜作为一个活生生的生命体去关注，会为她的悲剧感到惋惜和震撼。相比较而言，《安娜·卡列尼娜》的作者托尔斯泰在对小说的艺术构思中，确实宣扬过关爱"他者"的伦理道德观，但如果作者在生活中既关心"他者"，又多一些

---

① 参见列夫·托尔斯泰：《安娜·卡列尼娜》，力冈译，杭州：浙江文艺出版社，1992年。
② 《周易注校释》，王弼撰，楼宇烈校释，北京：中华书局，2012年，第2页。
③ 包含圜境生态位、文化生态位等。

自我关怀，或许就不会离家出走，最后病死在一个小火车站。实际上，呵护他人与关爱自我是同等重要的，不应是对立的。因此，伦理符号学批评可以变换通常的阐释路径，不再以作家的创作初心呈现为重点，而是摆脱符号表征的羁绊，通过人物"症状"的体悟与揭示，返回形象本身的"体态"，包括各种复杂的"心态"。这其实与精神文化符号学所提倡的意义不确定和释放意义是一致的："任何试图给符号以确定意义的研究都是在约束作为'个性'的符号自由，只能在特定的文化语境中对符号进行局部意义的阐释，同时还限定了符号的自由及其生命力，给符号套牢了枷锁。"①

文学创作及其接受中的伦理问题存在着一个"三位一体"的关系，即作者、文学形象、读者的互动。如若只是关注文学形象之间的伦理道德关系，而不重视与作者、读者之间的联系，就必然导致对作者和读者的忽视。因此，文学批评的任务并不是要把一种理解或意义转达给读者，而是要提供"敞开"意义的形象范例，提升读者的审美鉴赏能力。例如，作家对安娜"症状"的描绘，"还原"给了读者一个活生生的形象，让读者自己自由地去欣赏、理解，甚至体会。这不只是规避符号表征"遮蔽"现象的理想途径，还是对"关爱"作者和读者生命的伦理表达，更是体现了一种独特的思想范式，即"具身认知"。

第二节 "具身哲学"：脑身本一体

长期以来，学界通常把人的大脑视为认知行为的发生者，而任何知识或真理的获取都是人的认知通过实践，与客观事实相一致的结果，即所谓大脑理智的产品。然而，当代认知科学，特别是神经认知科学，在过去数十年所取得的成就表明，认知并非仅依靠大脑，整个身体系统都是其"发生"的基础。

这种认知范式已在人文社会科学领域产生了广泛而又深刻的影响。例

---

① 参见张杰、余红兵：《反思与建构：关于精神文化符号学的几点设想》，《符号与传媒》，2021 年春季号，总第 22 辑，第 10 页。

如,在语言学界,著名美国认知语言学家乔治·莱考夫(George Lakoff)与马克·约翰逊(Mark Johnson)就以他们合著的《具身哲学》(*Philosophy in the Flesh*)一书,反复强调了身体在人的语言认知活动中所具有的重要意义。简而言之,理智与身体是相合的。然而,放眼文艺学界,在理智与身体或者灵与肉之间,人们则常常更青睐于前者。学界普遍依据的是索绪尔的语言观,也就是把语言视为一种表达思想的符号系统,文学创作是作家以语言文本形式来艺术地表征世界,同时也是作家艺术观、伦理观乃至世界观的文本体现。显然,这是艺术的创作,而并非作家思想的复制。这样一来,文学文本就成为文学批评关注的重点,甚至文本的概念也因此都被扩展。例如,聂珍钊早在10年前就已提出了"具有文学特征的脑文本"[①]。

如若从具身性的维度来看,我们不难发现,文学之所以为文学,归根结底在于人,文学创作和接受都植根于人。而人并非机器,是具有喜怒忧思悲恐惊等情感的鲜活个性,是由大约30万亿个人体细胞和38万亿个微生物所构成的"共生总体"(holobiont)[②],通常被称为"超级生命体"(superorganism)[③]。这些巨量的细胞、微生物,甚至病毒等,都是每个人身体的组成部分,它们受自然界和社会各种因素的影响与作用,塑造着我们的行为方式,包括认知活动。在精神文化符号学看来,"人的任何认知活动均与大自然息息相关。认知行为首先产生于大自然,没有大自然的条件、赋能和反应,人类的认知活动就无从展开"[④]。我们权且把以人脑为出发点的认知称为"正向认知",把以自然为出发点的认知称为"反向认知"。事实表明,反向认知与正向认知均为认知复杂世界的途径。此外,人本身也仅是大自然中的一员,如若没有南极或

---

① 参见聂珍钊:《文学伦理学批评:口头文学与脑文本》,《外国文学研究》,2013年第6期,第8—15页。
② 数据样本为身高170厘米、体重70公斤、年龄20岁至30岁的成年人。参见 Ron Sender et al., Revised Estimates for the Number of Human and Bacteria Cells in the Body, *PLoS Biology*, 2016,14(8), doi:10.1371/journal.pbio.1002533.
③ Peter Kramer, Paola Bressan, Humans as Superorganisms: How Microbes, Viruses, Imprinted Genes, and Other Selfish Entities Shape Our Behavior, *Perspectives on Psychological Science*, 2015,10(4), pp.464-481.
④ 参见张杰、余红兵:《反向认知:自然主体论的思维范式阐释》,《外语与外语教学》,2023年第3期,第46页。

北极冰山的融化、极端高温与异常降水以及大气臭氧层的损耗等大自然的警告,人类也许还很难意识到要保护生态。气候的变化、花草的芬芳、泥土的气息、空气的清新等都是大自然发出的信息,这些均会影响到人的心境和情感等认知活动,在人体这个自然系统里,无数人体细胞与非人体细胞相互作用,才造成了人的认知行为。

从这个意义上来说,我们所面对的就是一个"认知生态"(ecology of cognition)的问题,也就是从生态的视角来看认知,或是把认知看成一种生态活动。我们的关注点不只是要超越语言、文本,而且还要对传统的"人"的概念认识都需要重新思考。如若我们把认知过程简化为:自然→身脑→文本,这就容易摆脱语言和人类中心主义的羁绊。西比奥克曾对语言中心主义和人类中心主义的符号学理论及其实践进行过明确的批评,指明了索绪尔"符号论"(semiology)的主要缺陷,也就是仅关注作为社会生活组成部分的意图符号。实际上,佩特丽莉和庞奇奥的伦理符号学基本沿用了西比奥克的思想,从方法论上对索绪尔的语言和符号定义展开了批判。佩特丽莉和庞奇奥也论及语言与文本的符号系统,并且把它们与身脑联系在一起。不过,他们认为,这些系统与身脑存在于一种互身关涉、彼此意指的互动和对话关系之中。①

虽然这已涉及身体并把生命范畴进一步拓展到了动植物界,伦理符号学却仍然局限于把人视为认知行为的发生者,它所探讨的还是自然界的生命体。

然而,在精神文化符号学看来,任何一个物体,哪怕是非生命体,也可以看成是活生生的"个性"。其原因在于,认知行为的始作俑者就是大自然本身(即"圜境",Umwelt)②,是自然界各种生命体和非生命体以自己的方式作用于人的身心,最终形成包括文学文本在内的文本。文学作品形成于作家具体的创作过程。在此过程中,作家作为生命个体,其认知活动因为是具身性的,

---

① Susan Petrilli, Augusto Ponzio, "Semioethics", *The Routledge Companion to Semiotics*, edited by Paul Cobley, London: Routledge, 2010, p.153.
② 参见余红兵:《符号建模论》,苏州:苏州大学出版社,2019年,第3页。

所以也必然会受到周围人物和事件的影响。① 此外,作家在创作过程中并不仅是把自我对生活的理性认识或形象化或生活化,更不只是把自己的伦理道德观具体化,而常常是通过具身性的实际创作(同时自己也在接受,如目视、耳听、触觉等)活动,产生出内在的对话过程,仿佛在聆听米兰·昆德拉说的"小说的智慧"之音,②从而会创作出甚至连作家本人都无法预知的人物行为、故事情节或思想内容。正因为如此,托尔斯泰最终创作出与《安娜·卡列尼娜》构思中迥然不同的安娜形象;曹雪芹的《红楼梦》写出了家族的挽歌,却反映出超越家族叙事的时代镜像。

可以说,作家的创作与其自身想法不一致甚至相悖的情况比比皆是。普希金的创作是充满生机和活力的,然而他自己却放弃"生"("身"),反而选择了决斗。如若返回到诗人自我的"症状"表征,比如"愤怒"的表情等,读者就可以发现,普希金作为作家和男人或丈夫,确实是一个复杂的矛盾体。作家在创作中关爱着"他者",却在生活中忽略了对"己者"的关注,否则就不可能在其短暂38年的人生经历中,挑起或接受的决斗竟达30次之多,最终死于与丹特斯的决斗之中。普希金一生的创作追求都是在表征对生命的热爱和尊重,探索实现这一目标的理想路径。然而,创作虽然是美好的,但现实却是骨感的。文学创作倡导的"回归理想生活"与生活理想本身难以实现之间的矛盾,造成了文学创作与作家行为之间的无法统一。昆德拉曾说,伟大的小说总是比它们的作者要智慧一点。③所言不虚。

提及智慧,人们通常会想到的是与情感对峙的"理性",但是正如莱考夫与约翰逊在《具身哲学》一书中所说的,理性并非像传统上多半认为的那样是脱离身体的,而是源于我们大脑、身体和身体经验的特性。④ 毫无疑问,人的理性及其意义生成主要依赖概念系统,但是"因为我们的概念系统产生于我们的身体,

---

① Sian Beilock, *How the Body Knows Its Mind*: *The Surprising Power of the Physical Environment to Influence How You Think and Feel*, New York: Atria Paperback, 2015.

②③ Milan Kundera, *The Art of the Novel*, translated by Linda Asher, New York: Harper Perennial, 2000, p.158.

④ George Lakoff, Mark Johnson, *Philosophy in the Flesh*: *The Embodied Mind and Its Challenge to Western Thought*, New York: Basic Books, 1999, p.4.

所以意义是基于并通过我们的身体而产生"①。文学创作和阅读作为一种意义生成的活动,无论是在写作、阅读还是听说的过程中,均难免通过视觉、听觉、触觉等身体感知系统而产生出审美感。这些身体行为,实际上是在帮助人释放脑力,助力、影响和塑造意义生成。②从"身体转向"的维度看文学,能够"把我们唤回到肉体的自我面前,唤回到有所在、有肉身、有实体的本真存在面前"③。

第三节 "各正性命":"文本"到"本体"

文学创作肯定是一门以文学形象为载体的表征艺术,一定是审美感与伦理观的互相融合。诚如聂珍钊所说:"审美是发现文学伦理价值的方法与途径。"④然而,要实现文学的伦理启示功能,最终必然还是要落到生命本身,也就是尽可能地发掘形象本身内在的美,而并不是人为制造的各种外在束缚因素。让文学形象返回自身,即从"文本"回归"本体",是与《易传》中"各正性命"的观点相映成趣的。

世间万物各有各的性命、存在位置、存在价值,也就是各得其正,即生态位,也可以说是圜境生态位和文化生态位等。"各正性命"并不是什么宿命论,它所追求的是从自然的维度恢复人的生命及其生活本身应有的、自由和相对稳定的状态。这里所说的"性命"强调了生命与物体的本身,即"己者",同时还指出了该"己者"与自然之间的相互关系。"己者"包含着生命体与非生命体的内在"个性"特征。在人物那里,当然更多的是指其身体"症状",包括"体态"。在文学批评中,文学形象存在于文学文本之中,这些形象拥有着自己的"文本生态位",具有各自独一无二的"性"与"命"。

---

① George Lakoff, Mark Johnson, *Philosophy in the Flesh: The Embodied Mind and Its Challenge to Western Thought*, New York: Basic Books, 1999, p.6.
② Sian Beilock, *How the Body Knows Its Mind: The Surprising Power of the Physical Environment to Influence How You Think and Feel*, New York: Atria Paperback, 2015, pp.230-232.
③ 参见特里·伊格尔顿:《历史中的政治、哲学、爱欲》,马海良译,北京:中国社会科学出版社,1999年,第202—203页。
④ 参见聂珍钊:《文学伦理学批评的价值选择与理论建构》,《中国社会科学》,2020年第10期,第87页。

文学伦理学批评一直非常重视文学文本分析,并且把它看成解读文学创作的着眼点。"只有由文字符号构成的文本才能成为文学的基本载体,文学是文本的艺术。"①显然,文学文本是不少文学批评理论与流派聚焦的中心,无论是形式主义批评,又或是社会历史批评等,均是如此。只不过,文学批评从文学文本出发,将最终走向何方?是停留在文本形式分析、社会环境揭示,还是走进伦理道德的价值判断空间?显然,文学伦理学批评与伦理符号学共同坚持的是后者。这也是在全球视野中科学技术日新月异的今天,文学批评必须做出的选择。

从文学文本出发,归根结底还是需要文学批评做出最终的选择:究竟是要归纳出各种伦理道德规范的意义,并以此教诲读者,还是回归"本体",返回自然,给读者以充分的自由,从而释放意义?其实,按照马克思主义的否定之否定原理,人类社会和文明的发展史是一个否定之否定的螺旋式渐进过程,由此我们也可以返观自然→文明→自然这一过程。在这里,后一个自然并不是前一个自然的简单重复,也不是要回归到丛林时代的原始自然,而是进一步提升,是经历过文明洗礼后的自然,是保留着人类文明演化足迹的自然。返回自然的向度,可以说是文明的一个内在必然趋势,哪怕文明意味着对意义生成的导向或者控制。

实际上,伦理符号学返回"症状"也为文学伦理批评提供了有价值的参考。这并不是要文学批评重新深挖包括人的无意识与本能在内的欲望冲动,而是要返回到本体之中,给读者以审美的享受,以此净化人的心境,实现更高层次的伦理启示。毕竟,文学创作并不总是在反映生活,更重要的是要过滤掉社会生活中的各种功利色彩,回归无利害关系的自然本体与人性的本真。这种例子在文学创作中比比皆是。

钦吉斯·托瑞库洛维奇·艾特玛托夫(Чингиз Торекулович Айтматов)的中篇小说《查密莉雅》,生动地描绘了一对吉尔吉斯青年的真挚爱情故事。小说意境优美、简洁动人。作家采取了第一人称的叙述方式,让情节在一个正直善良的少年视野中不断展开。女主人公查密莉雅年轻美丽、聪明能干、性格爽朗,是叙述者"我"的可爱可亲的嫂子。在"我"眼中,哥哥并不疼爱嫂

---

① 参见聂珍钊:《文学伦理学批评导论》,北京:北京大学出版社,2014年,第9页。

子,离家后从来不单独写信给她。查密莉雅干活勤快,笑语欢声不断,但小说的男主人公、后来才到村里的丹尼亚尔既有残疾又少言寡语、孤僻深沉,甚至对查密莉雅等年轻妇女的嘲笑也不予理睬。后来,在送粮的赶车途中,"我"与男女主人公结伴而行。在查密莉雅言语和山歌的鼓励下,丹尼亚尔放声高唱。"我"从未听到过如此深情动人的歌声。这歌声深深打动了查密莉雅,她也由此改变了。"我"觉察出查密莉雅既愿意又不愿意表明自己已陷入了爱情之中,就像"我"一样,既希望又不希望查密莉雅与丹尼亚尔相爱。但家里唯有"我"懂得丹尼亚尔才真正爱着和理解查密莉雅。"我"的创作毕业画描绘了这对相爱的男女主人公朝着远方走去。这幅简朴的小画是"我"酝酿已久最为满意、最感亲切的作品。①

可以说,从现实社会的维度来看,查密莉雅和丹尼亚尔的行为肯定是不合乎社会伦理道德规约的,应该受到社会舆论的谴责。然而,故事的所有情节在一个少年"我"的视野中展开。这一层少年的滤镜,过滤掉了世俗的偏见,让男女主人公的行为回归自然之域,返回人的性命本身。小说以"敞开"的独特艺术形式,给读者以解读和接受的自由。文学创作并非现实生活本身,文学也不仅是对现实生活的反映,更应是挑战现实,引领人类的社会生活。社会的现实常常是骨感的,而文学的世界是丰富多彩的。文学能够以对文本世界的创造和超越,助力人类打通回归本真、深入认识人性和人生的理想通道。

总之,文学创作作为一种独特的形象艺术,并不是要直接宣传和弘扬某种公认的价值观和道德观,而是要充分展示形象本身,哪怕是复杂的矛盾生命体。这种由"文学文本"返回"性命本体"的文学创作和批评途径,也许才是值得提倡的。其实,这就应该成为伦理符号学批评和文学伦理学批评所共同追求的目标,是融伦理道德在内的、更高的自然选择。人类来自自然,在伦理选择中步入文明社会,又在科技选择中超越自然的社会,之后必然又会折返进入新的自然状态。在人工智能飞速发展的今天,回归"症状"、面向"身体"、最终返回"本体"的研究思路,也许是一条值得借鉴的符号学研究途径,也应该可以为文学批评追求文学的伦理价值提供有益参考。

---

① 参见艾特玛托夫:《查密莉雅》,力冈、冯加译,北京:外国文学出版社,1998年。

第八讲

"转识成智"：返回存在的符号活动

无论是强调自然主体论的"反向认知"，还是摆脱理性羁绊的"感而遂通"，目的均是避免人的主观性的局限。然而，要实现这一目标，或许"转识成智"是返回存在符号活动的理想路径。

"转识成智"这一深刻哲理，旨在探索人类认知模式向更高维度演进的路径，以引导我们步入更为博大且充满智慧的生命疆界。其核心在于超越知识的相对性桎梏，深入挖掘生命及其存在本质的真理，将相对化、有限性的"识"提升至"智"的层次。实现这一转变需要我们突破语言的藩篱，通过深入的心灵实践，摒弃对自我及外界的过度执迷，回归至存在的纯粹本原。这就是着重通过心灵的净化与智慧的觉醒，消解内心的纷扰与知识泛滥所引发的困扰，进而超越个人主观偏见与固定观念的束缚，实现"我执"与"法执"的解脱。其中，破除"我执"显得尤为重要，因为"法执"往往源于对"我执"的困惑与执迷。

本讲基于海德格尔对"存在"与"存在者"在哲学领域的明确区分。在此区分中，"存在者"被定义为可通过符号系统被捕捉和表述的范畴，而"存在"的本质则超越了符号的表征范畴，难以直接通过符号体系获得全面的体现。在尝试以符号表征"存在"的过程中，其固有的内在属性可能面临被稀释或遗失的风险，从而退化为"存在者"的层面。因此，在理性领域的符号活动中，我们能够揭示并阐释"存在者"的深层内涵，但对于"存在"的深层本质，往往难以直接触及和把握。

我们的核心宗旨在于突破"存在者"的界限，深入剖析并领悟"存在"的本质状态。通过此过程，我们力求使符号所承载的意义回归至其最原始、最纯粹的形态。同时，结合中国传统文化中"转识成智"的哲学精髓，努力打破现有的语言符号体系，进一步探寻更为辽阔和深邃的"存在"境界。这一过程，犹如蝴蝶破茧而出，激发对生命深远意义与无尽价值的追求。最终，我们期望实现符号意义与存在本体的深刻融合，进而达到生命境界的升华与超越。

第一节　返回存在：符号活动与"存在者"的超越

语言符号活动能够规定的仅仅是所表征客体的意义，而并非该客体背后的"存在"之意义。德国哲学家海德格尔就对"存在"（Sein）和"存在者"（Seiendes）进行了区分。所谓"存在者"是指一切可以被符号化的内容，而海德格尔所说的"存在"本身是不能够被符号化的。"存在"本身一旦被符号化了，就转化成了"存在者"。因此，在理性范围内语言符号活动能够规定的只是"存在者"的意义。海德格尔指出："确实不能把'存在'理解为存在者，……令存在者归属于存在并不能使'存在'得到规定。存在既不能用定义方法从更高的概念导出，又不能由较低的概念来表现。"[1]

对海德格尔关于"存在"与"存在者"的界定进行深入剖析，我们能够揭示这一哲学探讨的深远意义。它不仅深化了哲学领域的认知，更为我们提供了对日常语言中隐含的生命境界和语言理解的宝贵启示。在日常交流中，语言作为我们与世界连接的桥梁，用于描绘、解释和沟通，然而，我们往往忽视了语言中"存在"与"存在者"之间潜在的本质区别。当我们运用语言描述某个物体、事件或概念时，我们实际上是在塑造一个具体的"存在者"，这些"存在者"能够被感官感知、心智理解，甚至通过语言进行定义。然而，当试图触及"存在"的本质时，我们遭遇了难以逾越的障碍。尽管语言能够界定"存在者"的意义，但在探索"存在"这一深层次的本质时，语言显得力不从心。因此，在追求对"存在"的深刻理解时，我们必须超越语言的界限，逐步探寻并领悟"存在"的真谛。

尽管"存在"超越了理性思维的边界，致使我们难以用语言精确捕捉其全部内涵，但这绝非我们应放弃对"存在"探究的理由。相反，这种难以言喻的"存在"正是推动我们深入哲学思辨、开展艺术创作等精神活动的原动力，它指引我们持续探寻生命的本质与世界的奥秘。海德格尔说："存在的不可定

---

[1] 海德格尔：《存在与时间》，陈嘉映等译，北京：生活·读书·新知三联书店，2014年，第5页。

义性并不取消存在的意义问题,它倒是要我们正视这个问题。"①"存在"的概念无法通过直接定义来完全表征,但这并不妨碍我们对其进行深入的研究,亦不意味着"存在"本身缺乏实质性意义。关于如何有效地实施探讨"存在"的符号化过程,海德格尔提出了一个核心观点,即应当以人作为研究的起点,并展开对个体存在的深入探索。为此,他引入了"此在"(Dasein)这一特定术语,用以指代人在特定时间范围内的个人存在状态。

在中国传统文化中,没有用"存在者"与"存在"此类术语。但早在先秦时代相关问题也曾引发过一些讨论。比如庄子所谓"坚白之昧"就指出了符号表征对"存在"的"遮蔽"问题。一个质地"坚"而颜色"白"的石头,其所谓"坚"和"白"均属于"存在者",而并非石头"存在"本身。庄子说:"彼非所明而明之,故以坚白之昧终。"②因为透过"坚白论"不足以明道,只会让人暗昧终生。因此,庄子非常反对公孙龙的"坚白论",庄子所反对的并不是公孙龙"坚白论"的概念本身,而是反对迷陷于"存在者"层面对"存在"进行的辩论。庄子反对惠子类似于"坚白"的炫惑理论出于同样的原因。庄子对惠子发出"天选子之形,子以坚白鸣!"③这样的告诫。大自然给了人以"存在"的形体,如果不珍惜"存在"本身而束缚于"坚白"这样的"存在者"空间自鸣得意那就太可惜了,庄子这句话不只是对惠子,更是对整个人类的告诫。

庄子秉持的理念强调,对"存在者"的过度执着应被摒弃,方能深刻洞察"存在"的深刻意蕴。他称此状态为"逍遥游",其象征着在广袤宇宙中自由游弋的精神境界。在这一境界中,个体能够摆脱外在的桎梏,超越名利等世俗纷扰,实现与"存在"的和谐统一。这种状态赋予了个体领悟生命无限潜能、感受宇宙广阔无垠的能力。因此,庄子呼吁人们应超越对"存在者"的执着,转而深入感知和体验"存在"的本源。这一转变不仅有助于我们洞悉生命的本质,更能引领我们实现自我超越和心灵的自由。庄子的这一哲学观点,为我们提供了独特的思考维度,同时揭示了人生与宇宙的深刻本质。在忙碌的生活中,我们应当时常审视自己的追求与选择,探寻契合自己的"存在"之道。

---

① 海德格尔:《存在与时间》,陈嘉映等译,北京:生活·读书·新知三联书店,2014年,第5页。
② 《庄子注疏》,郭象注,成玄英疏,曹础基、黄兰发点校,北京:中华书局,2011年,第42页。
③ 《庄子注疏》,郭象注,成玄英疏,曹础基、黄兰发点校,北京:中华书局,2011年,第122—123页。

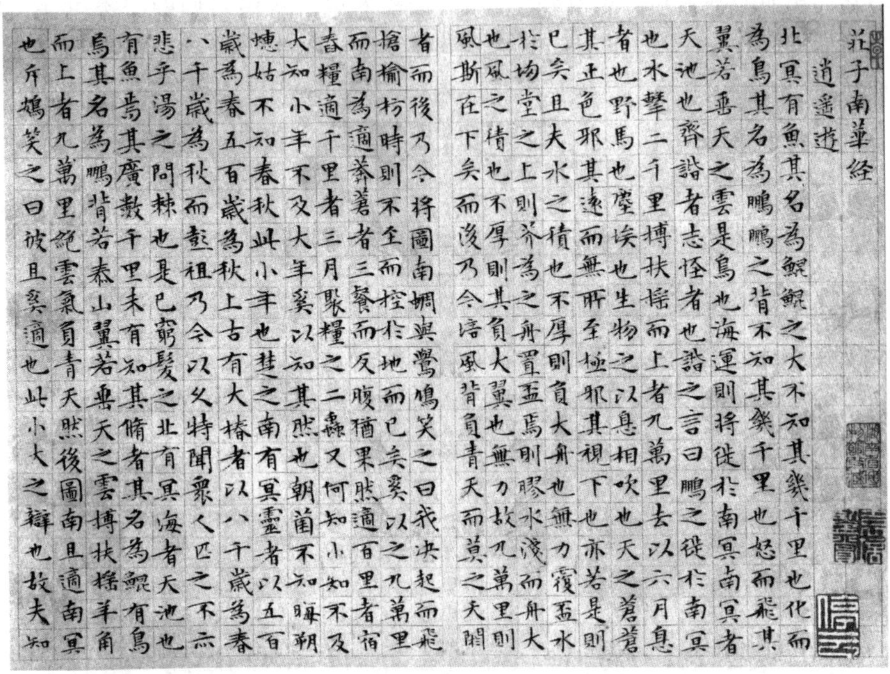

图20 庄子《逍遥游》(局部),出自明代文徵明小楷《南华经》,湖南省博物馆藏

关于"存在"的探索,不仅在哲学文献中占据显著地位,同时在文学作品中亦得到了深层的艺术展示。作家们借助文字这一媒介,精妙地勾勒出了"存在"这一难以直白的概念。他们巧妙运用隐喻、象征和寓言等修辞手法,旨在引导读者透过文字的表面,深入感知"存在"的本质内涵。此外,音乐、绘画等其他艺术形式亦对"存在"的探寻不遗余力。艺术家们通过音符的跃动、色彩的渲染以及线条的勾勒,营造出独特的艺术氛围和情感体验,引领观众跨越理性思维的界限,直观感受"存在"的深邃与广阔。然而,我们也应清醒地认识到,任何诗性语言在表达"存在"时均存在一定的局限性。因此,我们应以开放和包容的心态,去接纳和体验那超越语言界限的"存在"。

在深入探讨"存在"这一宏大议题时,每一位个体均肩负着独特的探索职责,他们以个性化的方式各自描绘出丰富多彩的思索图景。我们不应被"存在者"的外在表现所迷惑,而应致力于揭示"存在"的深刻内涵。这需要我们拥有超越表面现象、洞察事物本质的深刻洞察力,以发掘隐藏在符号背后的丰富意蕴。在追求"存在"真谛的旅途中,我们必须心怀敬畏。因为"存在"作为我们生命的源泉和宇宙万物的基石,其深奥性远超出我们的想象与理解,使我们难以完全把握。因此,我们必须始终保持对"存在"的尊重,以谦卑和开放的心态去面对它、探索它。

同时,我们也应关注"存在"的多样性,认识到不存在绝对的标准与答案。这种多样性促使我们更全面地理解"存在"。最终,对"存在"的深入探索将引领我们走向更为充实和有意义的人生,使我们更加珍视自己的生命与经历。为实现对"存在"的符号活动的回归,我们需摒弃对语言符号的过度依赖与执着,转向内心的体悟与感知去触及"存在"的本质。这是一项长期且充满挑战的任务,但只要我们持续保持对"存在"的敬畏与不懈追求,我们必将逐步接近这一目标。

第二节 "转识成智":"我执"与"法执"的消解

"转识成智"就是一种实现回归"存在"的符号活动的途径之一。这一路径最早可以追溯到古老的佛学修行方法中,尤其是大乘瑜伽行派和法相宗所特别推崇的修行方式。其核心追求在于超越"我执"和"法执"的束缚,以达到心灵的自由和解脱。一个人如果消解了"我执""法执"的束缚,其身心就会产生根本性变化,将由"识"的领域转为"智"的空间,即所谓"顿悟"(enlightenment)、"明心见性"(find one's true self)等。① 在现代社会背景下,"转识成智"这一概念被赋予了全新的含义,它代表着从语言符号活动的层面,深入探索并理解"存在"的本质,或者说,从纯粹的知识层面,提升到智性的高度。

在人类文明波澜壮阔的演进历程中,其深层次的推动力无疑源自个体内心的双重渴望。首先,这种渴望体现在对自我实现的强烈追求上,即"我执",它彰显了人类对个体价值实现的坚定信念。其次,这种渴望也体现在对理性知识与方法的不懈探求与追求上,即"法执",它展现了人类对知识与方法的永恒追求。正是基于这两种深刻的内在驱动力,人类文明才得以不断前行与发展。然而,我们亦需要清醒地认识到,以"我执"和"法执"为基石的文明架

---

① 张岱年主编:《中国哲学大辞典》(修订本),上海:上海辞书出版社,2014年,第260—261页。

构,在某种层面上可能会对个体的生命境界构成一定的限制,甚至可能阻碍人类对"存在"这一哲学命题的深刻思考与领悟。

在探讨"我执"与"法执"的消解问题上,如果只停留在理论层面的分析,显然不足以促成"转识成智"的实质性飞跃。真正的转变需要依赖于实践修行,以此实现向理想存在状态的迈进。在此过程中,消解"我执"占据着核心地位。因为当"我执"得到有效消解时,与之紧密关联的"法执"往往才会随之自然而然地消解。实际上,所有"法执"的根源均可追溯到"我执"这一核心问题。

破除"我执""法执",从而由"识"转"智",这并不是佛学独有的生命境界。庄子说:"可以言论者,物之粗也;可以意致者,物之精也;言之所不能论,意之所不能察致者,不期精粗焉。"① 晋代郭象注解庄子这句话时提出:"求之于言意之表,而入乎无言无意之域而后至焉。"② 在庄子哲学的体系中,"求之于言意之表"被归类为"识"的范畴,而"入乎无言无意之域"则属于"智"的境地。与"转识成智"的哲学理念相契合,唯有那些能够消解"我执"与"法执"的个体,方能真正地"入乎无言无意之域",达到超越语言的智慧境地。

在道家的思想家中,老子更早注重返回存在的符号活动。老子《道德经》首章的"常无欲以观其妙"这句话,虽然自古以来学者们的断句方式不同,如王弼断句为"常无欲,以观其妙",司马光、王安石认为应该断句为"常无,欲以观其妙",断句模式不一样,对该句的诠释自然不一样,但无论哪种断句或诠释,都指向返回存在的符号活动,其目标都是为了走出"我执"与"法执"的羁绊"而入乎无言无意之域",以至于"转识成智"。

在道家思想的深邃体系中,"入乎无言无意之域"的旅程,深刻体现了心灵自我觉醒与超越的精髓。这一过程要求个体摆脱语言和杂念的桎梏,以实现对世间万物本质与真谛的深刻洞察。这种洞察不仅超越了感官的界限,更突破了思维的樊篱,直接触及事物的核心本源,进而达到"物我两忘"的至高境界。在这一境界中,个体与万物交融,无主客之分,无是非之别,能够清晰感知事物的本质与真谛,并自由抒发内心的情感与思想。此"入乎无言无意

---

①② 《庄子注疏》,郭象注,成玄英疏,曹础基、黄兰发点校,北京:中华书局,2011年,第311页。

之域"的历程,既是个体自我超越与生命境界升华的展现,也是对世界重新认知与探索的路径。它引导我们更深入地理解世界的本质,更加珍视与尊重生命的价值与意义。在道家哲学中,这被视为人类所追求的生命高级境界。

其实,"转识成智"不仅与道家哲理相契合,亦在儒家思想中寻得共鸣。不过,儒家对于此理念的阐述则显得更为含蓄和隐晦。孔子的学生子贡说:"夫子之文章,可得而闻也。夫子之言性与天道,不可得而闻也。"①"文章"属于语言符号活动,所以"可得而闻",而"性与天道"是返回存在的符号活动,因此"不可得而闻"。《论语·卫灵公》中记载了孔子与学生"赐"的一段对话,孔子明确否认自己是"多学而识之者",而认为自己是"一以贯之"者,孔子所说的"一"就是与"性与天道"相关的超语言符号活动,因为只有超越了"识"的束缚,才能够真正将所有"识"贯穿起来。②

对此,熊十力先生描述得尤为清晰:"《论语》录孔子之言,以默而识之,与学而不厌,分作两项说。"③他进一步解释:"默而识之"是指"默然之际,记忆、想象、思维、推度等等作用一切不起"④。显然,熊十力用"学而不厌"代表语言符号活动,而用"默而识之"代表返回存在的符号活动。只有突破了语言符号表征的"遮蔽"困境,才能出现"记忆、想象、思维、推度等等作用一切不起"的"默而识之"状态。孟子也曾说过"从其大体为大人,从其小体为小人"⑤,其中"从其大体"与"所不虑而知者,其良知也"相关,所谓"不虑而知"明显指向返回存在的符号活动。虽然上述言论都不尽相同,但在返回存在的符号活动方向上,与"转识成智"所追求的消解"我执"与"法执"的羁绊,具有很大的相通性。

从符号学的视角出发,"转识成智"的核心在于引导个体超越对运用符号的过度依赖,回归至一种更为本质、内在的状态,即认识到"自我本身就是符号"的深刻内涵。若我们接纳并认同"自我即符号"的哲学理念,则人类生活的每一个瞬间,无论是呼吸的细微变化还是四肢动作的灵动,均成为宇宙间

---

① 《论语·大学·中庸》,陈晓芬、徐儒宗译注,北京:中华书局,2015年,第54页。
② 《论语·大学·中庸》,陈晓芬、徐儒宗译注,北京:中华书局,2015年,第184页。
③④ 熊十力:《熊十力选集》,长春:吉林人民出版社,2005年,第334页。
⑤ 《孟子》,朱熹集注,上海:上海古籍出版社,2013年,第161页。

符号体系不可分割的一部分。中国传统文化中的"实修"模式,如道家强调的身、息、心和谐统一,儒家对"工夫论"的深入探索等理念,均为返回"存在"的符号活动研究,提供了坚实的理论基础,值得进一步挖掘与研究。

总之,"转识成智"作为一种深刻的哲学与修行理念,旨在引导我们摆脱对语言符号的过度依赖,回归至更为本质、内在的生命状态。这一过程需要深厚的文化底蕴、敏锐的洞察力和坚定的意志力,以帮助我们真正领悟"存在"的本质,进而达到"转识成智"的高级境界。这种哲学思想为我们指明了实现回归"存在"本质的路径,即摒弃"我执"与"法执",通过内心的体悟与感知,直接触及"存在"的核心。

第三节 释放意义:"存在"与"真知"的回归

海德格尔在《存在与时间》中,特别用了"领会"(auslegung)一词,"领会"不同于语言表征活动。"领会"更多地运用于意义的"解开而释放"。海德格尔说:"在生存论上,解释植根于领会,而不是领会生自解释。解释并非要对被领会的东西有所认知,而是把领会中所筹划的可能性整理出来。"[1]海德格尔所谓的"领会"更主要是一种存在方式,而并非认知方式,不是为了从某个主题出发而感知与解释事物。所以,学者那薇认为:"海德格尔的哲学要引导人们去看存在者的存在怎样从自身出发、如其本然地、不被歪曲地显现出来。"[2]

"领会"符合现代意义学(significs)理论。现代意义学中对意义的定义,已超越了解释意义的范畴。佩特丽莉说:"意义学和所谓'解释符号学'(interpretation semiotics)相关,却并不把自身局限在认知研究领域;意义学的领域要更为宽广,因为它朝着与价值论的融合敞开,集中关注符号与价值之间的关系。"[3]据此,存在的某些"价值"是无法"解释"的"意义"。符号表征解释意

---

[1] 海德格尔:《存在与时间》,陈嘉映等译,北京:生活·读书·新知三联书店,2014 年,第 173 页。
[2] 那薇:《道家与海德格尔相互诠释》,北京:商务印书馆,2004 年,第 17 页。
[3] 苏珊·佩特丽莉:《符号疆界:从总体符号学到伦理符号学》,周劲松译,成都:四川大学出版社,2014 年,第 157 页。

义的模式被突破后,释放意义的模式便自然呈现出来。现代意义学的发展也在寻求突破。"在意义学的意义上,超验(transcendence)和所做的工作是为了'去总体性'(detotalization)而联系在一起的,也就是说,是为了超越(transcend)任何一种实用—认知系统的限制,而人们通常认为该系统是植根身份逻辑中的一种不可或缺的整体性。"①这里所说的"认知系统",很大程度上是指符号意义的理性探索,也正是它阻碍了意义释放,造成了"遮蔽"。

古今中外很多思想家对此进行了思考。荀子列举了各种"蔽",并提倡"解蔽":"数为蔽,欲为蔽,恶为蔽,始为蔽,终为蔽,远为蔽,近为蔽,博为蔽,浅为蔽,古为蔽,今为蔽。凡万物异则莫不相为蔽,此心术之公患也。"②"解蔽"的方法就是要让"心"做到"虚壹而静"③。在这个充满变化的世界中,人们常常陷入各种"蔽"的迷雾之中,无法看清真相,无法洞察本质。正如荀子所言,各种"蔽"犹如一张张无形的网,束缚着我们的心智,阻碍我们认识世界和自身的真实面貌。当我们真正做到"虚壹而静"时,我们的心智就会像一面清澈的镜子,能够清晰地反映出世界的真实面貌。那些曾经让我们困惑和迷茫的"蔽",其实只是一种对世界的误解和偏见。

"解蔽"的目的是显示出"真知",而"真知"又是什么呢?庄子对"真知"提出了一个值得现代人深思的定义,庄子说:"且有真人而后有真知。"④庄子明确了"真人"与"真知"的先后顺序,也就是说要获得"真知"必须处于"真人"的状态。这就是"转识成智"的前提,即消解"我执"与"法执"。

在西方学界,海德格尔同样希望在"真知"与"人"的关系领域有所突破。所以,海德格尔强调,领悟"真知"的首要条件就是人必须处于一种特殊的"此在"状态。因为只有当人自身可以体会到真实"存在"时,万物的"存在"才会显现,即"作为领会的此在向着可能性筹划它的存在"⑤。从返回存在的符号

---

① 苏珊·佩特丽莉:《符号疆界:从总体符号学到伦理符号学》,周劲松译,成都:四川大学出版社,2014年,第156页。
② 《荀子》,杨倞注,耿芸标校,上海:上海古籍出版社,2014年,第254页。
③ 《荀子》,杨倞注,耿芸标校,上海:上海古籍出版社,2014年,第256页。
④ 《庄子注疏》,郭象注,成玄英疏,曹础基、黄兰发点校,北京:中华书局,2011年,第126页。
⑤ 海德格尔:《存在与时间》,陈嘉映等译,北京:生活·读书·新知三联书店,2014年,第173页。

活动来看,"真知"不属于"存在者"领域的可言说知识,而是"存在"空间中难以言说的"智"。"符号自我"回归为宇宙天地间"存在"的生命符号,"真知"将由此显现与释放。

在讨论"真知"的展现与达成时,我们必然触及"悟"这一核心概念。在中国哲学的博大体系中,"悟"被赋予了通达"真知"的关键性地位。它超越了语言和逻辑的范畴,直接触及"存在"的核心。在"悟"的历程中,个体不再受外在符号和表象的迷惑,而是直面真实的存在。这种直接而深刻的体验,使"真知"得以彰显并释放其内在价值。然而,"悟"并非一蹴而就的短暂过程,而是需要持续的实践并逐步深化。正如海德格尔所述,领悟"真知"的首要前提在于人必须达到一种特定的"此在"状态。这种状态并非轻易可达,它要求人们超脱世俗的纷扰,回归内心的宁静与明晰。唯有如此,个体方能突破语言和符号的界限,直面真实的"存在",感受"真知"的彰显与释放。因此,对于追求"真知"的个体而言,他们必须持续修炼内心,提升精神境界。通过此等努力,他们方能真正领悟"真知"的深邃内涵,实现自我超越。

当代哲学家张岱年对于"真理"与"真知"进行了明确的区分。"真理"能够通过语言符号、逻辑推理等手段进行清晰的阐述与解释,而"真知"则并非全然可述。实际上,"真知"的意义并非由解释所得,而是通过个体的体悟而得以展现,知识的领域理应包容这类无法言表的"真知"。这一观念为回归"存在"的符号活动奠定了核心基础。在符号学的视角下审视,"真知"可被视为一种独特的符号活动,它不仅限于意义的解释与传递,更是通过个体的经验、领悟与自我反思来揭示深层意义。因此,"真理"与"真知"相辅相成,只有将二者相结合,我们才能全面而深入地理解世界与自我,进而追寻更为充实和富有意义的人生。

人工智能学者王维嘉认为,随着人工智能机器学习的迅速发展,人类已经不满足于可以感受和表征的"明知识",更要发掘那些既难以感受也无法表达的"暗知识"。[①] 在社会科学领域,人类学家与心理学家正逐渐运用人工智能手段,以深入探索所谓的"暗知识"。他们发现,人类的行为、情感以及思维

---

① 王维嘉:《暗知识:机器认知如何颠覆商业和社会》,北京:中信出版社,2019年,第30页。

模式，往往受到一系列难以言表的潜在因素影响，这些因素虽无法用言语直接表达，却对人类行为产生深远影响。通过先进的机器学习技术，他们能够分析庞大的行为数据集，从而揭示这些潜在因素的作用机制，为人类行为的理解与调控提供了全新的视角。展望未来，随着人工智能与机器学习技术的持续进步，我们有理由坚信，人类将能够逐步揭开更多"暗知识"的奥秘，进一步推动科学的蓬勃发展以及人类社会的全面进步。这种"暗知识"虽与庄子所言的"真知"有所差异，但均指向了那些难以言说的知识领域。

　　随着符号学的不断演进，研究焦点已从单纯的"存在者"范畴，延伸至更为宽泛的"存在"领域。在此过程中，我们需精确界定个体对各类符号的运用与其作为符号本身所固有的属性，并致力于推动两者之间的深度融合，以实现意义阐释与释放的和谐统一。若我们脱离符号活动的背景探讨"存在"的意义，可能会陷入无法论证的虚无之中；反之，若将符号活动限定于特定的语言符号范畴，则可能偏离"存在"的本质，最终徒劳无功。因此，我们需要在"存在者"与"存在"的符号活动过程中寻求平衡，以实现深刻的意义挖掘与生命境界的升华。

　　精神文化符号学深深植根于中国传统文化的深厚底蕴之中，专注于挖掘符号学活动所展现的宽泛模式。其核心理念之一在于透过符号表征的"遮蔽"，揭示"存在"的本质，以达到提升个体生命境界的目的。此理论明确指出，符号活动的范畴应广泛涵盖日常生活中的多元化符号体系，包括但不限于修心、冥想、审美等多元表现形式。这一宽泛范畴使我们深刻认识到，生命的境界并非一个静止的实体，而是一个持续生成、变化并不断发展的动态过程。因此，我们应超越符号的表面现象，以严谨、稳重的态度，深入探索"存在"的本质，进而揭示其真实的内涵与深远的意义。这一过程将有助于我们超越功利性认知，更全面地理解生命的真谛，更加从容地面对生活中的挑战与困境，从而追寻更为充实、有价值的人生。

第三篇　理性直觉与"道不可言"

第九讲　理性的直觉：符号活动的主体性问题研究

第十讲　"符号自我"："理性的直觉"的认知模式探索

第十一讲　"道"与"在"：语言本体论的符号学反思

第九讲

理性的直觉：符号活动的主体性问题研究

符号与生命的关联是以"反向认知"为前提的，而人类符号活动的客观性与主观性则涉及符号学研究的独特性。自然科学往往更强调研究的客观性，而尽量排斥任何主观性的影响。牛顿定律便是在排除外界因素的前提下，确定物体的静止或者匀速直线运动状态。社会科学无疑不可能不考虑人的主观作用，尽管社会发展或文艺创作均具有一定的客观规律，但任何规律又仿佛无法脱离人的主观性。现象学哲学就把规律或曰本质归结于人的认知。如若把日内瓦语言符号学家索绪尔和美国逻辑符号学家皮尔士视为现代符号学的创始人，符号学作为一门独立的学科，一开始便努力沿着自然科学研究的客观化方向前进。无论是"能指"和"所指"的"二分法"对应关系，或者是"符号""客体"与"阐释项"的三维研究，均是在科学实证主义的框架内形成的。

俄罗斯科学院院士斯捷潘诺夫曾明确指出："符号学的科学研究具有两个属性，一方面与其他科学一样，它也是一门科学，另一方面它又是一种科学研究的方法。"[①]符号学无论是作为科学研究的一个学科，或者是一种科学研究的方法，符号学研究均不可避免地涉及主观性问题。特别是作为一种研究方法论，符号活动的主体性问题也应该成为学界关注的焦点之一。然而，究竟应如何避免研究的主观性或者主体性所造成的片面性，尽量保证科学研究的客观性呢？该问题实际上早在20世纪中后期就已呈现在了符号学界的面前。无论是罗兰·巴特的"无意义词语"或"零度创作"，还是海德格尔关于"遮蔽"与"去蔽"的论述等，其实都是这一探索的结果，最后导致了解构主义对"意义的消解"，致使学界陷入了"语言表征危机"的困境。

---

① Степанов, Ю. С., *Семиотика: Антология*, М.：Академический Проект, Екатеринбург: Деловая книга, 2001, с.46.

精神文化符号学以中国传统文化为基础,特别是汲取老庄哲学的精髓,在人的主体"有无之境"的不断转化中,探求客观性,努力避免由人类理性思维的"自负"所导致的归纳和推理的片面性,消解既定知识所构成的具体概念和形象的羁绊,避免因此可能产生的"遮蔽"现象,以便进入"理性的直觉"状态,重归人的自然存在模式,以此探索一条建立在理性基础之上的、直觉把握符号意义的路径,将符号学研究融入生命的境界。

图21 老子像

第一节 主客体间:符号行为的主体性

在国内外学界,符号学往往被看成关于符号及其表征对象之间意义研究的一门学科。无论是索绪尔、皮尔士、莫里斯、海德格尔、巴特、巴赫金、洛特曼,还是艾柯、西比奥克、迪利、塔拉斯蒂、考布利等,无一例外均是从各自的学术视野来揭示符号的意义,此类研究包括语言学、逻辑学、哲学、人类学、文化学、社会学、生物/生态学、文艺学、传媒学等,几乎所有符号学家们都在努力用自己所在学科的知识阐释符号的意义。中国符号学界的赵元任、胡壮麟、李幼蒸、赵毅衡、丁尔苏、王铭玉等,也深受西方符号学的影响,均试图在自己的学术框架内,对符号的意义进行阐释。这种研究便是学者自身主体性对符号意义认知的融入。学界把注意力聚焦在了符号及其对象的表征意义,对符号行为的主体性研究还有待进一步深入。显然,符号行为活动者的主体性问题是非常值得关注的,符号研究者的主体性问题更加值得重点关注。主体性的迥异通常决定着对符号活动的如何阐释,甚至是对符号意义的确定。

尽管皮尔士的"解释项"已经涉及符号阐释者自身的主体性,但是他却几乎尚未涉及符号行为发生者和符号学研究者的主体性。随着符号学研究的日益深入,符号行为的主体性问题逐渐引起关注,尤其值得一提的是芝加哥大学诺伯特·威利教授(Norbert Wiley)的相关研究。这位社会符号学家在

《符号自我》一书中,明确指出:"无论是符号、符号对象,还是解释项,对皮尔士而言,它们都并不是人。交流的人(言说者与听话者、说话者与阐释者)被置于符号三元的两端之外,使之构成了一个五元结构。"①在此基础上,威利直接提出了"言说者→(符号→解释项→客体)→听话者→说话者"六元的交流关系,这便形成了一个"六元组合结构模式"。②

实际上,威利所说的"六元组合结构模式"是把皮尔士和乔治·赫伯特·米德(George Herbert Mead)的两种理论加以综合。他认为:"在米德那里,思想活动是从主我(I)到客我(Me),从当下到过去。然而,在皮尔士那里,思想活动是从我到你(You),从当下到未来。"③由此,威利把时间因素引入了符号意义的探索,符号自我的对话就由静态转向了动态。这种符号行为的六元组合使得符号行为的主体与符号表征的客体紧密地联系在了一起,也就实现了符号活动的生命呈现,即把符号活动与生命境界融合在了一起。

无论是由主我(I)到客我(Me),或是从我到你(You),皮尔士和米德都是在理性范围内展开研究的。其实,人的理性思维又是具有很大局限性的,通常是在概括了某一结论时,又"遮蔽"了其他可能性。人类的理性思维既可以助力探索符号的意义表征,同时又容易约束人自身的意识、想象力。片面性或许是无法避免的,更何况理性介入得越多,片面性就会越强。这便为西方解构主义动摇人类文明大厦的根基,提供了依据和理由。

显而易见,威利教授的研究并未摆脱理性思维的羁绊,更没有论及符号学研究者的主体性,而研究者的主体性往往由于自身的立场、研究方法和所追求目标的迥异,会表现得更为强烈。任何研究者都不可避免地会由于自身理性思维的局限,由一个侧面揭示符号活动的表征时,又无法"敞开"其他阐释的可能性。可以说,人类的理性思维在给人类打开了认知世界的一扇大门时,就非常容易有意或无意地关闭上了其他的可能之门。同时,符号学研究在意义探索的路径上,不可能仅仅是"解构"的,并且即便是"解构",也是为了更好地"建构"。究竟应该怎样超越理性,尽可能地"敞开"符号活动的大门呢?

---

① Norbert Wiley, *The Semiotic Self*, Cambridge: Polity Press, 1994, p.24.
② Norbert Wiley, *The Semiotic Self*, Cambridge: Polity Press, 1994, pp.27-28.
③ Norbert Wiley, *The Semiotic Self*, Cambridge: Polity Press, 1994, p.24.

精神文化符号学认为,符号活动主体性问题的探讨,在理性范围内展开是不存疑义的。不过,任何研究又应该是多维度的。如若以中国传统文化为基础,依据老子"道法自然"的理念,结合庄子哲学思想中的"能所观",将理性与非理性互相融合,从理性直觉出发,或许可以对这一问题产生新的认识。精神文化符号学努力以中国化的思考方式,探索一条"意义建构"的途径,以便把人类的符号学研究进一步引向深入。

自古希腊起,西方的哲学家们就一直在研讨理性与直觉的问题,包括古希腊和罗马初期的相关论述、中世纪的神学理论、从文艺复兴伊始至德国古典哲学等理论,尤其是德国哲学家康德关于理性的先验规律和心理机制的论述、黑格尔关于"美是理念的感性显现"等观点。弗洛伊德开创的无意识理论、柏格森关于生命冲动理论等,更是把非理性看成人类大脑的固有能力。可以说,西方哲学主要是针对先验的理念、绝对精神和大脑机制等展开研究,始于20世纪的语言学转向及其对符号意义的"遮蔽"现象研究,也是以理性分析和逻辑演绎方式展开的。

然而,中国古代哲学则展示出迥然不同的思想旨趣,更主要是从"心智""感悟",也就是"天人合一"的维度,不仅认同理性思维,还揭示了理性认知所导致的局限性,认为基于理性的研究有可能会成为"遮蔽"感性认知的障碍。尤其是在老庄哲学关于自然道论的相关论述中,更是将理性分析看成人的"自负"产生的缘由。实际上,"自老子起,自然道论的基本意图就是要以自然的浩瀚无限瓦解人的自负"[1]。

在庄子那里,理性概括及其语言表述中,往往会体现出人的主观和自负的状态。语言表述是言语行为者自身生活态度的呈现。语言的特征决定着语言表述的知识确定性。自然道论的思想就是要"以自然本真世界的无限可能瓦解知识谱系,就包括瓦解知识确定性和建立在这种确定性基础上的自以为是。这是言与道之间最本质的冲突,是常规语言与自然本真世界及其所启示的新生活态度之间的本体论的隔离"[2]。

---

[1] 颜世安:《庄子评传》,南京:南京大学出版社,1999年,第180页。
[2] 颜世安:《庄子评传》,南京:南京大学出版社,1999年,第252—253页。

一般说来，人类的科学认知往往被看成主体对客观世界及其发展规律的正确认识。以法国哲学家笛卡尔为代表的西方认识论和胡塞尔的现象学等都是基于主客体二分，重点揭示主体对客体的认知过程。进入20世纪以来，西方符号学家们都或多或少地受到认识论和现象学思想的影响。在他们看来，任何符号行为的主体性均体现在符号对客体的表征及其意义阐释上。不过，在以老庄为代表的我国古代哲学思想中，主客体是融为一体的。自然道论就是要改变主客体或者物我分离的状况，重新审视现存的理性演绎和概括，同时也要审视与理性交融一体的世俗观念、生活态度、语言表征等，并正确看待人生中的名利得失，从而创造出一个处于自然之中的崭新世界。

应该承认，在中国古代哲学中也存在着主客体之分。这种现象主要体现在"能"与"所"的区分。在这里，"能"是指主体，"所"是指客体。庄子曾经在《齐物论》中，明确对"能知"与"所知"的概念加以了区分，先秦各门各派也都对此有过各种论述，并由此形成了中国传统哲学自己的"能所观"。然而，这种区分更是为了真正发现"能"与"所"分离所造成的不足，这样可以使得"能"最大限度地发挥作用，既基于理性又超越之上，以便达到"能"与"所"的融合，实现"天人合一"这一感知世界的最佳境况。无疑，这里的"分"是为了进一步"合"，"分"仅是手段，而"合"才是最终理想的目的。其实，这也是符号与生命境界互相融合的最高境界。

第二节 理性之中：直觉源于大脑与心智之间

理性与直觉仿佛是一对互不相容的概念。一般来说，直觉思维是指不受某种确定的逻辑规则约束，而直接感悟事物的一种思维形式。直觉是一种心理现象，常常被看成是存在于理性或意识之下的，同时又是位于非理性或无意识之上的。直觉往往是指人脑对外部事物的"瞬间"直接感知。一般认为，直觉也就是还没上升到理性分析的认知，当然，直觉更不可能是产生于理性之中的，甚至是与理性相对立的。

奥地利心理学家弗洛伊德曾把人的心理活动划分为两个部分：意识与无意识。直觉则是介于这两者之间的。这也就是说直觉并不是无意识的知觉，也不是有意识的认知，而是一种存在于理性与非理性之间的直观感知。如果仅从人的生理机制，撇开社会和历史的文化积淀、教育的作用来考察，直觉肯定是属于生理的本能反应。脱离感知的内在冲动和外部客观事物的"瞬间"刺激，任何人的直觉都是不可能产生的。从科学研究的维度来看，排斥了外部因素，以人的生理机制为主要分析对象，不难得出"直觉与理性"并不存在直接关系的结论。

但是，如果从人的认知机制的形成过程来分析，立足于教育、历史和文化的积淀，也许结论就会有所不同。直觉的产生是不能够脱离具体的认知主体而孤立存在的，认知主体对外部事物的直觉把握，通常又不能不取决于主体自身的文化素养和知识积累，是产生于理性之中的。例如，同样面对夜空中的一轮明月，有文化之人与没文化之人的直觉感知，是迥然不同的。前者直觉感知的是审美感，而后者或许就无法感知月色之美。

塔尔图符号学派的开创者乌克斯库尔就曾经明确指出，在外力的作用下，任何主体的身体都会成为意义的接收者，收到来自意义载体的信息；习得成为主旋律，作为意义载体的身体获得了形式。① 任何一个人的成长历程都是一个心理成熟和文化知识不断积淀的渐进过程，其理性思维的成熟也是在这一过程之中日趋完善的。事实上，这也就形成了人之所以为人的"生理、社会文化和思维三方面的特征"②。同时，这三者又是紧密而有机地互相联系在一起，无法分割的。从这个意义上来说，人的直觉不仅是源自人的生理机制，即大脑，又是来自社会文化知识的积淀，即心智。正是从这个意义上说，直觉又是产生于理性之中的。具体说来，任何符号行为的研究者对符号活动的直觉把握，均既取决于其自身的生理结构，也根基于其自己的思维习惯和文化积累。通常而言，研究者的艺术修养水平越高，他自己的审美直觉把握能力就越强。国际符号学学会原会长、赫尔辛基大学符号学研究所所长塔拉斯蒂（Eero Tarasti）教授曾指出："我遵循意大利美学家贝内代托·克罗齐的观点，他谈到两种知识，直觉知识和逻辑知识。对于前者，我们需要用想象来获

---

① J. von Uexküll, *Bedeutungslehre*, Leipzig: Verlag von J. A. Barth, 1940.
② 程琪龙：《逼近语言系统》，南京：东南大学出版社，2002年，第1页。

得,它涉及个人事件;后者是通过智慧获取,它涉及普遍性层面。"①这位音乐符号学专家已把直觉视为一种基于理性之上的能力,甚至把它称之为"直觉知识"。

显然,任何人类的符号认知活动都不可能离开自身生存的空间环境,这就是乌克斯库尔和尤里·洛特曼先后提出的"圜境"与"符号域"(semiosphere,亦可译为"符号圈")。正如库尔和米哈依·洛特曼共同指出的那样:"乌克斯库尔在描述动物与人的世界时需要一个综合性的基本概念,为此他引入了圜境。洛特曼在描述思维、文本与文化的世界时也需要一个综合性的基础概念,因此引入了符号域。"②当学界提及直觉时,通常更多是从圜境的维度去探讨的,把符号活动的主体看成一个生命体,把直觉当作一种介于理性与非理性之间的感性活动。然而,如果从符号域的维度出发,这就是把主体视为一个产生于文化语境中的个体,这里直觉又是受到理性支配的。显而易见,符号活动的直觉感知既受到生命体的圜境影响,也取决于文化积淀的符号域,这是双重影响的作用。也正是因此,直觉才既是个体生理机制,即大脑的反应,又是知识积淀的心智结果。

米哈依·洛特曼曾明确指出:"我想指出,我们这里所谈的并不只是术语差异。我们不能仅仅把环境换成圜境;二者之间的差异甚至不是概念上的,而是范式上的:发展出一个对生命、有机体、进化和生物学的完全不同的理念。"③他进一步深入阐释,尤里·洛特曼的文化符号学最初的进路与乌克斯库尔的范式是非常相似的。尤里·洛特曼的文本(text)对应的是有机体的活动,而他的语境(context)概念则与乌克斯库尔的圜境相一致。可以说,是文本创造了最为广义的语境,这里包括了交流行为的所有参与者。④显然,在符号的意义把握方面,塔尔图符号学派已走出了纯粹生物学认知范式的羁绊,将其与文化、知识的积淀相互融合在一起,探索出了一条融自然科学与人文社会科学于一体的跨界研究途径。

---

① 塔拉斯蒂:《存在符号学》,魏全凤、颜小芳译,成都:四川教育出版社,2012年,第241页。
② Kalevi Kull, Mihhail Lotman, Semiotica Tartuensis: Jakob von Uexküll and Juri Lotman, *Chinese Semiotic Studies*, 2012,6(1), p.314.
③④ Mihhail Lotman, Umwelt and Semiosphere, *Sign Systems Studies*, 2002,30(1), p.34.

毋庸置疑，精神文化符号学的主要任务就是要揭示世界万事万物之间的精神联系，而这种精神联系的把握，除了客体本身已自有的特征，同样与研究者自身的主体性也是密切相关的。

　　在对客观世界或人类文明史的认识中，各个研究者所处的立场、文化语境以及知识储备往往决定着评判的结论。这种结论在揭示某种相对真理的同时，也会导致对评判对象的某种误读。这样一来，研究者的理性思维和知识积淀在一定程度上就成为认知判断的障碍，必须加以排除。因此，在精神文化符号学看来，要真正全面地把握认知对象的本质，不仅需要研究者理性的主客体分离的状态，也需要主客体融为一体，从而排除理性的干扰，让研究者的主体性处于直觉的自然状态之中，并以自然本来的方式把握认知对象的本质，进而在虚心接纳与体悟中完善对世界的理解与认知。这正如老子所说："故常无，欲以观其妙；常有，欲以观其徼。"

　　显然，直觉既离不开理性，甚至产生于理性之中，但又只有走出理性的羁绊，回到自然的自由状态，才能够感知到客观世界的真谛。人的直觉感知是一种让认知活动从文化积淀的干扰中走出，回归自然生命体生理机制的行为。然而，要达到这种直觉地把握世界的目的，就必须通过中国传统文化中所说的"内心修炼"过程，不断地思考、实践。也就是说，一个社会的、理性的人只有在修身养性之后，让自己回归自然状态，排除任何杂念，才能够融入自然之中，成为一个能够领悟真理的自然人。

第三节　回归自然：走出知识"遮蔽"的理想之径

　　无论是在社会科学或是自然科学的研究中，"知识就是力量"仿佛是不容置疑的真理，特别是在当代科学技术迅猛发展的今天。然而，语言是知识的载体，而语言"遮蔽"所导致的表征危机，早已成为学界众所周知的事实，也就是说，语言无法准确地表达意义了。在语言学转向之后，学界关于"遮蔽"与"去蔽"问题的讨论已延续了半个多世纪之久。那么，难道知识的产生就不存在"遮蔽"现象吗？当人们认知到某一客观规律或者某种知识时，是否也会形成对其他规律或知识的"遮蔽"呢？回答无疑是肯定的。因为人的认知能力是非常有限的,甚至是难以避免片面性的。实际上,人类文明的进步正是在不断克服自我认知局限性的过程中发展的。

人类究竟应该如何走出知识"遮蔽"的困境,探索一条理想的认知路径呢？这不仅是学界应思考的重要问题,更是符号学研究应该关注的焦点之一,直接涉及符号意义的认知及其研究。

其实,老子曾经提出过"为学"与"为道"相融合的路径。"为学"是为了习得知识,而"为道"是为了摆脱知识"遮蔽"的束缚,为了回归自然的直觉把握方式。精神文化符号学努力立足老庄哲学,重新思考符号认知和表征的精神联系,并不是为了确定意义,而是要释放符号的意义。正如老子所言:"为学日益,为道日损。损之又损,以至于无为,无为而无不为。"

实际上,"老子道论的主要意图不在于回答世界'是什么'。道的主要意图,是以自然无限性的启示,促人更新生存方式和生活方向。这个意图,是后来道家众多派系共同的灵魂"[1]。老庄哲学并不是只要凭借人的理性思维,去揭示世界的某个规律或真理,也并非要回答某个认知问题,而更注重的是一种人自身的自然存在方式。在老庄及其追随者那里,"道"不只是客观存在于自然之中的某种规律,更主要的是一种感知世界的方式。世界(宇宙)是浩瀚无边的,人类对客观世界任何的理性把握或规律探索,都是在试图用有限的认知去把握无限的宇宙。显然,这在方法论上是不合适的,我们应该用无限的感知方式去面对无限的世界,"道"就是这种感知宇宙的方式。这里的"道"其实也就是理性的直觉,以一种尽可能自然化的方式阐释自然的世界。

人类是大自然孕育了多少万年才形成的产物,每一个人既来自自然,又会最终以结束生命的方式返回自然。人的理性思维及其能力虽具有无穷的创造力,但在玄妙而又无限的自然面前,却又是非常渺小的。"而道生万物(以至这个产生万物具体过程的有趣推测),则把人在此世的一种能力暗暗引渡到玄妙的自然之镜中。这就是求知和以因果联系解释事物的能力。"[2]

老子在《道德经》第一章曰:"道可道,非常道;名可名,非常名。""可道"和

---

[1] 颜世安:《庄子评传》,南京:南京大学出版社,1999 年,第 202 页。
[2] 颜世安:《庄子评传》,南京:南京大学出版社,1999 年,第 204 页。

"可名"的知识世界,与"不可道"和"不可名"的自然道论世界,是人类必须面对的两个领域,前者是可以用语言描述分析的有形世界,后者却是蕴含着无限奥秘的无形世界,是人类知识根本无法穷尽,甚至连"冰山一角"都难以触及的领域。自然本真的世界,即"道",是知识根本无法完全把握的。"道"并非凭借日常生活的理性经验就可以把握的,更需要处于"忘知""忘我"乃至"忘言"的境界中才能够感知。若要进入这样的状态,必须超越现实社会的知识谱系,返璞归真。而要实现这样的目的,就要进行"实修",即注重内省,修身养性。"实修"的目的便是达到主体与客体的归一,以此克服人的认知的局限。

庄子在《齐物论》中曾专门论述过"能知"和"所知"的概念。他指出:"故知止其所不知,至矣。孰知不言之辩,不道之道?若有能知,此之谓天府。"[①] 他这里所说的"能知"是指主体性,"所知"却是指客体性。庄子强调唯有通过"能知"的提升,才能实现整体"所知"的目的,以此进入"不言之辩,不道之道"的境地。庄子的观点集中代表了中国传统文化中的"能所观"。因此,对于符号活动的主体性而言,不只需要高度理性化的主客体二分,还更需要主体通过"修炼"实现主客体合一,以便达到"用心若镜"的境界,凭借理性与直觉融为一体,从而获得全面的"所知"。

从整个人类文明的进程来看,原始人处于自然状态,那时理性思维是较弱的。随着社会文明的逐渐发展,理性思维不断提升,科学技术日益发展,原生态的自然之境也日渐缩小,甚至消失。人类已开始认识到保护自然生态的必要性,却尚未重视人类思维的返回自然。

实际上,人的思维也存在着生态环保的问题,应该不断排除那些由于人的主观性形成的片面认知。符号学研究也是如此,应清醒地认识到,任何符号意义的理性揭示都只是一种分析途径,却并非唯一正确的阐释。因此,人类的教育也不能够仅囿于知识的传授与积累,而是应通过对话、批判等启发式方式,使得受教育者的大脑处于无"遮蔽"的"敞开"状态,唯有如此,学习者才能够让自己的思维和创新性等能力得到进一步提升。

[①] 《庄子今注今译》,陈鼓应注译,北京:中华书局,2020年,第81页。

显然，人类思维的返回自然并不是要重回到原始直觉状态，而是在经历了"为学日益"的理性生命之后，重拾对"为道日损"的自然生命状态的敬重，让人类能够游刃于"为学日益"与"为道日损"境界之间，探求人的更合理的、符合未来社会的自然生存状态。人类社会的发展是在不断循环中前进的，当人类进化到高度理性化阶段时，必然会重新探索回归自然的途径。"理性的直觉"不仅是符号行为主体应该追求的感知符号意义的方式，而且一定会是未来人类要把握世界所探索的理想境界。

第十讲

"符号自我":"理性的直觉"的认知模式探索

"理性的直觉"作为一种独特且超越传统理性范畴的符号活动,其研究价值极为显著。它不仅是理性与非理性之间的桥梁,更象征着一种理想化的世界认知模式。在当前信息爆炸的现代社会中,它成为每个追求内心宁静与生命境界的"自我"的典范。作为一种至关重要的认知模式,"理性的直觉"在我们的日常生活和职业生涯中占据着举足轻重的地位。通过对其内在运作机制进行深入剖析,并探究其在不同领域的应用价值,我们能够更全面地理解和运用它,从而为我们的生活和事业创造更多价值。

本讲将基于中国传统文化中的核心哲理之一——"能所观"进行阐述。这一哲理揭示了主体与客体之间的关系。我们探讨"能所观",意在展现古代哲学家如何在拥有理性思辨能力的同时,超越理性认知的局限,进一步拓展认知的边界。深入研究"能所观",我们不难发现,在中国古代哲学家看来,人类应在理性认知的基础上进一步发展直觉能力,实现主体与客体的深度交融。这种交融不仅使我们能够更全面地理解宇宙万物,更让我们的认知方式变得多元而丰富。因此,对"能所观"的研究不仅有助于我们深入理解中国古代哲学的智慧,更为现代人的认知发展提供了新的思考与启示。

第一节 "能所观":"理性的直觉"的前提

在中国传统文化中,"体道""体物""尽心"等都是直觉的感知方法。这种直觉不同于人类的原始直觉,并非在外界刺激下生理本能产生的直觉,而是一种"理性的直觉"。显然,推崇这种直觉不应是为了回到非理性的混沌状态,而是为了获得超理性的智慧。

中国古代哲学对主体与客体的区分,主要体现在"能"与"所"的区分。"能"是指主体,"所"是指客体。这一区分是"理性的直觉"的前提,因为如果不经过理性的"能"与"所"区分,就不能真正发觉"能"与"所"分离的不足,也不能真正激发"能"的主体能动性,从而通过实修践行去超越理性。因此,厘清"能所观",是把握"理性的直觉"的关键。

庄子在《齐物论》中明确提出"能知"与"所知"的概念,表明了自己的"能所观":"故知止其所不知,至矣。孰知不言之辩,不道之道?若有能知,此之谓天府。"这里的"天府"是"形容心灵涵摄量的广大",显现出庄子的"能知"有着强烈的主体性,他希望通过"能知"的提升,达到"不言之辩,不道之道"的境界。同时,"所知"("所不知")的客体性也是显而易见的。

庄子在《德充符》中又提出"一知之所知"。唐代成玄英注疏:"'一知',智也。'所知',境也。能知之智照所知之境。"①成玄英认为,庄子的"一知之所知"就是"能知之智照所知之境"。这句话非常类似于现代西方哲学中的主客体思想。"能知之智"是指主体具有的智慧,"所知之境"是指客体对象,"照"则是指主体对客体的认识过程。显然,庄子的论述把"能"与"所"清晰地区分开来。他的"用心若镜"等直觉体验,是建立在理性区分主体与客体基础上的。

虽然先秦时代各门各派关于"能""所"的说法不尽相同,但"能""所"有别的基本概念是一致的,都是为了明确区分主体与客体。例如,《管子》提出"所以知"与"所知"的概念。《管子》说"其所知,彼也;其所以知,此也"②,其中"所知""所以知"就是为了区分客体与主体。《管子》类似于直觉的"心术"等方法,也是建立在主客体有别的理性认知基础上的。在很多中国传统的经典著作中,虽然没有像庄子与《管子》等一样运用"能"或者"所"二字,但主客分明的理性主义区分是非常清晰的。

古老《周易》用"思"与"位"来区分主体与客体。《周易》推崇的直觉"感而遂通"是以"思"(主体)、"位"(客体)有别为基础的。王夫之指出:"所谓'能'者即思也,所谓'所'者即位也,《大易》之已言者也"③,也就是说《周易》中的"能""所"关系体现在"思""位"关系中。

---

① 《庄子今注今译》,陈鼓应注译,北京:中华书局,2020年,第155页。
② 张岱年主编:《中国哲学大辞典》(修订本),上海:上海辞书出版社,2014年,第46页。
③ 王夫之:《船山全书》(第二册),长沙:岳麓书社,2011年,第377页。

在《中庸》中，这种主客体之分是用"己"与"物"来表述的。《中庸》倡导的类似于直觉的"率性"也是建立在理性的"己"（主体）与"物"（客体）相区分的基础之上的。王夫之阐释道："所谓'能'者即己也，所谓'所'者即物也，《中庸》之已言者也。"①指明"能""所"关系在《中庸》里体现在"己""物"关系中。

尤其值得强调的是，中国传统文化中的"能所观"，除了明确主客体关系，同时还指明了直觉的重要意义。这也进一步说明"能所观"是"理性的直觉"的前提。对此，王夫之总结得非常精辟："'所'不在内，故心如太虚，有感而皆应。'能'不在外，故为仁由己，反己而必诚。"②"'所'不在内"是指客体（"所"）不在主体内部，"'能'不在外"是指主体（"能"）不在主体之外，所以这句话含有理性的"能所相分"的寓意，同时也指明了"能所相合"的重要性及方法，即通过"反己而必诚"的实修，达到"心如太虚"的直觉状态，进而产生"有感而皆应"的直觉感知。无论是"'所'不在内"，还是"'能'不在外"，都不仅仅表述主客体关系，还赋予了与"理性的直觉"相关联的寓意。这句话虽然是明末清初王夫之所说，但并不代表王夫之一人的理念，而是由他总结出来的中国传统文化的普遍特质。王阳明从格物到致良知的觉悟过程，从根本上就是从"能所相分"到"能所相合"的过程。由此可见，中国古代先哲进行理性的主客体分离之后，偏重于运用直觉的方式感知世界。

近现代章炳麟所运用的"能诠"与"所诠"中的"能所观"已不再代表主客体，章炳麟的"能诠"与"所诠"类似于索绪尔符号学的"能指"与"所指"，至此中国的"能所"概念开始逐步转化，不再承担主客体概念。章炳麟在《齐物论释》中说："且又州国殊言，一所诠（事物对象）上，有多能诠（名、概念）。若诚相称，能诠既多，所诠亦非一，然无是事，以此知其必不相称。"③这里"能诠"是指名称或概念，"所诠"即客观的事物，即能诠（名）所称谓、反映的对象。④章炳麟认为，不同的地区和国家，对同一事物对象有不同的概念、名称，所以

---

① 王夫之：《船山全书》（第二册），长沙：岳麓书社，2011年，第377页。
② 王夫之：《船山全书》（第二册），长沙：岳麓书社，2011年，第380页。
③ 张岱年主编：《中国哲学大辞典》（修订本），上海：上海辞书出版社，2014年，第716页。
④ 张岱年主编：《中国哲学大辞典》（修订本），上海：上海辞书出版社，2014年，第717页。

他提出"能诠"("能指")和"所诠"("所指")必定不能完全相符合的符号学观点。随着西方哲学思想的不断进入，中国文化开始应用"主体"与"客体"这样的哲学用语，而不再运用"能"与"所"作为主体与客体。

关于理性与直觉的关系，在西方哲学中有"理智的直觉"这样的名称与概念。西方哲学中"理智的直觉"是指："'理性的洞见'，是理性主义传统所主张的一个重要官能。笛卡尔认为它是对演绎的起点的认识。斯宾诺莎认为它是'科学的直观'，是认识三样式中的最高级的样式。"[①]西方"理智的直觉"偏重于人类在理性活动中产生的"瞬间性"的直觉感知，这种认识活动的基础是理性活动，而直觉只是在"不经意"间产生的，所以西方"理智的直觉"究其根本还是理性活动的一部分。然而，在中国传统文化中，"体道""体物"等直觉活动是为了理性地把控直觉，尽管有着理性的"能所"分离作为前提和理性的"实修"过程等，但究其根本仍是直觉活动的一部分。虽然西方"理智的直觉"有别于中国传统文化中的直觉，但是张岱年所说的"兼重直觉与思辨"的方法是东西方的一种共同现象。

总之，在中国传统文化中，"体道""体物"等属于直觉活动，这种直觉活动建立在明确的主客体有别的基础上，所以是"理性的直觉"。中国传统文化中主客体分离的关系主要体现在"能""所"分离，以及隐含在"思"与"位"、"己"与"物"、"体"与"用"等关系的传统哲学核心概念中。中国古代哲人深刻思考了主客体问题，虽然没有形成非常完整的主客体哲学系统，但"能""所"等思想的理性特质是毋庸置疑的。因此，中国传统文化中提倡的直觉，其实是先哲们从主客体分离的理性思维出发，为了追求超理性境界，努力重返主客体融合的一种存在状态。

正如梁漱溟所说："中国古代那很玄深的哲理实是由理智调弄直觉所认识的观念，不单是直觉便好。"[②]"能所观"是"理性的直觉"的前提，也是中国古代先哲进一步通过"实修"改变直觉"即时性"问题的前提。

---

① 布宁、余纪元编著：《西方哲学英汉对照辞典》，北京：人民出版社，2001年，第520页。
② 梁漱溟：《梁漱溟全集》（第一卷），济南：山东人民出版社，2005年，第486页。

第二节 "丧其耦":"实修"过程的结果

直觉所具备的"即时性"特质,其本质表现为一种短暂且瞬间的状态。当个体试图保持或延展此种状态的持久性时,其自然会转向理性思维的模式,因此,直觉所提供的"即时性"洞察便会随之消失。

为应对直觉"即时性"的挑战,中国古代的先哲们基于"能所二分"的哲学基石,深入研究了"能所各息"的理念。这一理念的核心在于消解"能"与"所"之间的界限,实现两者的和谐统一,以有效地应对直觉的"即时性"问题。唐代哲学家王玄览首次提出"能所各息"的概念,他认为,唯有达到"能所各息"的境界,个体方能进入心与境相合的直觉状态。虽然王玄览在构建"能所各息"理论时,受到了佛学中"能缘"与"所缘"思想的启发,但其核心理论主要植根于庄子的哲学体系。

庄子的"丧其耦"("耦"亦作"偶")是王玄览"能所各息"思想的主要源头之一。在庄子的思想中,"丧其耦"指的是消解"我"与"物"之间的界限,抑或消解"能"与"所"的界限,这构成了"能所各息"的深刻内涵。("偶"是指"我"与"物"的对立,或者说"能"与"所"构成的对立。)

"能所各息"的精髓,本质上聚焦于"能息"的达成,而非单纯追求"所息"的实现。只有当"能息"得以全面展现,主体方能真正消解"能"与"所"之间的固有联系,进而达到"能所各息"的至高境界。庄子倡导多元化的"实修"路径,旨在引导修行者实现此境界。尽管"实修"的形式各异,但其核心目标始终不变,即抵御后天理性杂念对直觉本源的干扰。这一"实修"过程体现了高度的理性与严谨性,为精准指导修行实践,后世道家进一步提炼出"三调"方法,即"调身""调息"与"调心",以期进入无杂念的直觉状态,并使之得以持久而非短暂闪现,从而有效克服直觉的"即时性"特性。这不仅是老庄哲学体系的核心要义,更是中国传统文化中不可或缺的重要标识。

在历史长河中,各门各派的文人墨客、哲学家、修行者,均从各自独特的视角出发,对"能所各息"进行了深入的阐释与实践,形成了丰富多样的思想体系。这种"能所各息"的境地,不仅象征着人与自然之间的和谐统一,更体现了人内心世界的宁静与平和。在此状态下，人的直觉能力得以显著提升，能够敏锐地捕捉到日常生活中难以察觉的微妙变化，从而深刻洞察世界的本质。作为中国古代哲学中的一个重要概念，"能所各息"不仅为解决直觉的"即时性"问题提供了独特的视角，更在后世的发展中催生了各具特色的思想体系。这些思想体系极大地丰富了中国哲学的内涵，为人类认识世界、提升生命境界提供了宝贵的智慧资源。

直觉的"即时性"也一直是西方哲学关注的重要问题。西方哲学对直觉的定义是："一般指心灵无需感觉刺激之助，无需先行推理或讨论，就能看见或直接领悟真理的天生能力。它是通过瞬间的洞察对普遍中的特殊事物的认知。直觉知识因此同推理的知识区分开来。"①当人感受到直觉的存在之后，会不由自主地运用后天所学习的知识对直觉感知进行推理，此时这种领悟真理的天生能力就立刻隐退了，所以直觉是"瞬间的"。直觉的"瞬间性"约束了人类对直觉的把握与运用。

对于中国古代哲人以"实修"方式来解决直觉的"即时性"问题，荣格认为："毋庸置疑，中国的这些概念得自直觉的洞察，我们如果想要了解人类精神的本质，就不能没有如此的见地。中国不能没有这些概念，因为中国的哲学史告诉我们，中国从没有偏离心性本原的精神体验，因而从来不会过分强调和发展某一单一心理机能而迷失自己。"②荣格强调了通过"实修"进入直

图22 卡尔·古斯塔夫·荣格

觉对于中国传统文化的重要性，指出中国哲学中的很多概念出自这种直觉。

中国古代哲人的"实修"方法相对于西方而言比较独特，西方偏重于视点转换。尼采的"远观"③与海德格尔的"向死存在"④，都是为了更清晰地对待

---

① 布宁、余纪元编著：《西方哲学英汉对照辞典》，北京：人民出版社，2001年，第520页。
② 卫礼贤、荣格：《金花的秘密》，邓小松译，合肥：黄山书社，2011年，第25页。
③ 尼采：《快乐的知识》，黄明嘉译，北京：中央编译出版社，1999年，第22页。
④ 海德格尔：《存在与时间》，陈嘉映等译，北京：生活·读书·新知三联书店，2014年，第271页。

生命，都属于通过观念或视点的改变从而感受到的虚无境界，而中国古代的"实修"方式则是完全去掉这些视点或观念。因此，中国传统文化中的"用心若镜"（庄子语）等直觉状态不同于尼采的"醉境"，也不完全同于海德格尔的"澄明之境"。

相对于东西方所进行的交流，东亚对这种"实修"方式所开展的交流显得更加深入，尤其是日本学者对儒家的"实修"方式，即"工夫论"，有着深厚的研究。中纯夫将"工夫论"理解为："于学者和圣人之间画一条线，强调为学工夫之必要性的学问。"①也就是说，中纯夫认为是否用"工夫"实修是一个分水岭，没有用"工夫"的实修者只是从概念的角度做学问，有"实修"才能与古代圣人一样存在。汤浅泰雄也有类似的观念阐释："东方思想的哲学的独特性究竟在哪里呢？一个重要的特质在于在东方的理论的哲学基础当中被置入了'修行'的想法。"汤浅泰雄还说："真正的哲学的认识，并不是透过单纯的理论思考就可以获得的东西。"②

正如日本学者所研究的那样，中国宋明时代的"工夫论"是当时哲人的必修功课，包括治学特别严谨的朱熹也强调直觉训练，他说："始学工夫，须是静坐。静坐则本原定，虽不免逐物，及收归来，也有个安顿处。"③当然"工夫论"不仅仅是静坐法，而且是一系列反躬修己的方法，明清之际黄宗羲甚至提出了"工夫所至，即其本体"④的哲学思想。

"止念"是中国传统文化中"实修"方法的主要环节之一。"止念"就是要通过特殊的反复心理训练方式，让人脑中每天奔腾不息的念头"刹住"，进入直觉状态，甚至可以自由把控在这种直觉状态的时间。其实，如何训练"刹住"念头是非常理性的实修过程，而且这种训练方式对人的主体性要求很高，所以必须首先进行"能"与"所"的区分，然后需要主体具有坚强的意志与不屈不挠的精神，才能使已经习惯于主客体分离固化思维的成年人重返主客体合一的存在状态。

---

① 中纯夫：《工夫論における凡と聖——朱子の陸学批判をめぐって》，《東方学》，1987年，总第73期。
② 汤浅泰雄：《身体论：东方的心身论与现代》，黄文宏译注，新竹：清华大学出版社，2018年。
③ 《朱子语类》，黎靖德编，王星贤点校，北京：中华书局，1986年，第217页。
④ 黄宗羲：《黄宗羲全集》（第7册上），杭州：浙江古籍出版社，2005年，第3页。

中国的传统文化通过"能所各息"的哲学理念，致力于探寻直觉的时间性延展。在这一过程中，以"实修"为代表的心理调节与修炼方法被确立为深化直觉性体知、体物的核心方法，其目的在于将短暂的直觉感知升华为持久的直觉理解。这一实践过程旨在引导个体达到去除杂念的境界，进而实现"开悟"的精神高度。正是通过有意识的"实修"过程，我们得以拓展直觉的"即时性"，使直觉在感知世界时展现更高的价值。这种直觉不仅有助于我们深化对世界的理解，还能在日常生活中指导我们做出更为明智的决策。因此，在学术研究和日常生活的实践中，我们应重视这种心灵的修养与提升的过程，以期达到更高的智慧层次。

第三节 "通与道"："符号自我"的构建

人类与周遭世界的互动和联系可被细分为两种基本形态，即"相通"与"相识"。其中，"相通"代表着个体与外界事物之间在本质上的联结，而"相识"则是指个体对于外界事物的认知和了解。那么，在这两种关系中，我们应当以哪一种作为我们认识世界的基础呢？这就需要我们借助"理性的直觉"来进行深入的思考和探索。因为"理性的直觉"能够超越感性的认知，帮助我们捕捉到事物更深层的内涵和本质。

"相通"不同于"相识"。"相识"需要"名"作为符号媒介，而用"名"来说明时，就会有因为"名"出现的误差。所以荀子提出因"名"产生的"三惑"，即"惑于用名以乱名""惑于用实以乱名"和"惑于用名以乱实"。"相识"永远只能是相对片面的，因为无论多么深厚的相识，还是主客体彼此隔开的认知。"相通"与"相识"可以相辅相成，"相通"有助于"相识"，"相识"也能激发更高层面的"相通"。西方哲学注重区分主体与客体，主要是为了能够更好地"相识"，不过，语言符号的"遮蔽"也是源于"相识"；而东方哲学区分"能"与"所"，主要是为了能够更好地"相通"。东方和西方最终必将殊途而同归，相辅而相成。不过，要达成"相通"与"相识"之间的互助，需要首先清晰"相通"与"相识"的不同过程，明代哲人王阳明在年轻时进行"格竹"时，就犯了混淆"相通"与"相识"的错误，他本想进行"相通"活动，却用了"相识"的方法，后来王阳明经历

"龙场悟道",才充分厘清了万物相通的道理与过程。

"相通"与"相识"的互补关系促使人们深入考量直觉与理智的调和之道。东西方文化均洞察到,直觉与理智既相互关联又存在矛盾。因此,直觉与理智在人类存在模式中应如何优先配置,成为至关重要的问题,这是关于自我本质和存在方式的重要议题。精神文化符号学不仅聚焦于符号阐释者或接受者的思维能力和认知维度,更着力于探讨他们的精神状态,力求使人的行为法则与宇宙天地的运行规律相契合。精神文化符号学所构建的"符号自我",不仅是为了赋予符号生命力和更清晰解读符号意义的工具,更关键的是旨在探寻人类更理想的生存状态和认知模式。精神文化符号学的"符号自我"正是基于"相通"的基石,寻求"相通"与"相识"的和谐统一,进而推动人类未来的生命存在状态,追求直觉与理智的和谐统一。

在中国传统文化中,万物"相通"被视为生命的底色,直觉是人生存的优先模式,梁漱溟对此曾有过非常精辟的总结。他认为,人类有两种生活态度,一种"生活是理智运用直觉的",另一种"生活是直觉运用理智的",[1]东方哲人推崇的是前者。不过,在梁漱溟看来,东方人并没有真正做到这一点,因此中国文化是一种早熟的文化,未来的人类应该"生活是理智运用直觉的",即以直觉作为优先存在模式。

西方学界就此存在着两种迥然不同的声音。法国哲学家笛卡尔的"我思故我在"就赋予了"我思"以本体论的意义,也就是说"我思"的状态优先于直觉状态,人类应该以"我思"的状态作为优先存在模式。海德格尔则恰恰相反,其观点与中国古代先哲们的论述非常类似。海德格尔认为,人类"在世界之中存在"(In-der-Welt-sein)应该是"此在和世界"的"澄明之境"优先于"主—客"式。海德格尔所说的"澄明之境"属于直觉状态,也就是说海德格尔把直觉状态视为人类应该优先选择的存在模式。

目前,符号学的"符号自我"偏重于以理智为优先存在模式,这无疑是基于语言工具论的思想。其实,随着语言论的转向,人不再是语言符号的主宰者。同理,在符号世界中,人并非符号的中心,就如同在宇宙中,人类及其所

---

[1] 梁漱溟:《梁漱溟全集》(第一卷),济南:山东人民出版社,2005年,第485页。

属的地球也不是宇宙的中心。在进行符号学的革命的同时,精神文化符号学努力促使"符号自我"走出理性思维的羁绊,探索一种以直觉为优先的存在模式。这种以直觉为优先的存在模式是理智发展到一定高度后的产物,正如梁漱溟所说:"其实这凭直觉的生活是极高明的一种生活,要理智大发达之后才能行的。"①当"符号自我"以直觉为优先存在模式成为现实时,人类是否整天处于直觉状态? 这个答案是否定的。自古以来,中国传统文化中直觉与理智合一而外显的是理智,比如老子的"体道"与"辩证"思维融为一体而外显的是"辩证"。因此,尽管老子推崇"无",但《道德经》首章中除了"无",同样注重"有"("常有,欲以观其徼")。其实,不仅是老子的《道德经》首章有这样的特点,其他中国传统思想也显现了这种倾向。例如,孟子推崇直觉模式的"尽心",而《孟子》首章突出的是极理性的"义"。荀子注重直觉模式的"体物",而《荀子》首章宣扬的是非常理性的"劝学"等。显然,在中国传统文化中,"直觉"不仅不排斥理性,反而更理性乃至超理性,也就是"理性的直觉"。正如梁漱溟所说:"以理智运直觉的其实是直觉用理智,以理智再来用直觉,比那单是直觉运用理智的多一周折而更进一层。"②

当下世界"符号自我"的优先存在模式问题,不仅仅是符号学的学科问题,同时也是一个重要的社会问题,符号学家赵毅衡对此有着深深的忧患意识,他说:"现代人面临持久的自我危机:文化的各种表意活动,对身份的要求过多,过于复杂,身份集合不再能建构自我,它们非但不能帮助构建稳定的自我,相反,把自我抛入焦虑之中。"③赵毅衡一语中的,过于理智的生命是焦虑的生命,"符号自我"优先存在模式的定位问题,已是人类社会发展到现阶段的一个迫在眉睫的问题。沧海桑田,也许海德格尔推崇的人类进入以"澄明之境"为优先存在模式的时代近在眼前。

西方各类符号学理论主要根植于与世界的"相识"而非"相通"的基石之上。相比之下,中国古代先贤则以"能所观"为根基,借助"实修"来延长直觉的时间性,以达成与万物"相通"的自我存在状态,从而塑造了一种独特的

---

①② 梁漱溟:《梁漱溟全集》(第一卷),济南:山东人民出版社,2005 年,第 486 页。
③ 赵毅衡:《符号学原理与推演》,南京:南京大学出版社,2011 年,第 354 页。

对话形式——人与天地万物间的直觉式交流。在精神文化符号学的理论框架内,"理性的直觉"作为一种独树一帜的认知模式,被视为人们掌握世界的理想途径之一。

在当今信息爆炸的时代背景下,"理性的直觉"这一认知模式愈发凸显其重要性。它有助于我们在纷繁复杂的信息洪流中保持冷静与从容,既不被过量的信息所干扰,也不被表面的现象所迷惑。每个"自我"在这个时代都需要拥有这种"理性的直觉"认知能力。这不仅因为它能帮助我们迅速且准确地洞悉事物的本质,更因为它使我们在面对海量信息时,能维持内心的宁静与镇定。这种宁静与镇定,是应对现代生活多重挑战的关键心理资源,也是我们在忙碌生活中坚守自我与内心世界的重要支撑。

第十一讲

"道"与"在":语言本体论的符号学反思

真理和知识的探索无疑是人类文明发展的基础,科学研究仿佛就是在求知的过程中不断前行。然而,绝对真理又是人类只能无限接近却无法最终企及的,一个科学结论形成之后不仅会被新的认识所否定,而且可能"遮蔽"其他的意义。当代符号学告诉我们:任何知识的存在其实都是与其传播的符号媒介密切相关的,即"知识与其表征方式是不可区分的"[①]。这也就表明人类只可能无限接近所谓的"真理",但无法最终企及。

在自然科学和社会科学的研究中,一个结论形成之后往往会"遮蔽"其他的意义,直到被新的结论所否定,从而再开始新的"遮蔽",循环往复。早在两千多年前,庄子就曾指出这一困境:"吾生也有涯,而知也无涯。以有涯随无涯,殆已。"[②]据此,我们不禁反思:人类的探索之路是否还可能存在着其他方向?我们在不断积累知识并求索真理的同时,是否还可以改变路径,甚至反其道而行之,走出现存知识、伦理和思维模式的羁绊,重新反思真理存在的问题?实际上,"破"比"立"的道路要更加曲折坎坷,在这方面的思考,古今中外不乏其人,尤其是德国哲学家海德格尔及其所提出的一种特殊的语言本体论。这位思想家从真理存在的方式切入,探讨语言表征的"遮蔽"与"去蔽"之间的关系,努力让真理在语言符号的表述中"敞开"。在他看来,"语言是一种敞开,特别是诗性语言"[③]。这就是海德格尔语言本体论的中心思想。相较其他语言观,海德格尔是非常了不起的,他在语言表征功能之外,企图诗意地传

[①] Thomas A. Sebeok, Marcel Danesi, *The Forms of Meaning: Modeling Systems Theory and Semiotic Analysis*, Berlin: Mouton de Gruyter, 2000, p.11.

[②] 《庄子今注今译》,陈鼓应注释,北京:中华书局,2020年,第100页。

[③] 希尔贝克、吉列尔:《西方哲学史:从古希腊到当下》,童世俊、郁振华、刘进译,上海:上海译文出版社,2016年,第638页。

达最根本的东西,即本真。① 然而,这位诗性哲学家所倡导的语言本体论,并未让语言摆脱自身的表征危机,这主要是因为他所根本因循的仍然是"主体认识客体"的基本原则。

在精神文化符号学看来,一切被认知的客体对象当然是具有生命力的主体,甚至可以先于作为主体的人,发出各种信息。② 认知的"客体"与主体之间的关系是互动的,是无法以简单的肯定句来回答的。真理也很难是可以独立于人的、恒久不变的实体。如若立足于老庄的道家学说,与往常的真理探索之路相反,而是返回自然本身,冲破固有体系和现存观念的制约,或许才能更接近包括变动不居的"真理"在内的"道",使得语言的特质和"真理"能更加自由地"在"起来。正是基于这些考虑,我们将从对真理存在的质疑、意义的自反生成、语言言说的间离作用三个方面,对海德格尔的语言本体论进行反思,从而把语言存在的研究,甚至真理的探索引向深入。

第一节 "道"与"问":"真理存在"的质疑

"真理"的存在方式问题,无疑是海德格尔语言本体论主要关注的问题。海德格尔始终把语言视为一种"缘在(Dasein)"。③ 从1934年起,海德格尔就把这种"缘在",更进一步阐释为一种自身缘构(Ereignis),"即一切真实的存在都是在相互引发中成为自身和保持住自身的。语言与在也是在这种缘构中获得自身的"④。不过,非常有趣的是,海德格尔的语言观正是在与老子道家思想的不断对话中日趋完善的。他曾在《论真理的本性》(1943)的初稿中,就直接引用过《道德经》第28章中的"知其白,守其黑",即"真理永远离不开非

---

① 希尔贝克、吉列尔:《西方哲学史:从古希腊到当下》,童世俊、郁振华、刘进译,上海:上海译文出版社,2016年,第639页。
② 张杰、余红兵:《反思与建构:关于精神文化符号学的几点设想》,《符号与传媒》,2021年春季号,总第22辑,第10页。
③ 关于Dasein的汉译,我们认为张祥龙的"缘在"较为精到。参见张祥龙:《"Dasein"的含义与译名("缘在")——理解海德格尔〈存在与时间〉的线索》,《普门学报》,2002年1月第7期。
④ 张祥龙:《海德格尔的语言观与老庄的道言观》,载《从现象学到孔夫子》,北京:商务印书馆,2001年,第248页。

真理,光亮永远以黑暗为前提和根源"①。尽管在正式出版时,海德格尔因不能够用中文来阅读老子的论述,便删去了这段话,但这一思想却一直影响着他。② 这位德国哲学家就是在与老子道言观互相对话的基础上,把语言视为一种独立存在的本体、自身互相作用的关系网,而并不只是当作一种交流手段的符号系统。海德格尔随后在《在通向语言的途中》一书中,开诚布公地阐释了对"道"的理解:"老子的诗意运思的引导词语叫做'道'(Tao),'根本上'就意味着道路。"然而,如此理解,似乎并不能够揭示"道"的内涵,不能令海德格尔满意。他又进一步指出:"因此,人们把'道'翻译为理性、精神、理由、意义、逻各斯等。"再经过概念上的调和,海德格尔指出:"'道'或许就是为一切开辟道路的道路,由之而来,我们才能去思理性、精神、理由、意义、逻各斯等根本上也即凭它们的本质所要道说的东西。也许在'道路'、'道'这个词中隐藏着运思之道说的一切神秘的神秘,如果我们让这一名称回复到它的未被说出状态之中而且能够这样做的话。"③这样看来,海德格尔对"道"的解读至少有两层含义,一是道理,即构成真理的精神、理性、理由、意义、逻各斯等,二是为了探索通往真理之路的道路。他在《在通向语言的途中》一书中的有关论述,就是从这两个维度展开的。前者决定着他的语言本体论从存在之维来揭示语言的本质,而后者则让他经由"敞开"之维,探索通往语言之径,而且是"永远在路上"。一言蔽之,这也就是"在语言与存在的联系中对语言作形而上学的思考"④。

据此,在我们看来,探讨海德格尔与中国古代哲学的深度渊源,可能是理解其语言本体论的关键。北京大学哲学教授张祥龙曾对中国古代哲学传统中的道与真理观,进行过精彩的论述:"认识真理主要不是克服主客异质而达到普遍必然性的问题,而是一些动态的问题。也就是要在有无相交缠的生成之处,来理解、对付、预知生成变化的结构、趋向、节奏和样式。"⑤海德格尔与

---

① 张祥龙:《海德格尔与中国哲学:事实、评估和可能》,《哲学研究》,2009 年第 8 期,第 67 页。
② 张祥龙:《海德格尔与中国哲学:事实、评估和可能》,《哲学研究》,2009 年第 8 期,第 68 页。
③ 海德格尔:《在通向语言的途中》,孙周兴译,北京:商务印书馆,2017 年,第 191 页。
④ 海德格尔:《在通向语言的途中》,孙周兴译,北京:商务印书馆,2017 年,第 91 页。
⑤ 张祥龙:《中西印哲学导论》,北京:北京大学出版社,2022 年,第 162 页。

道家学说结缘可谓数十载,在1946年夏,甚至与中国翻译家萧师毅共同翻译《老子》。他应该是清楚这一点的。他在自己的语言本体论中,明显受到了老子道论的积极影响。老子有名言:"道可道,非常道。"道是不可能说明白的,因此海德格尔的语言本体论,也可能并不是要阐释语言的概念或定义,而是要让语言的本质展现出来,即"在"起来,从而能够使"道""在"起来:"我们必须学会倾听语言,这样,根本的东西就会对我们言说。"①

海德格尔确实在一定程度上领会了老子的道论,包括"人法地,地法天,天法道,道法自然"。虽然语言是很难说明"道"的,但"道"应该是依从自然的。因此,海德格尔以"去蔽"的方法,努力消除言说的各种"遮蔽"可能性,让语言表征对象尽可能处于自然状态。不过,任何用"去蔽"的表达方法来消除语言的"遮蔽",均是难以真正做到的。海德格尔本人对此十分清楚:"作为这样一种存在论意义上的构成域,语言无法再被还原到任何存在者,不管它是符号系统、观念表达,还是交流活动。"②更何况,世界上任何关于语言的规律或知识,都不可能是永恒不变的,更不会是超越时空变化的固定组合,只能够是一种变动不居的意义衍生机制。换言之,"语言"应当做动词解,即"语言活动"或者"语动"(languaging)③,它更可能是主体选择意义、进一步构建了自身直接经历的意义现实的构义仪式。④

从方法论上来看,海德格尔所说的语言本体论与以往的语言工具论的研究模式,基本还是一致的,都是在尝试揭示语言的本质,只不过前者主要是围绕"遮蔽"(黑暗,即非真理)与"去蔽"(去"黑")的"敞开"(显"白",即真理),并以此显示语言的存在本质,而后者通常将语言看作人类交流的工具。很明显,无论是语言本体论还是语言工具论,均是按照"获取"知识与真理的方式

---

① 希尔贝克、吉列尔:《西方哲学史:从古希腊到当下》,童世俊、郁振华、刘进译,上海:上海译文出版社,2016年,第638页。

② 张祥龙:《海德格尔的语言观与老庄的道言观》,载《从现象学到孔夫子》,北京:商务印书馆,2001年,第249页。

③ Stephen J. Cowley, Languaging Evolved: A Distributed Perspective, *Chinese Semiotic Studies*, 2019, 15(4), pp.461-482.

④ 余红兵:《语言活动的仪式性:一次语言符号学的冒险》,《英语研究》,2024年第2期,第30—41页。

展开的,这也是长期以来学界研究语言的基本思路。而且,海德格尔的"敞开"又超过了一定的"度",也就是没有还原语言的自然状态,相反却采取了自然科学的研究方法,进一步剖析了语言的"自身缘构"。因此,这就必然会导致语言丧失自己的形态,就如同一个人应该是一个独一无二、活生生的自然生命体,借助科学仪器,拍了张 X 光片,反而丢失了自我,也就并不是原本真实的存在了。海德格尔的初心是要呈现语言的存在本质,却走向了反面。

其实,海德格尔"并不想把语言之本质归结为某个概念,以便从这个概念中获得一个普遍有用的、满足一切表象活动的语言观点"①。他指出:"语言之为语言如何成其本质? 我们答曰:语言说话。"②"这条通向说话意义上的语言的道路乃是作为道说(Sage)的语言。……道说即显示。"③显然,海德格尔突出了语言作为独立的存在,即其自身的主体性,而并不只是人的心灵表达和交流的工具。然而,这条语言存在本质的探索之径或许值得我们重新思考,其通往语言"敞开"之径时,可能还是产生了方向性的错误。既然"绝对客观"的真理是无法揭示的,那么是否应反其道而行之?

在精神文化符号学的视域下,所谓"语言""真理""道",其实均不是第一位的,处于第一位的无疑是自然。④ 关于自然,当然应采取尽可能维护其本来面目的方式来看待,也就是回归自然形态,而并非只是用科学分析的透视方法来考察。不过,究竟应该如何返回自然呢? 既然科学剖析不能维护原样,肯定句的语言表述又会导致"遮蔽",那么是否应采用疑问的方式,用不断的提问和对现存理论或"真理存在"的反思,来进一步深化包括语言研究在内的探索呢?

人类的认知是在不断变更所提出问题的基础上前进的。例如,古希腊罗马哲学提出的主要问题是"世界的本质是什么",按照这个思路,在语言学上就形成了问题"语言的本质是什么"。几乎所有的语言学理论及其流派均围绕该问题展开了讨论。直到始于笛卡尔经由康德的"认识论转向",很多人逐

---

①② 海德格尔:《在通向语言的途中》,孙周兴译,北京:商务印书馆,2017 年,第 2 页。
③ 海德格尔:《在通向语言的途中》,孙周兴译,北京:商务印书馆,2004 年,第 256—257 页。
④ 张杰、余红兵:《反向认知:自然主体论的思维范式阐释》,《外语与外语教学》,2023 年第 3 期,第 43—51 页。

渐认识到所谓"本质"是无法揭示的,因此该问题就改成了"认识世界何以可能"。在语言学上,"如何认识语言"便成了语言学探索的新重点,并且由此产生了新的理论流派及相关研究方法。进入20世纪以后,人们又进一步发现,任何认识毫无例外,均是通过语言表述来加以实现的,此后就发生了"语言学转向",提问又变成"怎样用语言来表述我们对世界本质的认识"。到了20世纪后半期,学界又意识到,语言可以被看成文化实践。任何语言表述几乎都离不开社会文化权力场,从此"文化哲学转向"便出现了,问题又转化为"在怎样的文化语境下表述所知晓的世界本质"。人类对语言本质的探讨,正是在这些转向中不断更新和演进。所有以"语言的真理存在"为目标的研究,均是在对前人结论的怀疑中不断发现问题,重新提出问题,得出新回答和新解决方案,但不可能有终极的回答。解决问题并不是为了探索的终结,而是为了下一个问题的提出,是探索的重新开始。换言之,对语言之"道"的持续探求,是语言之"问"的反复出现,这是研究的必然。

第二节 "道"与"意":意义的自反生成

在当今的主流语言学界,语言被普遍视为一种符号的运作机制,或内在或外在,争论不休,却在某种程度上有一点是共通的,即语言是类似于棋类游戏的结构系统,其意义的生成便是这一系统运行的产物。不过,在海德格尔那里,该系统不只是人用以交流的符号系统和工具,更是一种独特的"自身缘构",即"原本的、纯显现的存在论域或发生境遇"。[①] 这里至少包含着两层意义:一是缘构之源,即信息本源的发生者;二是两个对立面互动的内在机制。可以权且认为,这就是海德格尔的语言之"道"。张祥龙教授指出:"这道与最根本的实在('存在本身'、至道)是一而二、二而一的相互引发的构成关系。海德格尔称之为'Ereignis'(自身缘构)。在道家则是通过'反者,道之动'的

[①] 张祥龙:《海德格尔的语言观与老庄的道言观》,载《从现象学到孔夫子》,北京:商务印书馆,2001年,第259页。

种种方式而显现,比如'阴阳相冲'、有无相生……"①

显然,海德格尔语言本体观的构成,受到了来自"西方"和"东方"两种不同文化领域思想的影响。不过,应该指出的是,他作为一个德国的思想家,首先是生长在西方的知识话语和文化语境之中。他的语言哲学思想难免受到西方哲学传统的深刻影响。应该承认,海德格尔主要运用的是西方哲学的思维范式,努力通过语言言说的"敞开"来展示意义。或者说,就是以语言体系内部的"遮蔽"与"去蔽"的关系,来揭示语言意义生成的多元。他的语言本体论正是建立在对存在认识的基础上的,试图构建自己以探索真理为目标的知识体系。该体系的基础,在相当大的程度上来自索绪尔的共时性语言学,也就是意义取决于语言体系内部的相互关系。

然而,正如爱沙尼亚美学家列·纳·斯托罗维奇在《俄罗斯哲学史》中所指出的那样,西方哲学的特征与包括俄罗斯在内的东方哲学是不尽相同的。前者是一种以认识论为特征的知识理论,后者却是以艺术审美和宗教信仰为主要特征的。② 著名美学家弗·谢·索洛维约夫在《完整知识的哲学原理》(1877)中,曾经明确指出,西方哲学运用的是一分为二、二元对立的思维方式,在"理性与经验"的对立中来认知世界,并且把人类的知识研究划分为哲学社会科学与自然科学。这无疑是明显不足的,甚至导致了西方哲学陷入科学实证主义的危机。其实,"完整知识"体系应该是"万物统一"的,是三位一体的,也就是在哲学社会科学和自然科学之间应该加入探索精神世界的学科。"只有这样的综合,才能囊括知识的完整真理,舍此,则科学、哲学和神学只能是知识的个别部分或方面,即被割下来的知识器官,因此和真正的完整真理毫无共同之处。"③当代俄罗斯著名学者伊·阿·叶萨乌洛夫教授在《俄罗斯经典:新理解》一书序言中指出:"在当代人文学科中,对待研究客体的基本态度可以分为两种:针对研究对象的这种或那种的外部阐释,以及对于现象所需要的内部理解。'研究'绝对不是'理解'。如果说'研究'既存在于人

---

① 张祥龙:《海德格尔的语言观与老庄的道言观》,载《从现象学到孔夫子》,北京:商务印书馆,2001年,第259页。

② Леонид Наумович Столович, *История русской философии*, М.: Республика, 2005, c.5-10.

③ 弗·谢·索洛维约夫:《西方哲学的危机》,李树柏译,杭州:浙江人民出版社,2000年,第195页。

文学科,也存在于非人文学科,那么理解就是'精神学科'所特有的","一般对待客体对象持两种态度:'物体''个性'。与此相对应的前者是'自然的科学属性',主要是知识的独白形式,后者则是认识的对话积极性,前者是规律,后者是精神"。① 从研究的方法论来看,海德格尔尽管是诗性哲学家,他却仍然是以"科学研究"的态度,把语言视为研究对象,而并不是从"人类精神"的关键视角来加以理解的。

如果涉及人类的精神,我们的研究对象就不再是"一个个没有生命力的'个体',而是活生生的'个性'。任何试图给符号以确定意义的研究都是在约束作为'个性'的符号自由……"②意义的生成除了是作为人类符号表征体系的运行结果,还主要是来自自然,即源自自然的产物。人作为认知的主体,是本然的阐释性动物,却并不是独立的认知行为发生者,而自然则是认知行为的始作俑者。如若没有臭氧洞的形成、北极和南极冰山的融化等大自然发出的信息,人类或许还不会主动去保护自然生态环境。同时,任何意义的形成,都会生成与自身意义相悖的意义,即意义的"自反生成"。老子的《道德经》曰:"反者,道之动。"这里的"反"字体现的是一种逆向的因果关系,老子把它看作"道"的原动力和运行的方式。

在海德格尔的论述中,意义的自反生成还仅是存在于语言系统内部。在老子道言观的影响下,海德格尔认为:"语言之本质现身乃是作为道示的道说。"③在海德格尔那里,"道说(Sagen)与说话(Sprechen)不是一回事。某人能说话,滔滔不绝地说话,但概无道说。与之相反,某人沉默无语,他不说话,但却能在不说中道说许多"④。这一道说肯定是先于任何二元认识论和本体论的。正因为如此,语言并不是一种人的简单话语表述,而是一种先于人的表述的自我存在结构。"自身缘构"的提出,确实是要避免概念表象和具体言

---

① Есаулов, И. А., *Русская классика: Новое понимание*, 3-е изд., испр. и доп. СПб.: Изд. РХГА, 2017, с.7.
② 张杰、余红兵:《反思与建构:关于精神文化符号学的几点设想》,《符号与传媒》,2021年春季号,总第22辑,第10页。
③ 海德格尔:《在通向语言的途中》,孙周兴译,北京:商务印书馆,2017年,第253页。
④ 海德格尔:《在通向语言的途中》,孙周兴译,北京:商务印书馆,2017年,第251页。

语的"遮蔽"现象,以便达到至道的"敞开"。

语言在缘构中自我运动,以此生成动态中的意义。然而,海德格尔所说的"自身缘构"还只是在自我层面意义上的,也就是在同一层次上的正反对话生成意义,以对话的方式来消解语言的"遮蔽"。或者说,海德格尔是以对话互动,在意义的不确定中,努力"去蔽",来避免可能产生的"误读",以便探索与道家的"道不可言"相通。

实际上,"道不可言",即使在道家思想中也存在着不同的理解。无论是老子还是庄子,都认为道是无限的、超越一切的,不能用有限的语言去把握无限的道。然而,在庄子看来,"道不可言"并不是道与言的绝对对立,不只是语言体系内部的语法、词汇和发音之间的关系,更并非由此可能产生的表意"遮蔽"。而是恰恰相反,"遮蔽"或"误读"很大程度上是语言交流之人的自负所造成的,"遮蔽"主要存在于语言体系外部。"庄子其实并非真的认为道不可言,并非真的认为道与言绝对对立,道的特征像禁忌一样不可以用语言冒犯。庄子实际上是认为语言表述中通常会有的确定与自负的态度,才是要害。"①

海德格尔的语言存在论主要是在与老子之间的交流,而庄子后来提出的言道方式,是老子《道德经》尚未特别强调的。在老子看来,"道可道,非常道"还仅是语言表达的问题,也就是语言观。然而,在庄子那里,这已是一种世界观的问题,关系到看待世界的态度。人类唯有克服自己的"自以为是",才能真正做到"去蔽"并面向未来,实现语言言说的充分"敞开"。人类已经取得的知识虽是通向真理的基础,但同时也会限制人的思维,捆绑人的手脚,唯有不断克服这些观念、理论和实践的制约,人类社会才会进步。今天的社会当然是新社会,比较过去的旧社会而言,无疑是发展了,但对于明天的社会而言,它无疑又是需要进一步发展和创新的。

这种克服自我②的"去蔽"其实存在着两条路径:一条是知识积累的真理探索之径,也就是在原有知识基础上的破旧立新;另一条就是逆向而行的回归自然之路,即摆脱现存那些过度功利化的社会伦理观念和学术束缚的羁

---

① 颜世安:《游世与自然生活:庄子评传》,长沙:湖南人民出版社,2022年,第294页。
② 这与王阳明所言的"去人欲,存天理"也是高度相通的。参见《传习录注疏》,邓艾民校注,上海:上海古籍出版社,2021年。

绊。这两条路径均要尽量避免以肯定叙述的终极论断,却要主动采取不断提问的方式,来推动人类之文明。以知识和"真理"为终极目标的探索,也应以克服人的自负和返回自然为目的,唯有如此才能把语言言说由确定意义转变为"释放意义"。因此,意义自反生成与"遮蔽"和"去蔽"的关系,已不再是一个语言的问题,而是研究立场和方法的问题,更可以说是人类思维方式的关键转变。

由此来看,海德格尔的语言本体论存在着明显的局限性。不过,这位著名的思想家并未把自己的研究看成确定的真理。正像其专著名称"在通向语言的途中"一样,海德格尔的语言本体论,也处于一个永恒的探索过程,永远在路上,而这条路是没有尽头的。

第三节 "道"与"言":言说的间离作用

既然突破语言工具论的束缚是可能的,那么语言作为一个具有主体性的存在或者是"自身缘构",其言说功能和本质等特征当然是值得人们特别关注的。海德格尔曾在《关于人道主义的书信》里,承认"曾经把语言命名为'存在之家'"[1],后来他在论及语言的本质时写道:"就其本质而言,语言既不是表达,也不是人的一种活动。语言说话。我们现在是在诗歌中寻找语言之说话。可见,我们所寻找的东西就在所说之话的诗意因素(das Dichterische)之中。"[2]据此,学界往往把海德格尔对语言的认识总结为:语言的本质是"诗意的"以及"存在之家"。

这种概括和总结确实是有依据的,因为可以用海德格尔本人的论述来加以证明。然而,这就出现了一个悖论:海德格尔自己为了让语言的意义"敞开",避免可能出现的"遮蔽",应该是反对赋予任何概念和意义以确定性表述的,他又怎么会在语言本质的问题上自相矛盾呢?实际上,学界对海德格尔语言观的定性,从未得到过这位哲学家本人的认同,他选择"诗意因素"与"存

---

[1] 海德格尔:《在通向语言的途中》,孙周兴译,北京:商务印书馆,2017年,第269页。
[2] 海德格尔:《在通向语言的途中》,孙周兴译,北京:商务印书馆,2017年,第10页。

在之家"的说法,恰恰是要避免对语言本质做出任何确定的评价。海德格尔在与一位日本采访者对话时,就直接表明:"不,我所指的绝不是这种概念化。哪怕是'存在之家'这个说法也没有提供出关于语言之本质的任何概念。"①

那么,"诗意因素"与"存在之家"究竟是怎样帮助海德格尔不仅避免了对语言本质定义的"遮蔽",又道出了对语言认知的意义表征?这里,我们还需回到老子。《道德经》开宗明义:"道可道,非常道。名可名,非常名。"海德格尔对此已经非常清楚,"道"和"名"均是无法定义的,甚至是难以用语言表达的,否则他就不可能提出关于"遮蔽"和"去蔽"的语言表达问题。

从发生学的维度来看,语言不可能产生于人类诞生之前,语言是伴随着人类自身的不断完善而逐渐形成的。然而,当语言一旦形成之后,任何一个人的出生之前,不管是作为思维的方式,或者是文明的载体,语言都已存在了。语言就仿佛一个巨大的牢笼,一张无形的大网,会牢牢地掌控着使用这一语言的每一个人。哪怕是当人还在母腹之中时,这种掌控就已经开始了,恐怕所谓胎教也就是源自这种认识吧。当一个人渐渐长大,能够自如地通过语言交际时,在现实生活中常常是很难感受到语言存在的。这主要是由于语言的意义自动生成机制,使人能够直接知晓所表征对象的意义。唯有在以诗性为主要特征的文学创作语言中,人们才能感受到语言的言说功能。如此一来,语言的言说功能和语言本质的感知,并不是突显在日常生活的语言中,而仅仅存在于以诗歌为代表的各种文学语言之中。"在诗歌中,我们所说的东西较不重要。关键是对一种特别的情绪的传达,作为对通向存在的某种在的方式的揭示。"②

显然,诗的语言让语言表达与所书写对象之间形成了审美感知的距离,可以很大程度上避免语言自身的意义自动转换功能,在读者与事实之间造成了艺术的间离效果。这就是说,诗性语言的非功利性和审美的间离效果,过滤了语言现实表征的利害关系和实用性。读者作为自由的阐释主体,可以在这个"存在之家"里自主地各取所需,作品中的意义也就会自由地释放出来。

---

① 海德格尔:《在通向语言的途中》,孙周兴译,北京:商务印书馆,2017年,第109页。
② 希尔贝克、吉列尔:《西方哲学史:从古希腊到当下》,童世骏、郁振华、刘进译,上海:上海译文出版社,2016年,第638页。

这样,语言的本质就不难被感知和呈现出来,也就很难被"遮蔽"了。海德格尔所说的"诗意"和"存在之家"是要以"敞开"的方式,使得语言的本质以能够感知的审美方式,展现在语言交流者面前,而并不是在阐释语言的定义。

海德格尔在《在通向语言的途中》一书中指出:"如若我们一定要在所说之话中寻求语言之说,我最好是去寻找一种纯粹所说……纯粹所说乃是诗歌。"①紧接着,他以特拉克尔的诗歌《冬夜》作为例子,阐明该诗的标题《冬夜》并不是对某地某时的某个真实冬夜的书写,而是以独特形象来显示语言存在本质的特殊之美。鉴于篇幅限制,在这里我们只引用海德格尔对该诗前四句的阐释。"雪花在窗外轻轻拂扬,晚祷的钟声悠悠鸣响,屋子已准备完好,餐桌上为众人摆下了盛筵。"海德格尔认为,语言是存在之家,开头两句诗所命名的"雪花、钟声、窗户、降落、鸣响等""并不是分贴标签,运用词语,而是召唤入词语之中。命名在召唤。这种召唤把它所召唤的东西带到近旁"。"召唤唤入自身,而且因此总是往返不息——这边入于在场,那边入于不在场。""落雪把人带入暮色苍茫的天空之下。晚祷钟声的鸣响把终有一死的人带到神面前。屋子和桌子把人与大地结合起来。这些被命名的物,也即被召唤的物,把天、地、人、神四方聚集于自身。""在命名中,获得命名的物被召唤入它们的物化之中了。物化之际,物展开着世界;物在世界中逗留,因而向来就是逗留之物。物由于物化而分解世界。""物化之际,物才是物。物化之际,物才实现世界。"②在这里,海德格尔所说的"物化"正是语言言说的命名。他明确指出,在诗的语言中读者才可以感觉到语言的存在。语言意义的释放也只有在文学和艺术创作中才可以高度实现。

一般说来,现实生活走到了尽头,文学也就出现了。文学的艺术表征以其特有的超现实性"召唤",能够给读者以最大的自由,让读者进入"存在之家"去自由驰骋,从而感知到文学语言对现实生活的"间离",或者说构建符号

---

① 海德格尔:《在通向语言的途中》,孙周兴译,北京:商务印书馆,2017年,第6—7页。
② 海德格尔:《在通向语言的途中》,孙周兴译,北京:商务印书馆,2017年,第12—14页。

性的现实维度①。语言的本质也因此显现出来,这就是海德格尔语言本体论重点强调的"语言说话"。

应该承认,海德格尔的语言本体论是以揭示真理存在为目标的。他借鉴了道家学说的精髓,开辟了至今对语言学影响深刻的一条独特之路。在精神文化符号学来看,如若要进一步拓展海德格尔的理论和思想,真正完成"道"(包括语言之"道")的"敞开",让语言真正地"在"起来,至少需要从三个方面进一步深化。第一,从"道"与"问"的立场出发,对现存的语言学理论和定义发出质疑,采取回归自然的探索之路,以不断变更提问的方式来打破束缚、解放思想,用疑问句的方式来表述。第二,必须把语言言说的对象视为活生生的"个性",也就是认知行为的发出者,通过反向认知的维度,深挖"道"与"意"之间的相互联系,把语言学研究由意义确定的思维范式转化为意义释放。第三,充分发掘"道"与"言"互动的意义生成机制,并且在文学语言的"间离"之中,探究语言作为独立存在的表达方式。

人类探索真理的道路是极其多元复杂的,根本没有止境,任何结论迟早都会被更新和替代。当然,这不仅是针对海德格尔的语言本体论。其实,我们在论述自己的观点时,意义自反也就同时在形成了。也许,学术研究的价值并不在于肯定,而是在于不断否定之否定中。然而,自我否定应该比"自以为是"要前进了一步。这不仅与庄子的道言观相通,也应该与海德格尔关于"遮蔽"与"去蔽"间博弈的"敞开"异曲同工吧?

---

① 余红兵:《生命的悲剧意识:关于"苦"的符号学漫谈》,《文化艺术研究》,2024 年第 1 期,第 38—44 页;Yu Hongbing, The Peculiar Case of Danger Modeling: Meaning-generation in Three Dimensions, edited by Alexei A. Sharov and George E. Mikhailovsky, *Pathways to the Origin and Evolution of Meanings in the Universe*, Beverly: Scrivener Publishing LLC., 2024, pp.363-376.

第四篇　自然文本与"各正性命"

第十二讲　"各正性命"：伦理符号学中"关爱生命"概念的反思

第十三讲　"返回"与"超越"：自然文本分析的反思

第十四讲　文学伦理学批评的自然文本阐释

第十五讲　"塑造"与"超越"：自我管理的反思

第十二讲
"各正性命"：伦理符号学中"关爱生命"概念的反思

在人类伦理的领域中，"他者"并非单纯的客体，而是与"己者"并行不悖的主体，承载着各自独特的经历、观念和文化背景，同样享有生命的尊严和权利，应当得到我们同等的尊重和关爱。同时，在倡导对"他者"的尊重与关爱时，我们亦不能忽视"己者"的存在和价值。因此，我们应当在"他者"与"己者"之间寻求并维持一种微妙的平衡，致力于构建真正意义上的"关爱生命"，让每一位生命个体都能得到应有的尊重和关爱。

本讲基于《易传》中的"各正性命"理念，融合了中国先秦时期的哲学精髓。该理念深刻揭示了宇宙生命的本质和自然秩序的规律。它以自然天道为"正"的衡量标准，追求与天地共德的境界。这一独特的伦理观念，将伦理中的"他者"与"己者"关系提升至"他性"与"己性"的哲学高度，构建了基于自然和谐原则的新型人际伦理关系，形成了宝贵且独特的伦理范式。"各正性命"的理念强调天地间不同生命体所具备的独特性和不可替代性，倡导每个生命体依据其天赋的天命，实现自由、和谐的发展。这一理念的实现，需要建立在每个生命体按其本性自然生存的基础上，进而达成万物和谐共生的崇高目标。

然而，尽管万物皆处于"各正性命"的状态，人类却因过强的自我意识而时常偏离自然状态。因此，人类需寻求内在修正，以重归自然的和谐与平衡。在伦理符号活动中，涉及"他者"与"己者"的复杂关系，过度以"他者"或"己者"为中心都可能偏离生命的自然本源。而"各正性命"的理念，鼓励人类追求与自然之道相符的生命高级状态，进而实现人人皆可安顿其生命的"各正性命"状态，从而达成对生命的真正伦理关爱。

第一节 "各正性命"：恢复"己性"与"他性"

自古以来，先秦时代便孕育了博大精深、多元共存的中国哲学体系，其中关于"己者"内在追求的哲理尤为深厚。这种以"己者"为核心的哲学思维，深入剖析了人类存在的本真状态。在面对伦理领域中"他者"与"己者"的冲突与矛盾时，这种基于"己者"的哲学思考能够提供何种解决路径？同时，在伦理符号学的视域下，它对于"关爱生命"这一核心理念又具有怎样的启示意义？

中国传统文化认为，在自然的状态中，万物是和谐融为一体的生命共同体。《易传》曰："乾道变化，各正性命。保合大和，乃利贞。"[①]其中"各正性命"是指"万物各有各的性命，各有各的存在价值，各有各的位置，即各得其正"。[②]虽然万物都处于"各正性命"的状态中，但因为人类的主体意识过于强大导致容易偏离自然状态，所以人类需要向内寻求加以修正。"各正性命"的出发点是"己者"的生命，"己者"不是生命的观察与解释者而是承担者。"各正性命"中的"性命"是中国文化传统中的一个独特哲学概念，郭店楚简中记载了古人有"性自命出，命自天降"的思想[③]，指出"性"来源于"天"。"各正性命"寻求的是恢复自然赋予人的生命应该有的天命状态，所以"正"的标准是自然天道，即"与天地合其德"。[④]

那么，先秦时代"各正性命"哲理，对解决伦理范畴中"他者"与"己者"关系问题，究竟有什么帮助呢？"他者"与"己者"矛盾的根源在于以哪个为中心的问题，如果以"己者"为中心，那么即使是"利他"行为终究也是为了"利己"，这种基于"利己"的"利他"属于一种合理的"利己"思想。合理的"利己"思想在科学背景下尤其盛行，甚至借助科学的基因理论进行诠释，认为只有"利己"的基因最终才能存活，以此证明合理的"利己"思想符合科学自然规律，但

---

① 《周易注校释》，王弼撰，楼宇烈校释，北京：中华书局，2012年，第2页。
② 金景芳、吕绍纲：《周易全解》，上海：上海古籍出版社，2005年，第15页。
③ 刘钊：《郭店楚简校释》，福州：福建人民出版社，2003年，第92页。
④ 《周易注校释》，王弼撰，楼宇烈校释，北京：中华书局，2012年，第5页。

以"利己"为目标终究不是真正的道德伦理；相反，如果以"他者"为中心，那么由此构成的伦理将成为理想型伦理而不是活泼泼的生命伦理，因为在活泼泼的生命中"己者"并不是因为"他者"而生存。所以，"他者"与"己者"是伦理中一种难解的矛盾。

图23　纳西索斯是古希腊神话中最俊美的男子。有一天他在水中发现了自己的影子，然而却不知那就是他本人，他爱慕不已、难以自拔，终致溺水而亡。这体现了过度以"己者"为中心的问题(图为英国沃特豪斯的画作《伊柯与纳西索斯》)

"各正性命"是以"己者"为中心向内求进行修己，不过，这种以"己者"为中心却不会走向利己主义，因为"各正性命"寻求的是"与天地合其德"，在这种状态中的"己者"往往是一种天人合一的"无己"状态，这种"无己"不是舍弃"己者"面向"他者"所形成的"无己"，恰恰相反，是立足于"己者"向内寻求而获得的"无己"状态。这种由"己者"的出发不仅不会引起反伦理道德的自私自利，往往还会形成万物一体的生命感受。

"各正性命"寻求的是恢复"己性"，尽管人类存在"他者"与"己者"的差异，却不存在"他性"与"己性"的差异，关爱"他性"与"己性"可以高度融为一体。"各正性命"在"他性"与"己性"层面上消解"他者"与"己者"在伦理范畴中的矛盾问题。面向"他者"无法上升到对"他性"的关爱，因为面向"他者"属于由外往内看，这种由外往内看的方式无法获得真正的"他性"，只有向内获得"己性"才能推己及人通晓"他性"。

苏珊·佩特丽莉与奥古斯都·庞奇奥共同创立的"伦理符号学"，致力于通过符号学原理与方法，对伦理学进行深度再诠释与审视。其核心观念"关爱生命"体现了对生命本身的敬意，从文化与哲学的视角出发，彰显了对生命各种形态的责任与关怀的深远承诺。作为伦理符号学的核心原则，"关爱生命"强调维护并促进生命作为人类社会基本职责的重要性，既是对伦理责任的践行，也是对文化责任的承担。它呼吁我们自个人层面始，逐步扩展至社会及全球层面，全面执行并推动对生命的尊重与保护。若未能提升至"他性"与"己性"的层面，虽理论架构完备，实践中却难以有效解决"他者"与"己者"间关系的矛盾。

"各正性命"的理念对于深化"关爱生命"的伦理思考具有显著且深远的影响。它以其独特的视角，将这一价值观扩展至"他性"与"己性"的广阔领域，进而促进了更为全面且深入的伦理探讨与行为实践。其核心理念，即追求人与自然的和谐统一，将万物视为不可分割的整体，展现了深刻的哲学思考。在这一理念框架下，"己性"与"他性"相互交织，打破了传统意义上"己者"与"他者"的界限，为理解生命提供了新的视角。因此，将"各正性命"的理念融入伦理符号学的"关爱生命"体系之中，显得尤为必要和重要。

在实践中，这一过程需从个体生命（即"己者"）出发，通过自我调整与修正，使个体的生命轨迹与自然的法则相契合，并在这一过程中逐步完善自身的道德品质和人生境界。进而，深化对"己性"的理解，推己及人，洞察"他性"，以期构建一个每个人都能"各正性命"的自然生存模式，实现人与自然、人与社会的和谐共生。在此模式下，每个个体均能深切感知生命的珍贵与独特，同时亦能领悟与万物相连的普遍性。这一理念不仅引导人类超越自身生存与发展的局限，更将视野扩展至整个生态系统和所有生命的福祉，体现了深刻的人文关怀与生态意识。

第二节 "关爱生命"：共同情感的体现

在深化"关爱生命"这一核心价值观的实践过程中，我们必须将其核心理念延伸并涵盖至"他性"与"己性"的层面。为实现这一目标，我们需要确立清晰且切实可行的实施路径。回顾人类社会的历史演变，我们不禁思考：是否存在某种普遍被认可的伦理"共情"？若此伦理"共情"确实存在，则它将成为连接"己性"与"他性"的坚实桥梁。通过对这一伦理"共情"深层内涵的精确解读和合理应用，我们有望推动人类社会伦理活动的有序发展，从而实现对每一个生命体的深切关怀。对东西方文化中伦理"共情"的深入剖析，将增进我们对"他性"与"己性"内涵的全面理解。

人类应该生活得"幸福"与"快乐"是东西方的伦理"共情"。亚里士多德将"幸福"作为"最高善"[①]，并在《尼各马可伦理学》中专门对人的快乐进行了分析。他认为，最充分意义上的人类快乐是"完善着完美而享得福祉的人的实现活动"[②]。19世纪英国伦理学者边沁（Jeremy Bentham）提出快乐计算法，通过单位和数值的计算来衡量快乐的量，以便寻求大多数人的更多快乐。受边沁的思想影响，穆勒（John Stuart Mill）提出不仅应该关注快乐的数量，还应当从质量上来评估快乐，并崇倡寻求高尚的快乐。中国传统文化无论是道家还是儒家，都对快乐与自然天道的关系进行了探幽，对不同幸福与快乐进行比较研究，是把握"正性命之情"模式的有效路径之一。幸福与快乐可以成为伦理符号学全人类的共"情"纽带。

道家庄子推崇"天乐"，他对"天乐"的定义是："与天和者谓之天乐"。[③] 唐代学者把庄子的"天乐"解释为"天道之乐"，他们认为，"仰合自然，方欣天道之乐也"。[④]这种将"乐"与"天"相关联，体现了对生命本体的追寻与关爱。庄子还描述了获得"天乐"的实修方法，即"言以虚静推于天地，通于万物"而获得"天乐"。[⑤] 除了"天乐"一词，庄子还提出"至乐"。庄子认为"至乐无乐"[⑥]，其中"无乐"的意思不是说没有快乐，而是指不需要人为的快乐"解释项"。庄子指出，人的生命中存在一种符合宇宙天地赋予人类的本源快乐，这种快乐不需要人为附加的任何理由。庄子的"天乐"与"至乐"本质上属于相同的一种快乐，都是转向"己者"的向内寻求，获得"己性"，安放好自己生命之后的快乐。

在庄子博大精深的哲学体系中，"天乐"与"至乐"的论述，深刻揭示了追

[①] 亚里士多德：《尼各马可伦理学》，廖申白译注，北京：商务印书馆，2017年，第7页。
[②] 亚里士多德：《尼各马可伦理学》，廖申白译注，北京：商务印书馆，2017年，第330页。
[③]④ 《庄子注疏》，郭象注，成玄英疏，曹础基、黄兰发点校，北京：中华书局，2011年，第250页。
[⑤] 《庄子注疏》，郭象注，成玄英疏，曹础基、黄兰发点校，北京：中华书局，2011年，第251页。
[⑥] 《庄子注疏》，郭象注，成玄英疏，曹础基、黄兰发点校，北京：中华书局，2011年，第333页。

求生命本质与宇宙和谐所达到的至高境界。庄子明确阐释,真正的快乐并非源自外界的赋予,而是深植于个体内心的平和与自我境界的升华。这种快乐超越了物质的束缚,是生命与宇宙间和谐共鸣所带来的愉悦体验。然而,在复杂多变的现实生活中,人们往往为各种欲望所困扰,迷失于对物质快乐的盲目追求之中。庄子的"天乐"与"至乐"观念,正是对这一现象进行的深刻反思与警示。这些观念不仅为我们指明了一条探寻生命本质的道路,更是引导我们超越物质束缚、回归自然本真的生活哲学。在忙碌的生活节奏中,我们应当始终铭记,保持内心的宁静与清明,追求那份源自内心的、真正的快乐与幸福。

儒家哲理中同样有着特殊的快乐。北宋学者周敦颐第一个将孔子与颜回的快乐状态作为伦理命题提出,他提倡应该寻找"孔颜之乐"①,即从孔子与颜回的快乐为出发点寻找生命合理的人类存在模式。周敦颐将寻求这种快乐作为非常重要的教学内容,他的学生程颐与程颢回忆说:"昔受学于周茂叔,每令寻颜子、仲尼乐处,所乐何事。"②二程继承与发展了周敦颐这种寻"孔颜之乐"的学说。二程说:"颜子在陋巷,'人不堪其忧,回也不改其乐'。箪瓢、陋巷非可乐,盖自有其乐耳。'其'字,当玩味,自有深意。"③二程指出"其"字中有深意,是因为由此可以寻求"各正性命"所指向的"性"与"命"层面的快乐。梁漱溟曾对宋代哲人寻找"孔颜之乐"的行为进行了解析,认为他们是为了追寻不需要有任何附加人为活动的依托就能产生的快乐。他说:"真正所谓乐者,是生机的活泼,即生机的畅达,生命的波澜也。"④

宋儒对"孔颜之乐"的追求,不仅限于学术领域的探讨,更深刻反映了对人生至高境界的憧憬与追求。他们坚信,此种快乐源自内心的平和与自足,是对生命本质的深度理解与领悟。"孔颜之乐"并非遥不可及的理想状态,而是每个人通过内心的修养与体悟,均能达到的境界。儒家亦推崇"静坐"修心之法,认为此举能助人深入探索内心世界,发现那份专属于自己的快乐。梁漱溟先生对"孔颜之乐"的阐释,更是将其提升至生命哲学的高度。他主张,

---

① 张岱年主编:《中国哲学大辞典》(修订本),上海:上海辞书出版社,2014年,第184页。
② 程颢、程颐:《二程全集》(上),武汉:崇文书局,2021年,第14页。
③ 程颢、程颐:《二程全集》(上),武汉:崇文书局,2021年,第271页。
④ 梁漱溟著,李渊庭、阎秉华整理:《梁漱溟先生讲孔孟》,北京:商务印书馆,2019年,第65页。

真正的快乐非外部赋予,而是源自内心的勃勃生机与旺盛活力。唯有当个体的内心充满生机与活力时,方能真切体验生命的欢愉与满足。而这种生机与活力,非外力所能强加,需要每个人自行发掘与体悟。"孔颜之乐"所倡导的理念,旨在引导人们回归内心,探寻那份属于自己的快乐。此种快乐虽不张扬,却能赋予人无尽的满足与宁静。

道家所崇尚的"天乐"与"至乐"境界,与儒家所探寻的"孔颜之乐"理念,虽根植于各自独立的学术脉络,然其核心旨趣却有共通之处。两者均摒弃了人为设定的伦理道德作为衡量标准,转而以自然法则、天地之德为依循。他们共同追求的是个体本性的复归,以期实现个体生命的和谐与安宁。若以"各正性命"来概括此过程,则可称之为"正性命之情",即是对本真"性情"的回归与坚守。

此类"正性命之情"模式的本质在于达到一种"无己"的境地,实现天人合一的和谐状态。事实上,不仅通过"乐"这一情感表达,包括"喜怒哀乐"在内的所有情感,均可作为修身养性、正己之道的途径。所以,《中庸》说:"喜怒哀乐之未发,谓之中;发而皆中节,谓之和。"人的"喜怒哀乐"的"情"没有表现出来时应该是"中"的状态,而表现出来时就应该是合乎自然法度"和"的状态,失去了"中""和"状态的"喜怒哀乐"都是反自然的"情"。后天的错误习气会使人逐步远离了自然状态的"情",而接近于天人合一状态的"情"能够更加接近对"道"的感悟。郭店楚简中"道始于情"指出,人类可以由"情"入"道",通过"正性命之情"形成"各正性命"的和谐生存状态。[①]

在倡导和实践"正性命之情"的过程中,人们深入探寻并遵循自然法则,以期达到生命的和谐与圆满。生命的完整与和谐,正是"各正性命"所崇尚的理想境界,亦应成为现代人在日常生活中坚守不渝的人生指南。此过程旨在推动个体天赋本性的全面展现与发挥。基于伦理维度的"共情"理念,构筑了连接"己性"与"他性"的坚实桥梁。通过对其深层内涵的阐释与合理应用,我们有望通过推己及人的伦理实践,进一步彰显对每一个生命个体的深切关怀与崇高尊重。

---

① 刘钊:《郭店楚简校释》,福州:福建人民出版社,2003年,第92页。

第三节 "全球视野"：回归"正身"的方式

在人类社会的多元文化背景中，我们除了普遍秉持伦理层面的"共情"外，若从更为宏观的"全球视野"来审视，无论我们来自何种民族或人种，我们都共享着相同的身体结构。鉴于此，我们不禁要深入探究，这一普遍的身体结构在人类的伦理符号活动中究竟占据了何种地位？更进一步地，一个经过深思熟虑且合理的"身体观"是否有助于我们构建更为和谐自然的"他者"与"己者"之间的伦理关系？这些问题值得我们进一步思考与探讨。

回归身体已成为这个时代的潮流，伦理符号学中"全球视野"的概念就特别强调了身体作为符号的重要性。"全球视野"是伦理符号学中与"关爱生命"密切关联的概念。这一概念表明，万物的身体有着超越语言不可取代的符号功能。在全球性交流被理解为与生命是彼此交叠这一语境中，对话思想不会被化约为对话参与人之间交谈中的你来我往，而是表明了整个宇宙之中身体与身体之间的彼此关涉、在身体和符号之中的互利互惠这种永恒的状况。①

美国认知学家西恩·贝洛克（Sian Beilock）在《具身认知：身体如何影响思维和行为》一书中，提出"用身体来改变头脑"的思想。② 通常人们认为只有知识文本才能改变大脑，而贝洛克则认为身体本身就可以改变大脑。他指出，仅仅是展开皱眉这个极小的身体动作，都有可能带来大脑对"己者"存在的不同体验感，身体甚至上升到了哲学的高度。在《具身认知：身体如何影响思维和行为》这部著作中，西恩·贝洛克深入阐述了他的核心论点，即身体不仅是我们与外部世界互动的工具，更是我们认知、思考及理解世界的核心要素。他强调，身体的语言、动作、姿势等，与大脑紧密相连，共同构建了我们独特的认知体系。

李葆嘉在翻译《肉身哲学：亲身心智及其向西方思想的挑战》（*Philosophy*

---

① 苏珊·佩特丽莉、奥古斯都·庞奇奥：《伦理符号学》，周劲松译，《符号与传媒》，2012年第2期，第181—194页。

② 贝洛克：《具身认知：身体如何影响思维和行为》，李盼译，北京：机械工业出版社，2016年，第176页。

in the Flesh: The Embodied Mind and Its Challenge to Western Thought）一书时，对西方关于肉身（flesh）的认知发展过程进行了描述。他说："可以说，传统哲学研究的是有关 mind 的理智哲学（philosophy in the mind），即哲学是心灵的产物，或者笛卡尔意义上的 cognito（我思）的产物。而梅洛-庞蒂（Maurice Merleau-ponty）则提出有关 body 的身体哲学（philosophy in the body），即哲学是身体经验的产物，是人类肌动意向性、肌动活动过程、动觉意象图式的产物。从 mind in the body（凭借身体的心智）转到 body in the mind（凭借心智的身体）。"[1]虽然关于身体的哲学还在探寻过程中，但越来越鲜明地指向身体回归的重要性。

李葆嘉指出，这一哲学观点对人类认知模式进行了具有创新性的深入剖析。身体哲学在本质上倡导我们重新审视并深刻理解身体与心智之间的紧密关联，强调身体并不仅仅是心智的载体，还是心智存在与演进的基石。鉴于当前信息时代的高度复杂性，人们的心智往往被繁多的信息和概念所困扰，从而忽视了身体的直接感知与体验。身体哲学的核心理念在于唤起人们对这一点的关注，并强调只有通过身体的真实感知与体验，我们才能对世界与自我有更为深刻的认知。此观点并非意图贬低心智的价值，而是旨在凸显身体与心智之间相辅相成、相互促进的紧密联系。心智的成长与发展，离不开身体感知与经验的滋养与支持。

中国先秦时代"各正性命"的哲理更离不开身体，北宋思想家邵雍诠释"各"字时鲜明指出了身体重要性。他说："一物从来有一身，一身还有一乾坤。"[2]"各"个生命的"身"都是一个完整的天地与乾坤，所以，"各正性命"以及先秦时代相关哲理也是一种身体哲理。人类成年之后过于偏重的主体意识不仅可能扭曲人的"情"，还可能扭曲人的"身"，所以成年人的身体在自然天道标准中往往也是"不正"的。对应"正性命之情"也可以说成年人需要"正性命之身"。"正身"是从身体角度对"各正性命"哲理的诠释[3]，目标是让身体回

---

[1] 莱考夫、约翰逊：《肉身哲学：亲身心智及其向西方思想的挑战》，李葆嘉等译，北京：世界图书出版社北京分公司，2018年，译序第6页。
[2] 邵雍：《梅花易数》，王道亨编纂，北京：中医古籍出版社，2010年，第10页。
[3] 李谨伯：《呼吸之间》（增订版），北京：华夏出版社，2013年。

归一种自然合道的状态。

中国传统文化中存在着非常丰富的此类"正身"活动,从马王堆出土的先秦时代导引图,到明清时期以圆形为肢体活动轨迹的内家拳等,不胜枚举。中国哲学中的"阴阳""动静""无极与太极"等不仅是一种哲学概念,同时也是能够产生身体变化的"正身"方式。不过,这些品种繁多的"正身"方式,现代已被归于体育武术、医学养生等不同学科。这些分科模式束缚了这些"正身"活动的伦理应用价值,更何况现代人对这些"正身"方式的归类并不正确。古人发明这些"正身"方式的根本目标是为了"与天地合其德",而不是局限于运动或养生领域。魏晋时代思想家刘邵曾用文学式的语言描述了"身"与伦理的关联性,他说:"骨植而柔者,谓之弘毅;弘毅也者,仁之质也。""筋劲而精者,谓之勇敢;勇敢也者,义之决也。"① 也就是说,处于合于自然之道状态的身体的"骨"与"筋"有助于产生"仁"与"义",这就是"正性命之身"所产生的伦理效果。

"各正性命"的哲学思想,与先秦时期关于"身体观"的哲学原理存在深层的对应与契合。伦理符号学所倡导的"全球视野",旨在追求人与万物间生命的和谐共存,强调在全球范围内审视生命多样性与共生性的重要性。从全球符号学的视角来看,人类的符号活动作为庞大符号体系中的核心环节,与其他领域的符号活动交织在一起,共同构建一个错综复杂的符号网络。这一网络不仅覆盖人类社会的多个层面,更与地球生命体紧密相连,凸显了人类与自然的紧密关系。人类的身体,作为一种独特的沟通符号,超越了语言的界限,在符号网络中发挥着不可或缺的作用。其独特的沟通价值不仅在日常交往中得到体现,更在于能够实现对万物一体生命关怀的超越。这种身体观的实践,正是对"各正性命"哲学理念的生动诠释与深刻体现,展现了人类对生命本源的尊重与深刻理解。

综上所述,"各正性命"这一理念的核心在于追求与天地之德相契合。因此,从"各正性命"延伸出的"正性命之情"与"正性命之身"等概念,虽起始于个体自我内省的追求,但最终达成的乃是一种超越个体、达到"无己"的状态。

---

① 刘劭:《人物志》,载李德山主编《魏晋全书》(第一册),长春:吉林文史出版社,2006年,第428页。

这种状态常使个体体验到万物一体的生命联结,从而将原本局限于"他者"与"己者"间关系的视角,提升至对"他性"与"己性"间深刻而全面的审视。"各正性命"的理念,旨在倡导人类追求与自然之道相和谐的高级生命状态。基于此,构建一种人人皆能安顿生命的"各正性命"之境,以实现对生命本质的真正伦理关怀。这一独特的伦理观念,不仅促进了人际自然和谐伦理关系的建立,更形成了一种独特且宝贵的伦理典范。

第十三讲
"返回"与"超越":自然文本分析的反思

长期以来,知识往往被视为人类在改造世界的实践中所获得的正确认识和经验的总和,真理更是客观事物及其规律在人脑中的正确反映。因此,符号学的使命就是探讨知识和真理的符号表征,即意义的符号表达方式。但是,在符号与生命的联系之中,我们又不难发现,人的主观性是符号表征意义的重大障碍之一。其实,符号学界早已发现符号的任何意义表征都是徒劳的。符号表征无法避免"遮蔽"现象,并由此引发了"遮蔽"与"去蔽"的探索,这也就动摇了人类文明表征的基础。符号学的任务究竟是符号意义的感知和表征,还是要让意义生成回归事物本体,即回归自然,完成意义的超越呢?

围绕这些问题,符号学界进行了多维度的深入探索。索绪尔的共时性语言学"二分法"和皮尔士的逻辑符号学"三分法"、莫里斯的行为主义"符号关系论"、巴赫金的社会符号学"对话思想"、克里斯蒂娃的符义诗学分析"互文性"、西比奥克的生物符号学"建模系统理论"等,均是立足于狭义的理性分析,试图建构一种符号意义表征的模式。虽然罗兰·巴特所提出的"写作的零度"(Writing Degree Zero)、德里达强调的"逻各斯主义批判"或是海德格尔关于"去蔽"等理论,均曾尝试解构现存的符号表征体系,然而这些依然是以狭义的理性分析为基础的,他们还是很难走出以"有限"理性把握"无限"意义的尴尬处境,就仿佛人站在地球上难以离开地球一样。难道人类真的可以用有限的理性来把握无限的世界吗? 在我们看来,应该以"无限"感知"无限",用"自然"把握"自然的认知方式"。符号与生命联系的理想境界之一或许就是克服人的主观自负,返回自然本真,这也是精神文化符号学在当下所要探讨的主要问题之一。①

当代人类社会已走进了人工智能时代。机器学习能够不断超越作为个

---

① 张杰、余红兵:《反思与建构:关于精神文化符号学的几点设想》,《符号与传媒》,2021年春季号,总第22辑,第1—13页。

体的人脑,人工智能仿佛大有超越人类认知的趋向。学界逐渐开始意识到,只沿着基于知识积累、逻辑演进、改造事物的轨迹继续前进,是明显不够的。在众多的探索中,回归事物本身便成了一种非常有价值的学术路径。例如,在世纪之交,塔尔图符号学派的研究重心就经历了从"文化符号学"向"生态符号学"的转移,其中"自然文本"分析方法①就是这一转移的产物。这一转移实际上就是在寻找回归自然的符号学研究路径,不只标志着国际符号学界关注重点的转变,也显示出符号学研究方法的再次更新。我们将基于中国文化传统中的有关思想,对"自然文本"分析进行深刻反思。其实,返回自然的关键在于摆脱狭义理性思维的桎梏,这二者互为因果。该思路并非走向无意义,而是为了使得意义升华。在此基础上,我们认为,精神文化符号学的使命,就是要努力摆脱狭义理性的局限性,打破现存知识体系的制约,为超越人工智能时代的机器学习,争取提供值得借鉴的参考。

第一节 超越主体:"返回"与"升华"之间

人类进入 21 世纪之际,人工智能等科学技术飞速发展。国际符号学界渐渐意识到,仅凭狭义的理性思维是无法把握意义世界的,更很难与机器相抗衡。人工智能主导的机器学习不仅更便于对可表达的"明知识"的吸收和应用,同时还能够不断发掘出难以表达的"暗知识"。因此,人类要想超越自己创造的科学技术,当然要另辟蹊径,甚至可能要反其道而行之,探寻一条返回自然的生态发展之路。当前,人工智能发展的重要方向之一是"零样本学习",即摆脱人脑理性思维的束缚,回归自然,返回到最初的学习状态,也就是元学习。

塔尔图符号学派在自己的领军人物尤里·洛特曼去世以后,便开始了从"文化符号学"(semiotics of culture)到"生物符号学"(biosemiotics)再至"生态符号学"(ecosemiotics)的转向,即由以文化"符号域"(semiosphere)为中心

---

① Timo Maran, Towards an Integrated Methodology of Ecosemiotics: The Concept of Nature-text, *Sign Systems Studies*, 2007, 35 (1/2), p.280.

的研究,转向了对"圜境"和自然的探讨。从表面上看,这仿佛仅仅是研究对象的重心转换,或是研究范围的进一步拓展。其实,这更是一种思维范式与探索方法的更新。早在20世纪初,乌克斯库尔就提出了"圜境"的概念。该概念不同于我们平常所说的"环境"。"环境"一般是客观的,指绝对独立于认知主体的外部客体世界,而"圜境"是指一个主体世界,是生命体根据自身的感知系统而能获致和经历的世界。"没有生命,也就不可能有圜境。生命是以生命体为中心的,存在于它们的主体能动性(agency)之中;因此,圜境是单独的,是个体化的。"① 同时,"圜境"又是一个生命体所能直接感知并与之互动的主体世界,也就是说,"圜境作为意义对象的世界,总是和另一个存在于生命体内部的相对物,即内境(Innenwelt)一起存在的"②。因此,"圜境"并非消极被动的客体,而是积极主动的生命活动,既是自然界信息的发生器,又是符号表征的意义承载器,它与生命体构成一种和谐共奏的关系。③

"返回"自然或回归"圜境",而不是以各种文化表达方法来确定表征对象的符号意义,以此能够避免符号的意义"遮蔽",为阐释者"敞开"空间阐释的无限可能性。新塔尔图符号学派的"自然文本"分析方法对此进行过有益的尝试。该方法是由该学派的中坚人物蒂莫·马伦归纳提出的。马伦指出:"生态符号学研究的对象也应当被认为是双重的:除了讲述自然、指向自然的书写文本之外,它应该还包括自然环境本身被描述的部分。为使这二者关系成立,自然环境被描述的部分至少在某种程度上必定是文本性的,或者至少是可被文本化的。我将这两个相对物之间通过意义关系所形成的组合体称为自然文本。"④ 精神文化符号学认为,自然文本分析方法就是于文本的自然化与自然的文本化互动中来揭示意义。前者指的是意识到文本处于"圜境"

---

① Riin Magnus, Kalevi Kull, Roots of Culture in the Umwelt, edited by Jaan Valsiner, *The Oxford Handbook of Culture and Psychology*, Oxford University Press, 2012, p.650.

② Riin Magnus, Kalevi Kull, Roots of Culture in the Umwelt, edited by Jaan Valsiner, *The Oxford Handbook of Culture and Psychology*, Oxford University Press, 2012, p.651.

③ J. von Uexküll, *A Foray into The Worlds of Animals and Humans: With a Theory of Meaning*, translated by Joseph D. O'Neil, University of Minnesota Press, 2010, p.174.

④ Timo Maran, Towards an Integrated Methodology of Ecosemiotics: The Concept of Nature-text, *Sign Systems Studies*, 2007, 35 (1/2), p.280.

第十三讲 "返回"与"超越":自然文本分析的反思

之中,后者指的是把"圜境"中的意义对象物看作文本。这种互动关系不只能让我们从自然界维度来感悟到人类文明留下的进化足迹,更在很大程度上助力我们摆脱片面知识体系的限制,走出狭义理性的困境。

那么,究竟什么是狭义的理性呢?我们认同哈耶克(Friedrich August von Hayek)的相关观点。他在《法律、立法与自由》(共3卷)的第1卷《规则与秩序》中,明确指出:较为妥当的做法不是区分出"理性主义"和"反理性主义",而是区分出建构论的理性主义与进化论的理性主义,或者按照卡尔·波普尔的说法,区分出幼稚的理性主义和批判的理性主义。① 这里所言的建构论理性主义,就是本文所说的狭义理性主义,也可简称为建构理性主义。哈耶克对此进行了驳斥:"无论是在其事实结论还是在其规范结论方面,这个思想传统都可以被证伪……这个错误的观点与一个同样错误的概念紧密相关,那就是将人类思维看作独立于自然与社会之外的一个东西,而不是催生各种人类社会制度的相同进化过程的产物。"② 狭义理性把"抽象性"看作只有人脑的意识思维才具备的特性。事实上,早在某个活动呈现于意识思维和语言表达之前,决定这一活动的所有认知过程均拥有这种特性。这就是进化论理性主义的关键思想,或曰是广义的理性主义。

无疑,生态符号学的"自然文本"分析在回归自然的同时,需要摆脱的只是建构理性主义,而不是进化理性主义。塔尔图符号学派的返回"圜境"或还原自然本身,便是要竭力"敞开"人的认知空间,激发人类从各种不同的方法和维度来认识自然与事物本身。该路径无疑是当代符号学探索的一大进步,也为符号意义的释放提供了可能的前提条件,因为它所体现的是符号学研究的根本任务,即在文本与自然的关系之间,不断发掘文本的可阐释空间。不过,精神文化符号学认为,仅如此是非常不够的。"返回"自然并非目的本身,而仅是手段和方法,目的应是"升华",也就是揭示自然或"圜境"进化中蕴含的"智慧"。

---

① F.A. Hayek, *Law, Legislation and Liberty*, Vol 1, *Rules and Order*, Routledge, 1982 [1973], p.29.
② F.A. Hayek, *Law, Legislation and Liberty*, Vol 1, *Rules and Order*, Routledge, 1982 [1973], p.5.

要完成这一任务,塔尔图符号学派仅仅基于西方文化传统又是很难做到的。精神文化符号学着眼于东方文化语境,其使命就是要超越认知的主体,或曰建构理性或狭义理性的束缚。这就是说,不只是要跨越建构理性的藩篱,还要在进化理性的基础上,进一步升华人的认知。例如,"转识成智"便为我们提供了极有价值的思考途径。从哲学领域来讲,"转识成智"就是通过内心的澄明、对自然规律的体悟,超越具体知识表象,获得对事物本质的洞察,把人类的"识"提升至"智",实现从知识到智慧的转化,也就是揭示了自然或"圜境"所蕴含的"智慧",从而进一步"升华"人的认知,以更好地理解世界与指导实践。

另外,我们还可以从庄子哲学思想里的"吾丧我"出发,即"吾"这个"大我"要消解"小我"这个"我"。为了实现这一目标,就必须经过"修行",从而进入"用心若镜"①的自由境地,才能在"吾丧我"的通明境界中,实现意义的释放。只有如此,狭义理性知识才可以"升华",超越一般认知的情商和素养才会形成。②

显然,摆脱建构理性主义的羁绊,克服符号表征的意义"遮蔽",追求意义的自由,只是返回自然或者"向外"转向客观世界,明显是不够的,是无法超越人工智能的机器学习的,而是更要"向内",面对认知主体的自我。自我的认知主体确实是符号意义表征的发生者,"向内"的缺失就很难说清"向外"的表征。可以说,西方语言符号学界陷入"语言的表征危机",其主要原因或许就在于此。

第二节　追求自由:"向外"与"向内"之间

从人类思想史发展的角度来看,大致说来有两大方向:一是认知自然和社会世界,二是认识人的自身。前者是"向外",后者则是"向内"。两者殊途同归,最终目的都是追求自由,在努力探索自然和社会规律的过程中,追求生

---

① 《庄子今注今译》,陈鼓应注译,北京:中华书局,2020年,第234页。
② 张杰、余红兵:《"用心若镜"与意义释放——再论精神文化符号学的任务》,《江海学刊》,2022年第3期,第241—247页。

存的自由,并且在对人的心灵世界的感知中,争取思想的自由。西方哲学从古希腊哲学伊始,就显现出"向外"与"向内"互相融合,只是这种"向内"更主要是把人视为与自然一样的被认知客体,而并不是认知的"前提",也就是主体行为的发生者。然而,中国古代哲学则更偏重于"向内",不过这种"向内"与西方学界有明显不同,在很大程度上是从人的认知行为发生前的准备状况来考察的,强调通过对自身内心世界的探索、修养的提升来达到对真理的领悟和对世界的认知。例如,儒家提倡"反求诸己""吾日三省吾身",道家主张"致虚极,守静笃",佛家注重"明心见性"等。这就是说,只有首先解决了认识社会、自然以及人自身的前提,也就是"向内"的问题,排斥了作为认知主体的人脑存在的各种杂念,才可以更好地"向外",甚至才能够更深入地研究人本身。因为唯有认知主体进入了无干扰的自由境界,才可以在社会和自然世界里自由地驰骋。

冯契先生在《认识世界和认识自己》一书里,曾经明确指出:"人类在实践的基础上认识世界和认识自己。一方面,要认识自然界(包括社会)的发展秩序,这就是天道与人道;另一方面,又要认识自己的心灵和德性。性和天道交互作用,构成了人类从无知到知、从知识到智慧的辩证发展过程。"[1]显然,冯契不只区分了人类认知的两个重要方向,并且还指出了从知识至智慧的辩证发展过程,也就是"转识成智"。他这里说的德性,实际上包含了人在认知世界前的准备状态,唯有不存杂念的、良好的德性,才可以实现知识到智慧的进一步"升华"。冯契的这番言论,与他的老师金岳霖的《论道·绪论》存在着高度的一致。金岳霖在该书中写道:"研究知识论我可以站在知识论底对象范围之外,我可以暂时忘记我是人……研究元学则不然,我虽可以忘记我是人,而我不能忘记'天地与我共生,万物与我为一',我不仅在研究底对象上求理智的了解,而且在研究底结果上求情感的满足。"[2]这里所说的"元学"就是指人的主体对客体或自然介入的一门学问。金岳霖所说的是知识与智慧之间的关系问题,特别是元学的智慧何以可能,其实就是关于自由人格的培养问题。

---

[1] 冯契:《冯契文集(增订版)·第一卷:认识世界和认识自己》,上海:华东师范大学出版社,2016年,第329页。

[2] 金岳霖:《论道 逻辑》,长沙:湖南教育出版社,2010年,第17页。

这里包括"怎样得",即如何"转识成智",实现由知识转向智慧的飞跃;也包括怎样才能"达",即如何用语言和符号系统把智慧表达出来。当然,"怎样得"是前提和重点,没有"得"就不可能谈"达"。

相比较而言,从苏俄时期的符号学研究发端,直至当代新塔尔图符号学派提出的生态符号学,无论说是"符号体系",或是"回归"自然的"圜境"以及相应的"自然文本"分析,主要体现的均是指向自然和社会环境的"向外"研究,即便有所"向内",也是在把人作为研究的客体对象来探讨,而并非认知行为的"前提"。例如,俄罗斯著名符号学家 Ю. С. 斯捷潘诺夫指出:"符号学的研究对象遍布各个领域——语言、数学、文艺,包括单部文学作品,建筑艺术、绘画设计,还涉及家庭组织以及各种下意识的活动,涵盖了动物世界、植物生长。然而,无论如何符号学涉足的直接领域就是信息化体系,也就是信息传播系统,这一系统的基本核心就是符号体系。"①实际上,生态符号学的研究亦是如此。塔尔图大学符号学系的库尔教授就曾指出:"生态符号学可以被定义为研究自然与文化之间关系的符号学。它涉及自然之于人类的位置和角色的符号学方面的研究,即自然对于我们人类的意义是什么或曾经是什么,我们怎样以及在何种程度上与自然进行沟通。"②这一点可以从生态符号学的理论渊源获得证实。生态符号学既源自索绪尔符号论(semiology)和结构主义,这里包括列维·斯特劳斯、洛特曼、艾柯、格雷马斯等学者的理论,又源自皮尔士与莫里斯的普通符号学(general semiotics)传统,较为集中地体现在美国符号学家西比奥克所提出的动物符号学与生物符号学,也就是把自然的符号化过程当作研究对象。总之,这些符号学理论大都还是一种探索自然世界和社会的科学研究方法,属于知识论,而尚需深入分析人被作为认知与符号表征的主体世界。

显然,新塔尔图符号学派所倡导的生态符号学就是一门返回自然的学问,但很少论及主体对客体的融入,仍然还是停留于知识层面上,缺乏对认知

---

① Степанов Юрий Сергеевич, *Вводная статья В мире семиотики*, См.: Юрий Сергеевич Степанов: *СЕМИОТИКА*: Антология, Академический Проект, Деловая книга, 2001, с. 5.

② Kalevi Kull, Semiotic Ecology: Different Natures in the Semiosphere, *Sign Systems Studies*, 1998, 26 (1), p.350.

主体的进一步整体研究。因此,这还算不上是金岳霖所提及的元学,毕竟"知识论底裁判者是理智,而元学底裁判者是整个的人"①。精神文化符号学则与金岳霖的元学立场保持高度的一致。我们认为,生态符号学及其自然文本的分析方法缺少对认知主体与自然环境内在精神联系的探讨,尤其需要展开对认知主体本身的深入研究。我们把符号学研究看作揭示人类精神文化活动多元联系的重要方法,"以'天人合一'的中国传统认知模式为基础,从'多元化'的研究方法、'个性化'的符号特征、'自由化'的学术理想等维度,进一步推崇人的自由,追求人与自然、个性与社会的'和谐'"②。同时,在我们看来,不同的认知主体回归自然语境的状态,却是不尽相同的,但"和谐"的内在必然性又是一致的。

其实,唯有如此,人才可能获得对自然的自由认知。自由认知必需的前提就是首先要让认知主体处在自由境界之中,如此才能够实现"名言之域"至"超名言之域",才可以在自然之中超越自然,在文化之中超越文化,在社会世界之中进入出世境界,从此获得超越知识的"道"。冯契说过:"不论是普遍命题,还是特殊命题,命题的真总是有条件的、有限的、相对的。而求穷通则要把握无条件的、绝对的、无限的东西。无不通也、无不由也的'道',天人合一的境界,会通天人的德性,都是无条件的、绝对的、无限的,所以,这就是难以言传的超名言之域了。哲学当然有一部分属于名言之域,是用普遍命题来表达的,但哲学家作为爱智者总是要穷究第一因、穷究最高境界,要求会通天人,把握无所不包的'道'。"③

老子曾明确提出"为学"与"为道"之分:"为学日益,为道日损。损之又损,以至于无为,无为而无不为。"若要实现"转识成智",也就要由"名言之域"转入"超名言之域",仅通过"为学"是非常不够的,还需要探索"为道"之径,既要遵循"道法自然"的求索方法,也要进入"用心若镜"的境地。只有如此,

---

① 金岳霖:《论道　逻辑》,长沙:湖南教育出版社,2010年,第17页。
② 张杰、余红兵:《反思与建构:关于精神文化符号学的几点设想》,《符号与传媒》,2021年春季号,总第22辑,第1页。
③ 冯契:《冯契文集(增订版)·第一卷:认识世界和认识自己》,上海:华东师范大学出版社,2016年,第331页。

人类才能超越人工智能的机器学习。可以说,机器学习的本质是模拟与叠加,是属于"名言之域",仅仅是"为学",而人之"为道"却属于"超名言之域",能够获得"智"。

第三节 探索方法:"为学"与"为道"之间

"返回"自然、走出建构理性的羁绊、充分释放符号意义,这些已经成为新塔尔图符号学派生态符号学理论及其自然文本分析的重要任务。相对以"符号域"为中心、以确定符号意义为己任的文化符号学理论,这无疑又前进了一大步。不过,它还是植根于古希腊的西方哲学传统,即对知识和外化真理的探索。该理论与洛特曼文化符号学一起,形成了该学派当前的理论基础。可以说,当代符号学的重要课题之一便是乌克斯库尔与洛特曼的理论整合,其"任务在于发展出一套理论的和方法论的工具,可以界定和说明一般符号学的范围,并可以作为符号学所有分支的基础"[①]。因此,该学派目前的学术追求仍然是以探索知识及其相关方法为目的的,即"为学"。

反观中国传统文化思想,对自然的探索却并非仅局限于"为学"之径,即自然的知识范畴,而且还有"为道"之路。以先秦诸子论道为例,所探究的问题并非只是自然知识,而且还存在着一种对待自然的态度,一种生存的状态。例如,在老子看来,不能把自然知识与崇尚自然的心境相混淆,对前者的追求有可能造成对自然心态的负面影响。这也正如颜世安所说:"老子自然之道所要解决的问题,是向自然学习,汲取一种最高的智慧以改善人的生存状态。"[②]

熊十力先生的"量智""性智"与"为学""为道"之分存在着异曲同工之处。"量智,是思量和推度,或明辨事物之理则,及于所行所历,简择得失等等的作用故,故说名量智,亦名理智。"[③]这里所说的"量智"就是科学研究的道理,属

[①] Kalevi Kull, Mihhail Lotman, Semiotica Tartuensis: Jakob von Uexküll and Juri Lotman, *Chinese Semiotic Studies*, 2012, 6 (1), p.312.
[②] 颜世安:《游世与自然生活:庄子评传》,长沙:湖南人民出版社,2022年,第224页。
[③] 熊十力:《新唯识论》,北京:中华书局,1985年,第249页。

于求知,也就是老子的"为学"。张岱年先生曾经解释:"作用在于从经验出发,对事物进行分析研究而获得知识,它'恒妄计有外在世界,攀援构量'(《新唯识论·明宗》),亦是一种向外求理的工具,亦能用在日常生活的宇宙即物理世界之内,而不能用以解决形而上学问题,所以不能实证本体,把握真理。"①相比较来说,"性智"与"量智"是相对的,主要是指人"'真的自己的觉悟'。认为其圆满无缺,独立无匹;虽不离感官经验而又自在无碍,寂寞无形却又包含万理,为一切知识的根据。具有性智的人才能自明自识以认识宇宙和人生的真源"②。显而易见,"性智"也就类似于老子提出的"为道"。熊十力先生主张"智识合一",就是要"性智"与"量智"合一,前者是体,而后者是用。张岱年先生对此进行了精辟的解读:"量智虽原本性智,却缘一切日常经验而发展,'迷以逐物,而妄见有外(《新唯识论·明宗》),于是便障蔽了'真的自己',违背了性智。'性智'与'量智'之区分及其关系,类似理学'德性之知'和'见闻之知'之区分及其关系。"③熊十力先生确实更强调"性智",他的论述其实也在一定程度上解决了长期困扰西方语言符号学界的"遮蔽"和"去蔽"问题,揭示了"遮蔽"的根源,也就是"量智"障蔽了"性智"。

在新塔尔图符号学派那里,无论是生态符号学,还是自然文本分析,其"为学"导向不仅显现在该学派的理论与方法中,更体现在国外符号学研究的"科学化"之中。库尔教授就曾经把符号学阐释为研究一切生命系统,包括所有生物物种的符号活动(semiosis)的一门科学,而且可以成为大学的一门正式课程来讲授。④ 在俄罗斯科学院语言研究所编写的高校教材《符号学》中,第一讲就明确指出:符号学"是一门关于符号和符号体系的科学"⑤。确实,在学校教育和科学研究中,"知识"的传授和探索往往成为教师和科学家的主要任务,即更加关注与"量智"有关的"为学"。俄罗斯科学院利哈乔夫院士就曾指出科学思维及其研究的局限性,认为科学总是在探索规律性,首先注重那

---

①②③ 张岱年主编:《中国哲学大辞典》(修订本),上海:上海辞书出版社,2014年,第734页。

④ Kalevi Kull, Silvi Salupere, Peeter Torop, Mihhail Lotman, The Institution of Semiotics in Estonia, *Sign Systems Studies*, 2011, 39 (2/4).

⑤ Елена Сергеевна Никитина, *О предмете семиотики: Является ли семиотика наукой?* См.: Елена Сергеевна Никитина: *СЕМИОТИКА*, Москва: Академический Проект, 2006, с. 5.

些重复、相似和共同的现象,而却很少关注个别的现象。然而,对于如何通往"学"的道路,相对研究不够,新塔尔图符号学派也许应强化对认知主体的"性智"及其相关的"为道"研究。只有如此,才能够保障有效的"为学"。当然,国外思想家们在"为学"的方法论探索上,也不乏有关人的"智慧"问题的阐释。索洛维约夫曾经写道,智慧"不仅仅是指整个知识,还指道德完善、内在精神的完整性"①。不过,该论述还只是从"外在"的社会文化出发的,所论及的是伦理道德对人的主体的制约和束缚,而并不是认知主体自我的自然状态。

如若缺乏自然心境,没有排斥"杂念"的研究者主体,"为学"的探索无疑是很难实现的,至少也是受到局限的。应该说,"为道"是"为学"的前提,也就是"性智"是根本,没有这个"本",就根本谈不上"量智"的"用"。而且,真理和知识又是在不断变化的,不可能不受社会文化权力场的影响,特别是包括哲学在内的社会科学领域。知识在助力人类文明发展的同时,又在很大程度上会限制和约束人的思维。因为人类是无法以有限的理性思维去把握无限的自然世界的。人类要超越自己创造出的人工智能,只有从"性智"出发,以"为道"方式,使得认知行为发生者能做到"用心若镜",从而达到"转识成智"的目标。其实,这与老子道论是完全一致的,其"主要意图不在于回答世界'是什么'。道的主要意图,是以自然无限性的启示,促人更新生存方式和生活方向"②。这种生存方式不可能只是简单地探索真理和接受知识,而是要以崇尚自然、批判的姿态,返回自然。新塔尔图符号学派提出的生态符号学理论及其"自然文本"分析方法,确实采取了回归自然的符号学分析方法,但仍然是一种"为学"的研究,还并非"为道"的探索。这也许正是精神文化符号学的旨归之所在,也是把符号与生命境界相融合的主要缘由。

---

① Соловьев Вл. *Сочинения. в 2 т*. Мысль, 1990, с.179.
② 颜世安:《游世与自然生活:庄子评传》,长沙:湖南人民出版社,2002年,第236页。

第十四讲

文学伦理学批评的自然文本阐释

伦理的作用是符号与生命境界问题探讨无法回避的问题,人的生命无法不受到社会伦理的规范,文学伦理是否可以助力人们在一定程度上,摆脱社会的种种羁绊,回归自然和人性本身呢?这也是本讲所要重点探讨的问题。我们将从当前文艺学界较为热点的文学伦理学批评谈起。

文学伦理学批评立足文学本质,把文学文本看成理解文学的关键。文学文本又产生于文学观念,形成于一个逐渐变化的伦理化过程之中。据此,文学的教诲功能便成为文学伦理学批评关注的重点。该批评的首倡者聂珍钊教授很有创意地提出了"脑文本"的概念,而且认为:"没有脑文本,就没有物质文本和电子文本。没有脑文本,就没有文学创作,就不可能产生任何形式的文学。"①这里不但把文学文本的形成,提前到文学的口头与文字文本形成之前,同时还将脑文本看成"一种生物形态的文本"②,这当然并不只是指明了文学文本的生物形态,还为我们提供了一种较有价值的认知范式,也就是从生命的运作机制来认识文学创作的过程。这也许就是一场思维范式上的重要探索,让文学批评既能够弘扬正确的伦理道德观,又可以揭示其生物形态的基础。

然而,文学创作作为人类社会文明发展的精神引领者,又是如何把伦理化的文明进程与自然的生命机制相互融合在一起的?文学创作的伦理体现是怎样既弘扬了时代的道德精神,又能够以自然文本的方式为读者敞开审美感知空间?难道文学的伦理标准与审美标准是截然对立的吗?这些问题无疑是文学伦理学批评无法回避的重要问题。

文学创作显然是一种特殊而又复杂的精神活动,是作家对社会生活和生命本身的审美体验,是经过脑文本而转化成的文学文本。文学批评的任务就

---

①② 聂珍钊:《文学伦理学批评导论》,北京:北京大学出版社,2014年,第17页。

是要揭示这一精神生产活动的复杂意义,一方面要揭示文学作品的伦理道德意义,发挥文学的教诲功能,另一方面要尽可能让艺术形式形成自然"敞开"的维度,尽可能帮助读者获得阅读自由,回归自然的状态。精神文化符号学在文学创作的分析中,致力于后者,尤其是赞同爱沙尼亚裔德国符号学家乌克斯库尔提出的"自然文本"分析方法,为文学阅读回归自然状态,更为文学伦理学批评的形式研究,提供了值得借鉴的批评路径和方法。

第一节　自然文本：指向"圜境"的批评方法

在我国文艺学界,无论是文学的社会或者审美意识形态论,还是文学的文本本质论等,都把文学文本看成是自然或社会环境的反映与表现。前者重点强调文学是客观存在的反映或艺术审美表现,后者聚焦文学观念对其文本形态的决定作用。文学创作无疑是人类文明发展中的产物。因此,文学伦理学批评"从起源上把文学看成伦理的产物,认为文学的价值就在于它具有伦理教诲功能"[①]。其实,人类伦理化的文明发展与人类生命体机制的进化又是相互融合的。社会文明促使人的大脑机制不断完善,但也会制约人的思维,甚至会制约人的天性,从而导致一定程度上的"误读"。文学文本的任何解读都难免会产生阐释的"遮蔽"。据此,罗兰·巴特等符号学家才提出"写作的零度"等理论主张。然而,文学批评究竟应怎样既不陷入文学文本意义的"消解"之中,又可以走出语言表征的危机,也许只有回归"圜境"本身的自然文本阅读,才会是"敞开"创作的理想途径。当然,这种返回"圜境"的前提是要"用心若镜",排除任何杂念。前面已经说过,这里不再赘述。

"自然文本"是乌克斯库尔生态符号学提出的一个方法论概念,"生态符号学的研究方法包含双重内涵,它一方面要求通过对文化与非文化的符号描述,把文本分析方法与自然科学研究方法结合起来,另一方面要求在现象学视域内将研究者自身看成文本和文化世界中智慧生物与自然界中生命体两者的结合。在实际分析层面,生态符号学研究方法的两个分支之间的融合会

[①] 聂珍钊:《文学伦理学批评导论》,北京:北京大学出版社,2014年,第7页。

生成新的研究方法。新方法表现为在文化中再现自然以及在自然本身的符号活动中再现自然,这种双重分析框架的理想模式就是自然写作(nature writing)"①。这里其实是揭示了自然文本形成的两种途径,也就是自然的文本化和自然本身的符号活动。这里的第二种活动也包括了自然界非人类的生物活动。应该特别指出的是,自然文本的分析方法不同于反映论和表现论的文学批评,它不再以文学文本来揭示其对社会和自然的描绘,而是反其道而行之,让文学文本返回到生态环境和社会环境自身,重点在于还原客观现实,使得文本化的创作返回到自然生态或社会环境,即"圜境"。在生态符号学看来,"圜境"是第一位的。

尤里·洛特曼为了表述符号系统中文本与人性、文化之间的交融关系,提出了"符号域"。西比奥克认为,"符号域"既包含了所有符号化过程,也同时揭示了符号化过程的起源。据此,"符号域"实际上类似于生物符号学中关于生命起源的观点。在生物学中,这一观点的首创者是乌克斯库尔,他最早提出了"圜境"的概念。在他看来,"圜境"是建立在符号关系之上的意义世界。② 米哈依·洛特曼又在《圜境与符号域》一文中指出:"我们不能简单地用环境来代替圜境,二者之间的差别不仅是概念上的还是范式上的。圜境涉及生命、有机体、进化以及生物学,它使生物学成为符号学中的一个研究领域,因为在圜境的概念中无可避免地要讨论意义问题。"③ 在新塔尔图学派那里,"圜境是生命体通过它特有的感知和运动装置而进入和形成的世界"。根据乌克斯库尔的观点,一个生物学家应该描绘的现实部分是生命体自身对圜境的构造。④ 这就表明,自然界单个生命体在感知外界的同时,又可以与其他生命体构成一个相互关联的"圜境"。"圜境"是一个由生命体构成的主体世界,而并不只是被反映的客观环境,是第一性的。

---

① Timo Maran, Towards an Integrated Methodology of Ecosemiotics: The Concept of Nature-text, *Sign Systems Studies*, 2007, 35(1/2), pp.279–280.
② Riin Magnus, Kalevi Kull, Roots of Culture in the Umwelt, *The Oxford Handbook of Culture and Psychology*, edited by Jaan Valsiner, Oxford University Press, 2012, p.650.
③ Mihhail Lotman, Umwelt and Semioshpere, *Sign Systems Studies*, 2002, 30(1), p.34.
④ Riin Magnus, Kalevi Kull, Roots of Culture in the Umwelt, *The Oxford Handbook of Culture and Psychology*, edited by Jaan Valsiner, Oxford University Press, 2012, p.650.

任何符号文本,包括文学文本,均是基于"圜境"的产物。因此,自然文本的分析方法基于自然主体论的生态符号学理论,是一种以揭示"圜境"为目的的文学批评方法,也就是要努力还原文学文本的"圜境"之主体性特征。这里"圜境"不再是被动的表征对象,而是具有积极主体性的世界。自然文本批评的主要任务,不仅要从文学文本中凝练出主题思想和艺术特色,而且还要返回自然本身,让"圜境"成为有主体性的信息发生者。这样一来,文学批评不但能够避免文学文本意义表征的"遮蔽",更可以"敞开"文本,从而实现意义的释放,还读者以阅读的自由。因此,"圜境"的提出已经是文学批评范式上的重要变更。"圜境"由被反映和表现的客体对象,转变成了一股具有主体性的、催生文学创作的驱动力。自然文本分析方法不再仅是表明文学文本反映和表现了什么,而且是进一步发掘文学文本产生的根源,使得文学创作回归自然状态,返回"圜境"。

米哈依·洛特曼在《圜境与符号域》一文中,还指出了塔尔图学派关于"圜境"与符号域关系研究的独特性。他强调:"塔尔图符号学派最重要的特点在于,他们认为不应该把那些简单的符号系统看成最主要的构成元素,更复杂的系统是由简单的系统构成,但是,相反的是,基础符号系统是抽象的产物,简单在这里意味着简化。从符号的意指过程来看,整个符号域是最先存在的符号单元,可以被拆分为简单的具有从属关系的系统。"①显然,在他看来,任何"圜境"都是由若干个有机体组成的系统。因此,符号域也都是在各种文本相互作用的基础上产生的。此机体是与他机体互相依存的,此文本也仅存在于跟他文本的相互关联中。这也明显受到了巴赫金等对话思想的影响。米哈依·洛特曼认为,以布伯(Martin Buber)与巴赫金的观点来看,"'我'和'你'都是对话的产物,对话转变为有关人类存在的概念:没有'你',就没有人与我对话,'我'也将不存在"②。

据此,米哈依·洛特曼深入阐明了乌克斯库尔是如何超越达尔文主义的,不再把"圜境"视为有机体产生的客观条件,而是把"圜境"看成是由有机体构成的。他指出:"乌克斯库尔'圜境'的概念是古怪且不切实际的:对他而

---

①② Mihhail Lotman, Umwelt and Semioshpere, *Sign Systems Studies*, 2002, 30(1), p.37.

言,有机生命体创造了自身的'圜境',是最为重要的;任何事物根据自身的标准都拥有自己的'圜境'。"①这里明显强调了"圜境"是由生命体构成的,没有自然存在的生命体也就不可能存在"圜境",而这些生命体又各具有自身的主观世界。这位尤里·洛特曼的儿子和继承者又进一步指出:有机体在功能上可类比文本,而圜境可类比语境;与早期的语言学家和符号学家的观点不同,洛特曼认为语境并不先于文本存在,而是它的先决条件,但是,相反的是,文本在广泛的意义上创造出了它的语境,包括所有交际活动中的参与者。②

很明显,在乌克斯库尔和洛特曼看来,"圜境"的概念迥异于达尔文主义中的环境概念。"圜境"是积极的信息源,其语境是由各个文本构成的语符环境。乌克斯库尔对"圜境"的元机体阐释与洛特曼有关语境的元文本阐释,存在着内在的一致性和继承关系,前者为后者的"符号域"思想及其相关理论奠定了坚实的基础。新塔尔图符号学派的领军人物之一蒂莫·马伦就曾对乌克斯库尔生态符号学的自然文本分析方法进行过归纳和概括。他曾在《生态符号学的整一方法:自然文本的概念》一文中,把自然文本分析看成揭示"圜境"与文本化之间联系的文学批评方法,认为"自然文本"③与"书面文本"相比,自然环境的结构以及对其的感知是多模式的,因此自然环境和书面文本之间是一对多的关系。④显然,在自然文本分析那里,"圜境"既然是主动发出各种信息的主体,就必然会对应多个,乃至是无数个文学文本。

无疑,新塔尔图符号学派竭力摆脱文学批评的主观性或片面性,努力通过自然文本分析,尽可能还原真实。米哈依·洛特曼旗帜鲜明地论述了该学派的立场:"如果我们带着不祥的预感和先前的预设接近他者,那么这就不会是一次真正的相遇,而是对一个人自身品质、经历等的投射。只有当我们从

---

① Mihhail Lotman, Umwelt and Semioshpere, *Sign Systems Studies*, 2002, 30(1), p.34.
② Mihhail Lotman, Umwelt and Semioshpere, *Sign Systems Studies*, 2002, 30(1), pp.33 – 40.
  Yury M. Lotman, Ann Shukman, The Text and the Structure of Its Audience, *New Literary History: A Journal of Theory and Interpretation*, 1982, 14(1), pp.81 – 87.
③④ Timo Maran, Towards an Integrated Methodology of Ecosemiotics: The Concept of Nature-text, *Sign Systems Studies*, 2007, 35(1/2), p.280.

心底准备好遇见那个绝对的他者,才会是真正的相遇(或者对于某人而言我们之间并没有相遇或发生任何遇见的事情)。"①这里说的"从心底准备好",也就是要尽可能排斥各种习俗和观念。"真正的相遇"便是要让读者回归接受的自由心境去感知生态环境,接受"圊境"发出的各种信息。

由此看来,从自然文本分析出发,无论是哪一种文学批评都应尽可能回归自然状态,尽量避免任何包括既定话语和审美本质论等各种因素的影响,从而去感知由文学文本形成的语境。该语境既可以是多个文学文本构成的,也可以是单个由内在多个子文本构成的文学文本。总而言之,最可以为读者"敞开"的、逼近本真的文学文本,就是返回自然生态环境或曰"圊境"本身的文学创作。自然文本分析的主要任务就是要揭示文学创作的这一返回过程。

第二节　逆向认知:脑文本的互动机制

长期以来,人的认知活动就一直被看成是从感性提升为理性的过程,是人的由表及里、由现象到本质地反映客观事物与内在联系的心理活动。因此,以自然和社会为载体的"圊境"也就成了认知活动的客体。所谓的真理也就是人脑对客观对象及其规律从感性到理性的正确认知,我们暂且把这一认知活动称为"正向认知"。但是,我们又不难发现,所有"正向认知"所得出的真理和知识又难以得到学界持久的共识。其主要原因在于人的认知是有局限性的,而且是不断发展变化的。更何况,由感性上升至理性的认知活动,即这种把复杂问题简单化的认知方式,主要也适合于自然科学研究,是一种科学思维的范式。②

应该承认,作家从事文学写作的思维方式不同于科学思维,属于艺术思维的范畴。这就是一种从理性走向感性、由思想观念转化为情感表现、把简单的问题复杂化的认知活动。如若把它与科学思维相比较,那可以说是一种

---

① Mihhail Lotman, Umwelt and Semioshpere, *Sign Systems Studies*, 2002,30(1/2), p.36.
② Лихачёв, Д. С., Искусство и наука (мысли), *Русская литература*, СПб, 1992(3), с. 3 - 13.

"逆向认知"。这一认知活动更关注揭示复杂现象间的个性化、差异化、偶然性以及非规律性,甚至认知过程本身就是一种说不清的情感活动。

人的大脑一般被看成是主观世界或精神世界,而大自然则往往被视为人能够感知的客观世界或曰物质世界。哲学也因为对精神或物质的第一性认识不同,而分为唯心主义或唯物主义。实际上,人的大脑本身也是物质的,是人类经过多少万年进化的产物。因此,如若把人的大脑当作一个客观存在来考察,大脑是由左右两个半球组成的。左半球是理性思维的半球,能够通过语言文字进行演绎、推理与分析,而右半球则是感性活动的区域,生成本能、情感、形象及其活动。脑文本就是由两个半球的互动机制构成的。

聂珍钊教授认为,脑文本就是"存储在人的大脑中的记忆,而记忆是人通过感官获得的对世界的感知……也是文本的第一种形态"[①]。"脑文本是人对事物感知、认知、理解和思维得到的结果。"[②]这里其实指出了脑文本是从右半球向左半球转化的过程中形成的。文学观念便产生于这种记忆的组织、转化和重构之中,并且由此催生了文学文本。这种观点从人类文明的发展和文学文本的伦理化来看,无疑是一种高度的凝练概括,具有十分重要的理论和实践价值。

然而,如若从生态符号学的理论来看,人的大脑左右两个半球又是互相构成"圜境"的。左半球由概括形成的概念、推理和观念等,均是以右半球的感知冲动为基础的,而右半球的形象和情感活动也不可能避免左半球理性思维的作用。这就是说,以左半球为载体的抽象思维形成于右半球的情感活动基础之上,而右半球的直觉或感知,也无法不受到左半球各种观念的干扰,即感知什么和如何感知也一定会受到主体性的约束。因此,我们常常所说的生态环境保护问题,就不仅是自然环境,还有更重要的是要维护人脑的生态环境,努力排除杂念,让人脑处于思维积极和想象自由的境地。尽管各种各样知识的积累能够丰富人的大脑,但并非知识越多就一定会有利于人对世界的认知。因为人脑的空间是非常有限的,过多无用的知识反而会致使想象力的

[①] 聂珍钊:《文学伦理学批评导论》,北京:北京大学出版社,2014 年,第 17 页。
[②] 张连桥:《文学伦理学批评:脑文本的定义、形态与价值——聂珍钊访谈录》,《河南大学学报(社会科学版)》,2019 年第 5 期,第 86 页。

下降和思维能力的弱化。

就人对世界的科学认知而言,一般均是一个大脑从右半球向左半球活动的过程。人脑对于外部世界的印象积累会形成概念,而且由此产生各种观念和思想,促动着人的经济和道德活动。不过,从文学创作的活动来看,脑文本又产生于左右两个半球互动作用的过程之中,而且文学文本的生成更主要是一个由左半球向右半球的转化过程,从而在理性与感性的转化中,赋予作品鲜活的生命力。

那么,脑文本作为文学文本的一种生物载体,究竟是怎样在文学创作中形成的?脑文本难道真的是在不断伦理化的文艺观念中产生的?或许唯有揭示脑文本的内在运行机制,才可以揭示文学文本的生成。

实际上,作家在开始文学写作之前,都已积累了大量丰富的生活体验和各种知识,形成了一定的文学创作观,甚至产生了明确的创作意图。这种意图和观念显然滋生于该作家大脑的左半球之中。不过,在开始文学创作时,作家常常又会情不自禁地进入一种创作的癫狂状态。这时他的大脑活动便会由左半球转向右半球,陷入了连他本人都无法控制的情感境地,甚至创作出有悖于自己思想观念的文学典型,写出连他自己都无法说明原因的文学文本。

19世纪俄罗斯经典作家列夫·托尔斯泰的夫人托尔斯卡娅,在1873年3月19日至20日写给其妹库兹明斯卡娅的家信中,曾提起作家的创作意图:"昨天,列夫突然开始写一部关于现代生活的小说,小说的情节是一个不忠的妻子和由此发生的所有戏剧性事件。"[1]在小说情节中,这位女主人公跟着年轻的贵族军官渥伦斯基私奔了,抛弃了自己的丈夫和孩子。随后,女主人公安娜由于无法忍受渥伦斯基对她的冷淡,最终卧轨自杀。显然,无论是文学批评家,还是普通读者,在阅读时大都不会去考虑托尔斯泰本人的创作初心,反而把安娜看成追求新生活的女性。文学批评界通常把这种现象归结为创作方法与世界观之间的矛盾,并认为,这是先进的创作方法克服了世界

---

[1] Толстой, Л. Н., «Анна Каренина»: Неизданные тексты / Публ. Н. Гудзия // Л. Н. Толстой / АН СССР. Ин-т рус. лит. (Пушкин. Дом), М.: Изд-во АН СССР, 1939, с. 381.

观的局限。

实际上，在我们看来，托尔斯泰在自己的创作过程中，经历了一场从理性观念向情感活动的转化，即由自己脑部的左半球向右半球的转移。托尔斯泰在写作时处于高度兴奋状态，慢慢摆脱了各种伦理道德规范和思想观念的羁绊，进入了本真的生命活动境界，塑造了超越自我主观意识的人物形象。这便是一个典型的"逆向认知"过程，从理性走向了情感。读者的阅读也正是在这种情境之中，摆脱了外界社会各种伦理道德的制约，返回了自然生命的本真境地，从而获得了超越现实环境的阅读效果。这种文学创作的例子比比皆是。再如西班牙塞万提斯的小说《堂吉诃德》，本意是批判当时的骑士文学和骑士精神，但通过塑造堂吉诃德这位执着追求理想而又处处碰壁的经典形象，反映了当时人文主义思想和现实之间的矛盾，也成为一种精神超越的象征。

其实，脑文本作为文学文本的生物载体，是由左右两个半球互动形成的内在机制。科学思维主要呈现为由右半球向左半球、从感性到理性的不断提升活动，艺术思维却更主要体现为由左半球向右半球、从理性向感性的渐渐转变的过程。文学创作虽离不开科学思维的理性思考，因为任何一位大作家首先应是一个思想家，但是同时又受到艺术思维的主宰，这才有可能超越作家创作的主体性。文学经典之所以能超越时代和社会，在很大程度上都是这种"逆向认知"的结果。因此，脑文本不仅是文学观念的载体，更是超越观念的生命和精神价值的体现。

第三节 意义释放：回归自然的伦理学批评

文学批评的任务往往被视为凝练出作品的主题思想和艺术特色，也就是运用不同的批评路径确定文学文本的意义或意义再生机制。不过，任何意义的确定又大都会被后人重新阐释。那么，文学批评的目的究竟是什么？是确定意义还是释放意义？应该如何释放意义？自然文本的分析方法探索出的途径，就是回归自然，返回"圜境"，甚至由理性走向感性，从人物主体转向自然环境或客观社会，以便进一步实现文学文本的意义释放。在精神文化符号学看来,最为伦理道德的文学创作就是要释放连作家自己都想不到的创作意义,把读者从某种确定的文学文本意义中彻底解放出来。如果说文学伦理学批评注重的是文学创作思想内容的伦理道德观,那么精神文化符号学更关注文学作品艺术形式的伦理道德,即读者敞开自由阅读的空间,甚至发掘作家超越自我的深层创作。

文学伦理学批评自诞生以来,学界往往把该批评看成"是一种从伦理视角阅读、分析和阐释文学的批评方法。它以文学文本为主要批评对象,从伦理的视角解释文本中描写的不同生活现象……分析伦理选择的不同动机,剖析伦理选择的过程,揭示不同选择给我们带来的道德启示,发现可供效仿的道德榜样"[1]。毫无疑问,只要人类处于文明社会,该批评的思想导向是值得充分肯定、无可争辩的。

显然,人类的伦理选择在不同时代和社会的各个阶段是不可能相同的,是发展变化的,甚至还可能是相互对峙的。在两千多年漫长的中国封建社会里,"父母之命、媒妁之言"被当作男女婚姻必须遵守的道德准则。这种婚姻观不仅成为制约人性及其发展的桎梏,而且还阻碍了人类社会文明的进步。相反,自五四运动以来,自由恋爱逐渐得到了知识界和社会的普遍认同,不再被看成有悖于社会道德规范。文学创作作为引领时代和社会发展的一股精神力量,往往走在时代的前面。例如,在我国流传千年的民间传说"梁山伯与祝英台",便是与中国封建社会的传统道德观相背的。

文学伦理学批评既然是一种超越时代的文学批评方法,它的伦理选择就不能够局限于某一时代和社会,而应是一种"敞开"式的,随时代变化而变化的。因此,仅仅从文学创作的思想内容上,来阐释伦理选择所产生的道德启示,明显是不够的,甚至难以走出由此造成的争议或困境。实际上,对文学伦理学批评的质疑,主要来自以坚持艺术审美本质的批评者。在他们那里,文学的主要功能和本质特征应是文学形式的审美特征,而并非教诲。美国学者波斯纳(Richard Allen Posner)就曾明确指出:"评价文学的正确标准是美学

---

[1] 聂珍钊:《文学伦理学批评导论》,北京:北京大学出版社,2014年,第5—6页。

标准而不是伦理标准。"①

我们暂且先把聂珍钊教授关于审美并非文学功能的看法搁置起来，文学审美学派的批评者们也仅仅把文学的伦理道德表现局限于文学文本的思想内容方面，而恰好忽视了他们自己强调的文本创作形式的伦理道德问题。其实，文学创作的内容与形式是互相融合、根本无法分割的。文学文本的形式本身就是内容，因此文学的创作形式也存在着伦理道德的问题。事实证明，文学作品越是经典，其艺术形式就越是"敞开"的，就越可以赋予读者更多的阅读自由。这样的作品当然也就越是伦理道德的，这样我们才会说"一千个读者就有一千个哈姆雷特"。

但文学创作不可能成为某一时代和社会伦理价值观的传声筒。从文学艺术形式的维度来看，文学创作的形式就是要尽量"敞开"，赋予读者尽可能多的可解读性，让读者回归"自然"的阅读境地，唯有如此，才是最伦理道德的。许多文学经典都为读者提供了无限多的可阐释性，其创作目的或许就在于给读者以充分的思考空间，让读者摆脱既定的思想束缚。

因此，乌克斯库尔关注的重点就转向了自然环境，并且把环境视为具有主体性的行为发生者。他的自然文本分析方法主要是从"圜境"的维度，释放文学文本的意义，还读者以阅读的自由。如用这一文学批评方法，来分析当代俄罗斯女作家玛丽亚·斯捷潘诺娃（Мария Михайловна Степанова）的历史小说《记忆记忆》(2018)，我们就会发现，该文本之所以得到文学批评界的充分肯定，就是因为其"敞开"的独特叙事构造，并因此被誉为"橱窗小说"。②作家为了达到尽可能客观的真实陈列，返回环境本身，不再采取传统的叙事策略，而是通过"橱窗"的"间离效果"，对历史遗物，即"战争"记忆的载体，进行了"自然"的多重展示。斯捷潘诺娃的创作目的并非要向读者渲染战争给特定的人们所造成的心灵创伤，而更主要是避免把读者拖入家族记忆创伤的感情旋涡。斯捷潘诺娃采用了反沉浸、反共鸣的方式，故意把读者隔离于"橱

---

① 波斯纳：《法律与文学》（增订版），李国庆译，北京：中国政法大学出版社，2002年，第407页。

② Гримова, О. А., Разрушение нарративной интриги в «романсе» М. Степановой «Памяти памяти», Вестник РГГУ, Серия: Литературоведение, Языкознание, Культурология, No.9-2, 2020, с. 140-151.

窗"之外，造成了文学欣赏的距离感，以达到在呈现自己家族记忆、升华创伤情感的同时，唤起读者的审美思考，更引起对战争的反思，以此达到释放意义的目的。

在乌克斯库尔的自然文本分析看来，这种回归自然、展示记忆物品的创作方法，在返回客观历史社会的同时，以文本的文学审美形式"敞开"，赋予读者以自我阐释的充分自由，从而实现文学文本形式的伦理化。其实，在乌克斯库尔看来，这种返回自然和自由的创作状态，还不只是作家本人难以控制的，甚至还会与作家本人的想法完全相悖，以至于作家与批评家之间会产生直接的激烈冲突。19世纪俄罗斯著名青年批评家杜勃罗留波夫在《真正的白天何时到来？》中，把屠格涅夫的长篇小说《前夜》看成表现了革命即将来临的"前夜"，提出了贵族作家屠格涅夫本人根本没有想到的观点和评价。该评论遭到了作家本人的激烈反对和抗议，最终导致了刊发该文章的《现代人》杂志最终分裂。屠格涅夫、列夫·托尔斯泰等一批作家表示不再为该杂志撰稿，以示抗争。其实，这就是屠格涅夫在自己的创作中摆脱了自身写作观念的局限，进入了创作的自由境界，才会无意识地揭示了那时俄罗斯社会发展的特征，引起了杜勃罗留波夫的评价。经过半个多世纪之后，俄国社会的发展证明了这位年轻批评家思想的敏锐。

文学伦理学批评的自然文本阐释的主旨是要让文学伦理学批评返回自然，为创作艺术松绑，使其处于自由的状态。乌克斯库尔曾明确指出："每一个主体都可以在外部力量的作用下，成为意义的接收者，获取由意义载体发出的信息。这里既可习得作为主题的旋律，也可从意义载体身上获得形式。"[①]

显然，"圜境"产生的外部力量是第一性的，是信息的源头。相对于文学观念和理性思维而言，自然物种和感性体验不仅是出发点，也是归宿地。人的认知活动其实是从客观世界到主观世界，再返回客观世界的认识过程。文学创作当然是这一过程的产物。大自然或生活环境不可能仅仅是被认知的客体，它们也具有自己的主体性，是生命体构成的个性世界。在生态符号学

---

① Jakob von Uexküll, *Bedeutungslehre*, Leipzig: Verlag von J. A. Barth, 1940, p.50.

看来，没有外在环境发出的信息和刺激，人脑就无法产生任何认知活动，文学创作也就更是无从谈起。

简而言之，乌克斯库尔的自然文本分析就是一种以自然主体论为基础的文学批评方法。从该方法的维度来看，任何文学创作和阅读均是一个既受环境作用又返回环境的过程。作家所创作的文学文本不再仅仅是表现典型环境中的典型人物，而更主要是在于揭示自然、各种人物所构成的生物和社会环境，即"圜境"。读者对文学文本的解读不只是要得出某个确定的意义或者接受某种教诲作用，不应局限于单一的解读模式，而是要返回自然，回归"圜境"，进入文学文本所创造的完整世界中，与文本进行深度的"对话"与交流，以发掘文学文本更丰富的内涵与价值。文学伦理学批评的伦理道德体现，就是要让文学创作形式"敞开"，发掘作家创作的自然状态，还给读者以阅读的自由，从而实现释放意义的目的。

第十五讲

"塑造"与"超越":自我管理的反思

"理性的直觉"的认知模式探索和"道不可言"的语言本体论反思,无疑是精神文化符号学理论构建的两个重要方面。然而,理论的价值关键在于能够服务于人本身,尤其是对于人的"自我管理"的精神建设,这也是符号与生命境界探索的现实意义之所在。关于"自我管理"是一项深远且多维度的内在个体发展实践,其内涵不仅涵盖了深度的自我反思,更强调目标设定的清晰性与效能感的塑造。同时,它要求个体对自身行为实施精确的控制,并持续进行优化与调整。此理论的核心信念在于,每个个体都具备与生俱来的能力,能够有效管理并塑造个人的行为习惯与认知模式。在教育、职业发展等多个领域,自我管理理论均显示出广泛的应用价值,为个体应对挑战提供坚实的支持,推动其实现个人价值,从而为社会的进步与发展贡献力量。

在深入研讨"自我管理"的过程中,关于"自我"本质的探讨成为一个核心议题。自人类文明发轫之初,对"自我"本质的探寻便一直是文化领域的核心课题,众多智者亦曾对此进行过系统的研究与分析。虽然自我管理理论并非直接聚焦于"自我"的哲学思考,但无可否认,"自我"本质的探寻构成了自我管理理论的重要基石,是进一步探索自我管理的根本前提。这一过程需要我们全面剖析"自我"的内涵,深入理解其复杂性与多样性,以期构建坚实的理论基础,为更有效的自我管理提供有力支撑。

随着符号学的不断演进,人类对"自我"认知的深度和广度亦随之提升。恩斯特·卡西尔在其著作《人论》中,提出了一个划时代的观点:"我们应当把人定义为符号的动物(animal symbolicum)来取代把人定义为理性的动物。"[1]这一论断揭示了人类作为"符号的动物"的本质,引领我们进入了"符号自我"的理论领域。在这个框架下,"符号自我"不仅意味着"自我"能够运用

---

[1] 卡西尔:《人论》,甘阳译,上海:上海译文出版社,1985年,第34页。

第十五讲 "塑造"与"超越":自我管理的反思

符号,更表明"自我"本身就是由符号构成,"符号化的思维和符号化的行为是人类生活中最富于代表性的特征"①。通过将"自我"符号化,我们得以更加清晰地认识到"自我"的多维度特性。

精神文化符号学,其根源深深植根于中国传统文化的深厚土壤之中。这一土壤,源自先秦哲学的博大精深,其思想的多元化与深刻性,为后世哲学的发展奠定了坚不可摧的基础。商汤《盘铭》中有言:"苟日新,日日新,又日新。"(《礼记·大学》)强调个体要不断反省和勇于革新。先秦哲学的精髓,作为文化的核心要素,已经潜移默化地渗透进我们的思维与行为模式之中,塑造了我们对于"自我"与世界独特而深刻的认知。在此文化背景下,精神文化符号学与自我管理理论的有机结合,不仅为个人的全面发展与成长提供了切实可行的途径,赋予了生命价值升华的新内涵,更是对传统文化智慧的深切致敬与有力传承。同时,正如楼宇烈所指出的,中国传统文化的核心精神体现为一种自我管理的精神。因此,本讲作为系列讲座的最后一讲。

第一节 "塑造"自我:"符号自我"的构建

在符号学理论的框架内,"自我"被视作一个充满生命力的符号系统。正如导言论及的,符号学家赵毅衡提出的"符号自我的纵向与横向位移"②模型,为我们深刻剖析"自我"的本质提供了重要视角。此模型对于解答"自我是什么?"这一核心问题具有关键意义,它深刻揭示了"自我"在时间与空间维度上的流动与变迁,从而赋予我们对"自我"更为动态和全面的理解。对"自我"的深入认识,不仅有助于我们实现更有效的自我管理,同时也对提升生命的境界具有积极影响。

首先,在横向维度上,"自我"是"过去的我"与"未来的我"互动中的所指与能指关系。人们总是处于对过去的反思与对未来的预期之中。正如赵毅衡教授所言:"人在思考自身时构成符号自我,过去的我是这个符号的对象,

---

① 卡西尔:《人论》,甘阳译,上海:上海译文出版社,1985年,第35页。
② 赵毅衡:《身份与文本身份,自我与符号自我》,《外国文学评论》,2010年第2期,第15页。

未来的我是这个符号的解释项,解释项在自我思考的进一步时间延伸中成为新的自我,形成一个符号展开过程。"①这种观点不仅丰富了对"自我"的认知维度,也使人们意识到"自我"是一个永远在途中的符号旅程。

"符号自我"的横向流动,本质上属于一种内在机制,它深刻体现了"自我"与"自我"之间的深刻交流与对话。根据乔治·赫伯特·米德的理论框架,他将"自我"细致地划分为"主我"与"客我"两个维度,并明确指出这种"自我"对话正是这两者间相互作用与影响的直接外在表现。随着时间的演进,"主我"与"客我"之间的关系展现为一种动态的变化态势,即当前"主我"的状态将在时间推移中逐步融入并转化为"客我"的状态。这种持续性的对话机制,在推动"自我"意识成熟与完善的过程中,具有不可或缺的重要价值。

在深入解析"符号自我"的对话机制时,我们可以借鉴皮尔士的"符号—对象—解释项"三元符号理论框架。此类对话实际上是对"自我"内在本质的深刻探索。在此过程中,个体通过持续的"自我"解读与内在结构的重构,逐步塑造出更为清晰的"自我"认知。在这一动态过程中,"现在的我"扮演着"符号"的角色,成为"自我"表达的重要载体;"过去的我"作为"对象",为"自我"的解读提供了坚实的基础,并为当前及未来的"自我"理解提供了丰富的历史参考;"未来的我"则充当"解释项",承载着个体对未来"自我"发展的期望与愿景。依据皮尔士符号学中无限衍义的原理,"自我"的阐释过程呈现出持续拓展与深化的态势。随着新元素的不断融入,新的符号得以形成,进而推动了"自我"意义的不断丰富与拓展。在这一过程中,"自我"得以持续获得新的生命层次,展现更加多元且复杂的内在意义。

"自我"的横向位移,可以理解为一种在时光长河中持续航行的历程,它致力于通过岁月的洗礼与沉淀,精心锻造出一个更为丰富、更为深邃的内在"自我"。在中国传统文化的深厚底蕴中,这一理念亦占据着举足轻重的地位。例如,曾子所倡导的"三省吾身",即倡导人们每日多次进行自我反省,以此推动"自我"的持续成长与进步。此外,孔子的生命阶段论亦是对此理念在时间维度上的深刻阐释。从"十五志于学"至"七十而从心所欲",这一历程正

---

① 赵毅衡:《身份与文本身份,自我与符号自我》,《外国文学评论》,2010年第2期,第16页。

是"自我"在时间长河中不断塑造与完善的生动体现。

我们在进一步探究"自我"横向位移的深层意义时,不难发现其与人生旅程中的每一次抉择和每一个决定息息相关。横向位移的旅途并非一帆风顺,如同航行中的船只需要不断调整航帆以应对风向的变化,人生的"自我"也需要在各种生活经历中不断调整,以适应外界环境的变化。在人生的征途上,我们将遭遇各种挑战与困难,它们或将成为我们前进道路上的阻碍。然而,正是这些挑战与困难,使我们可以更加深刻地认识"自我"。因此,我们可以说,横向位移不仅意味着时间上的前行,更是一次心灵上的成长与升华。它引领我们在时间的长河中持续前行,不断塑造和完善"自我"。

其次,在纵向维度上,向上的位移是面向"自我"身份的位移,向下的位移是面向"自我"身体的位移。也就是说,向上的位移代表着向"自我"被认同的探索,而向下的位移则意味着向"自我"存在的寻觅。赵毅衡把存在主义哲学家让·瓦尔(Jean Wahl)的向上超越(trans-ascendence)与向下超越(trans-descendence),符号学家塔拉斯蒂的"外符号性"(exosemiotic)与"内符号性"(endosemiotic),符号学家诺伯特·威利的"向上还原"与"向下还原",以及社会学家尼克拉斯·卢曼(Niklas Luhmann)向上成为"(人际)互动的""组织的"与向下成为"有机生物的""机械的"等理论,都归于"自我"的纵向位移。[1]

"符号自我"的纵向提升,代表了对"自我"身份深度的肯定与认知。这一过程揭示了如何通过符号化的活动来塑造与再塑个体身份,以及在社会架构中为"自我"寻找一个恰当的定位。此提升过程可能涉及个体通过教育、职业进阶、社会参与等途径来扩展与深化身份认同。在追求更高层次"自我"实现的道路上,个体可能会通过深入学习、参与更广阔的职业领域、承担更多的社会责任等方式来强化与扩展其身份认同。这一提升使得"自我"成为社会文化符号的一部分,超越了单纯的个人意义。

"符号自我"的纵向向上位移,恰似攀登一座高峰,每一步都伴随着挑战与机遇。当个体在身份认同的征途上不断前行时,在此过程中,个体逐渐认

---

[1] 赵毅衡:《身份与文本身份,自我与符号自我》,《外国文学评论》,2010年第2期,第16—17页。

识到,"自我"并非孤立存在,而是与社会、文化紧密相连。随着身份认同的深化与扩展,个体开始更积极地参与社会实践,致力于为社会做出贡献。最终,"符号自我"的纵向提升不仅是个体身份认同的强化与扩展,更是对整体社会文化的积极贡献。当个体在社会实践中发挥积极作用时,他们不仅赢得了尊重与认可,更为整个社会注入了正能量与活力。这种正向的循环,使得"符号自我"的纵向提升成为推动社会进步的重要力量。

"符号自我"的纵向向下位移,体现了对"自我"生物本质的深刻洞察,即将其存在本质追溯至生物学与物理学的基本层面,触及并深化了"自我"对自身身体与物质实体的认知与体验。在此进程中,"自我"聚焦于身体的生物学特性,如健康状态、年龄增长、体能变化等。在"符号自我"向下的身体回归中,个体倾向于重新评估对身体经验的感知,鼓励以更为直观的方式感知并接纳自己的身体,因为身体是构成"自我"认同的核心要素之一。

"符号自我"在纵向维度上的向下位移,对于促进"自我"与身体的和谐共生具有显著且积极的效应。通过执行系统性的运动规划和保持均衡的饮食习惯,个体能够切实维护和提升身体健康状态与活力。在此过程中,个体或许会发现,即使是身体最细微的生理变化,如皮肤光泽度的提升、肌肉线条的优美以及心跳节奏的和谐,也成为他们深刻感知和体验生命的不可或缺的部分。这种对身体层面的细致探索,将进一步促使个体聚焦于身体的内在感受,学会倾听身体的声音,尊重并满足其内在需求。

这种对身体的深度认知与体验,有助于个体更深入地理解"自我"与身体之间不可分割的紧密联系,进而巩固并强化其"自我"的认同感。所以,"符号自我"的向下身体回归,实质上是一种深入理解和接纳身体的心理过程。这一过程不仅激励个体更加珍视和关注自己的身体,还可能使个体在这一过程中发现更为真实、更为深刻的"自我"认知。这种认知并不仅限于对身体的理解,更是个体通过此过程,更为珍视、更为关注自身存在,更为重视生命本身,从而可能达到更为真实、更为深刻的"自我"认知。

综上所述,"符号自我的横向与纵向位移"模型为自我管理提供了重要的指导。虽然这一理论框架无法完全涵盖"自我"的所有复杂性,但它无疑为人类有效地进行自我管理开辟了清晰的符号化路径。无论个体是否意识到自我管理的必要性,他们实际上都处于某种自我管理的状态。无论是否通晓符号学知识,所有人都无一例外地沉浸在符号活动中。赵毅衡深刻地指出:"一个自觉的自我必然也是一个符号自我,因为他在不断地思考世界与自我存在的意义,探索的是自己在宇宙中的独特位置。"①然而,值得注意的是,这一模型亦有其局限性,即对于"自我"的超越状态缺乏深入的探讨。

第二节 "超越"自我:走出"符号自我"

在"符号自我"的理论框架下,自我管理成为一种精致的艺术,我们通过符号的智慧来细化和优化个人的生活与成长。然而,在这个充满符号的世界中,为什么我们还需要学会"超越"自我,走出"符号自我"呢?

首先,"超越"自我的核心在于走出"符号自我"的横向位移。这种位移,本质上表现为一种内在的"自我"对话,而"超越"自我的实质则在于终结这一对话的循环。这种"自我"的对话在时间的三维框架——过去、现在与未来——中持续进行,尽管它在一定程度上推动了"符号自我"的塑造,对个体的自我管理具有积极意义。然而,过度沉浸于这种对话之中,也可能导致"自我"陷入对过去或未来的过度执着,从而忽略了当下真实的"自我"。在现实的自我管理中,我们确实面临因过度关注过去与未来的"自我"而产生的风险。因此,我们应摒弃"符号自我"的过度横向位移,回归至一种更为纯粹、宁静且聚焦于当下的"自我"状态。

其次,"超越"自我代表着走出"符号自我"的纵向位移。过度的纵向位移,无论是向上还是向下,都有可能出现远离本真的我的风险。庄子在其哲学中提出了"神人无功,圣人无名"的理念,这些境界都是为了防止因沉迷于社会"自我"而遗失本真的我。符号学家诺伯特·威利对于"符号自我"的这种向上还原同样持谨慎态度,他认识到:"各种向上还原都具有社会科学精神,承认人性中具有彼此联系和社会约束的特质。但是这种意识达到了这样

---

① 赵毅衡:《符号学原理与推演》,南京:南京大学出版社,2011年,第62页。

一种程度,即这些人都失去了所有的独立自主。"①

同样,对于"符号自我"的向下还原,也存在着类似的风险。威利在其著作《符号自我》中生动地描绘了向下还原的风险,他讲述了一个故事:一位资深哲学家在会上哭着说,"我不知道自己怎么了,他只是一些原子和分子"。但是眼泪告诉人们,他不只是一堆原子和分子。也就是说,他的人性不能通过确证原则来抓住,一个人不可能在物理认知学的基础上过一辈子。② 威利通过这个故事向人们揭示,无论是物理的、化学的,还是医学的人类向下还原模式,都有可能使我们失去真正本真的我。

因此,走出"符号自我"的纵向与横向的位移,获得的是守中状态的本真的我。将自我与当下的时间、空间融为一体,这是理想状态的本真的我。塔拉斯蒂说:"理论上说,当所有三个维度普遍存在完整的连接时,就达到最大程度的本真性。这三个维度是:(1)时间——'现在'(nunc);(2)空间——'这里'(hic);(3)行动者——'我'(ego)。人们认为这是最理想的状态:这是哲学家们的乌托邦。"③然而,塔拉斯蒂将这种理想化的"自我"状态称为"乌托邦",是因为现实中的人类往往沉湎于过往"自我"的回忆,或是沉溺于未来"自我"的幻想。人们也常常受限于社会赋予的身份框架之中,或被物质肉身所束缚,或是不知如何将挫折与压力转为前行的动力。因此,要实现"自我"与当前时空的完美融合,实为不易。在塔拉斯蒂的哲学视角下,本真的我应当是一种超越了"符号自我"的,处于守中境界的我。它不会在时间的横轴与空间的纵轴上迷失方向,而是在时间与空间的和谐统一中得以绽放。在这样的状态下,个体与宇宙的节拍同步,活在当下,完全融入时间的流动和空间的广袤之中。

"超越"自我,并不是对自我管理的弃置,而是一种高级的自我管理艺术。张世英教授曾言:"主客二分式的'自我'是实体化、对象化的东西,他只在一定程度上是自由不依的,是他自己的思想、言行的决定者,但从全面看,却另有更深层次的、更大范围的、最终的决定者,这就是'本我'——整个宇宙的动

---

① 威利:《符号自我》,文一茗译,成都:四川教育出版社,2011年,第204页。
② 威利:《符号自我》,文一茗译,成都:四川教育出版社,2011年,第210页。
③ 塔拉斯蒂:《存在符号学》,魏全凤、颜小芳译,成都:四川教育出版社,2012年,第294页。

态的联系之网,亦即'万物一体'之整体。"①根据这种理论,我们可以理解,那种能够在"符号自我"的横向与纵向上自由移动的"自我",仅仅属于一种主客二分式的"自我";而"超越"自我,即处于守中状态的"自我",则属于"天人合一"状态中的本真的我。本真的我是与宇宙动态相连的整体,从而实现"万物一体"的高境界自我管理。庄子的"天地与我并生,而万物与我为一"和孟子的"万物皆备于我"中的"我",正是张世英所描述的本真的我。通过"超越"自我,我们在一定时间内可以放下横向与纵向上的位移,从而获得这种与宇宙同呼吸、与存在共舞的本真的我。

"超越"自我是一项在日常生活中应当受到极高重视并付诸实践的自我管理艺术,其目的在于引导个体超脱时空的局限,理性看待人生中的挫折和困难,避免过度沉溺于过去的遗憾或对未来的过度憧憬。然而,需要强调的是,"超越"自我并非放纵,而是一种深层次的自我调整与提升。在当前这个信息繁杂、欲望交织的社会背景下,个体的心灵常受到外界纷扰的侵袭,难以维持内心的宁静与清晰。因此,"超越"自我显得尤为重要,甚至成为一种宝贵的修行方式。

"超越"自我要求个体具备抵御外界诱惑的能力,坚守内心的宁静;同时,需要学会放下不必要的执念,在物质追求与精神超越之间寻求辩证的统一,使心灵达到真正的自由与解放。在此过程中,个体能够重拾内心的平和与清晰,发掘出深藏内心的潜能与价值。个体将不再被过去的阴影所困扰,不再为未来的不确定性而过度焦虑,相反,将学会在时间的流转中保持清醒的头脑,在空间的广阔中维持内心的安宁。

"超越"自我既是对哲学高度的追求,也是生活的切实实践,使个体在无限的空间中保持心灵的宁静。通过"超越"自我,个体能够走出"符号自我"的束缚,回归真实的自我,与宇宙共鸣、与存在共舞,实现"万物一体"的崇高境界,从而达到一种高层次的自我管理,升华生命的境界。

---

① 张世英:《哲学导论》(第三版),北京:北京大学出版社,2016年,第98页。

第三节 "有无之境":"塑造"与"超越"的融合

　　精神文化符号学,其深厚根基扎根于中国传统文化之中,其核心观念之一便是崇尚主体在"有无之境"间达到的交融与统一。该学说认为,符号化的自我管理,实质上是一种对个体"文化自我"的精心塑造与鲜明展现。然而,必须明确指出,这些通过符号化形式呈现的"自我"并非生命本源的真正核心。真正的自我,乃是在摒弃"文化自我"的束缚后,所展现的"精神自我"。在精神文化符号学的理论架构下,"精神"并非人为构建的语言符号概念,而是源于先秦哲人的深邃智慧揭示了天、地、人三者浑然一体的"精神"实质。它深刻地反映了人体内部所蕴含的天地"精神",彰显了"自我"与自然和谐共生的本质属性。

　　精神文化符号学倡导人类应灵活地在两种互补的生活状态间进行转换。南宋儒学大师朱熹向弟子郭友仁传授的"半日静坐,半日读书"[①]之箴言,并非仅指时间分配,而是深刻体现了一种追求内心平和与宁静的哲学理念,凸显了对静谧状态的珍视。这一理念构成了一种全面的人生观,其中"半日读书"意在通过知识的积累,深化对世界运作法则的理解,进而掌握处世之道;而"半日静坐"则代表着在宁静中审视内心,追求心灵的和谐与平衡。人心作为一个复杂的领域,充满欲望与杂念,通过一定的"静坐"修心,人们能够促使内心回归平静,实现更清晰的自我认知。这一思想对现代人而言同样具有深远的启示价值。在快节奏、高压力的现代生活中,人们常被琐事与欲望所困扰,难以静心思考与自我反省。因此,"半日静坐"并非要求人们完全隔绝外界,而是鼓励人们在忙碌的生活节奏中寻找一片宁静的空间,使心灵得以放松与滋养。

　　道家哲学之精髓,在于追求内心之宁静与外界之和谐。《道德经》有言"为学日益,为道日损",深刻揭示了道家对知识与智慧、修行与内心的独到见解。"为学日益"意味着通过不懈的学习与探索,我们能够持续积累知识与技

---

① 《朱子语类》,黎靖德编,王星贤点校,北京:中华书局,1986年,第2806页。

能,此乃外在的、逻辑性的、线性的增长过程,要求我们持续追求新知、新技术与新理论。"为道日损"则表明,在修行的旅途中,我们必须逐步去除固有的偏见、成见与执着。此过程非外在的积累,而是内在的、心灵的净化与升华,要求我们自我反思,摒弃杂念,以臻至纯粹与宁静之境。在道家哲学中,这两种状态并非孤立存在,而是相互转化、动态平衡的。通过减少杂念与执着,我们能更加清晰地洞察生命之本质,获取更高层次的智慧。此种智慧非外部学习所得,而是内心体悟与修行实践的结晶。在当今社会,此理念仍具有深远的意义。它告诫我们在追求个人成长与知识积累的同时,亦需关注内心的平和与精神的修养,不断提升自身的格局与境界。唯有内外兼修,我们才能达成更全面、更深刻的人生理解,实现个人的和谐与完整。

北京大学哲学系教授张世英凭借其对东西方智慧的深厚洞察,对人类存在的双重状态进行了严谨且深入的剖析。他首先援引笛卡尔的"我思故我在"理论,将其与主客体分离之状态相契合,揭示出此状态是"自我"意识明晰、坚定的体现。同时,他又将海德格尔的"澄明之境"理念与"天人合一"的哲学境界相映照,强调这反映了"自我"与世界全面融合、和谐共存的至高境界。在主客体分离的状态下,个体意识清晰地区分"自我"与外部世界,主体与客体、内在与外在各自独立,界限分明。而"天人合一"的状态则是一种更为深刻且独特的存在体验,它体现了人与宇宙、人与自然、人与生命的深层本质相互交融,界限消解,达到了一种和谐共生的境界。在快节奏的现代社会中,人们往往过于追求物质世界的"有"的维度,然而,对"无"的维度的深刻体悟同样不可或缺。通过"有"与"无"的双重维度,我们能够更加全面地理解主体的"有无之境"。随着个体修行的深入,这两种存在状态终将相互依存、融为一体,形成不可分割的整体。正如张世英在《哲学导论》中所言:"我主张积极进取的精神与超脱旷达的胸次相结合,超越一切现实存在物(即超越'有')的'无'的最高原则应该包含着'有'。"[1]

在自我管理的实施过程中,实现"自我"塑造与"自我"超越之间的和谐统一,具有举足轻重的意义。其中,"自我"塑造,即个体主动发挥其主体性与能

---

[1] 张世英:《哲学导论》(第三版),北京:北京大学出版社,2016 年,第 100 页。

动性,全面展现其个人价值的动态过程;而"自我"超越,则是一种心灵净化的方式,要求个体暂时释放其主体性,以追求心灵的宁静与平和。这两种状态并非对立,而是相互补充,共同构成个体生命发展的动态循环。它们相互促进,持续激励个体追求自我超越与成长。

在"自我"塑造的进程中,我们勇于挑战自我,追求更高的成就;而在"自我"超越的宁静中,我们则能够寻觅内心的平和,为未来的前行积蓄力量。因此,我们需在"自我"塑造与"自我"超越之间寻求一种均衡状态。这种均衡状态使我们能够在忙碌的生活中保持内心的宁静,同时在宁静中汲取力量,持续前行。在这种均衡状态下,我们能够在忙碌时全神贯注,而在闲暇时保持心灵的宁静与从容。通过"自我"塑造与超越的交替与融合,我们能够在纷繁复杂的世界中找到真实的"自我",实现自我价值,并最终超越自我,达到更高的精神层次。

然而,现有的自我管理模式往往过度强调"自我"的塑造,而对"自我"超越的重要性认识不足。实际上,"自我"的超越与塑造是自我管理中不可或缺的两个部分。只有当这两者相互融合,我们才能真正探索到自我管理的精髓。

精神文化符号学汲取了中国传统文化的精髓,在人类符号活动中倡导主体"有无之境"的哲学理念。这一理论不仅深化了符号学中"符号自我"的相关理论,也为管理学中自我管理理论的完善提供了宝贵的启示。通过这种融合,自我管理不再局限于个人能力的提升,更是一种精神和心灵的全面进步。它引导我们在"有"与"无"的螺旋上升循环中,持续探索生命的深层次意义。

总体而言,中国传统文化的核心精髓体现在自我管理的精神上。先哲们通过各种符号活动,对生命的境界进行提炼和提升。归根结底,这种提炼和提升依赖于个体的自我管理去实现。无论是释放意义与"吾丧我",还是"反向认知"与"感而遂通",抑或是理性直觉与"道不可言",以及自然文本与"各正性命",都需要借助个体在社会和自然环境中的自我管理能力。通过这种自我管理,人们能够更深刻地理解生命的意义,提升自身的道德修养,进而达到一种更高的生命境界。这种自我管理的精神不仅构成了中国传统文化的核心,也是现代社会中人们应当追求和实践的重要价值观。

结　语
"质"的更新：新质生产力与精神文化符号学

　　新质生产力是当前我国学界的热门话题，通常被阐释为一种符合新发展理念的先进生产力质态，是推进当代社会文明进步的重要力量。然而，学界更多是从"态"的维度来探讨，如人工智能、生物合成、新能源、新材料、先进制造、电子信息等战略性新兴产业的形态。这显然与包括精神文化符号学在内的符号学研究关系不大，仅涉及研究手段的技术方法等问题。其实，如果从"质"的核心来看，这些新兴产业得以发展的"质"正是马克思主义的"否定之否定"原理。这就是对传统研究方法和理念的更新，因此又是与符号学研究密切相关的。在人工智能高速发展的今天，先进生产力"质"的不断更新为符号学研究，特别是精神文化符号学研究，提供了新的思路与方法，甚至促使研究目标的转换、文本分析维度的更新以及科学思维与艺术思维的融合等。这里我们重点探讨人工智能引发的精神文化符号学研究变化，并结合具体的文学创作实例展开分析。

一、路径的转换：返回自然本体

　　人类文明的进程通常是沿着真理探索的道路前行的，即不断积累知识，逐渐接近真理。尽管我们永远不可能企及真理，但能够无限接近它。然而，是否还存在其他探索途径呢？人工智能的发展过程为精神文化符号学的研究拓展了视野，开辟出新的路径，也就是不仅积累知识，还开启了返回自然本体的转向。其实，人类的认知困境就在于：自然是无限的，而人的认知是有限的，用有限的能力去把握无限的世界，显然是不可能的。既然如此，也许反其道而行之能拓展出新的路径。当然，返回自然本体并非要回归到原始的生态环境之中。返回自然与发展科技其实并不矛盾，只是要不断打破已有观念和规律的束缚，让人类有限的认知能力无限放大，甚至超过人类自身的智力。这也早已成为当代人工智能机器学习演进的方向和重要方法之一。

正如第五讲中所述，人工智能的机器学习方向是"零样本学习"[①]。这是一种返回自然本体的研究路径，即努力摆脱任何人类观念和规律（样本）的羁绊，以训练数据组合的方式，模拟人类的自由推理，其功能可以让计算机具备知识迁移的能力，非常适合处理自然生活中的海量信息。为了实现这一方向，人工智能机器学习的主要方法之一是"生成对抗网络"。这种深度学习模型，主要通过框架中的最少两个模块，即生成模型与判别模型，互相博弈学习滋生相当好的智能产出。[②] 在这一过程中，无论是对人类主观"样本"制约推理的克服，还是对抗性博弈的深度学习，都体现出从有限理性回归无限自然的学习方式。在人工智能机器学习中，对抗思想被成功引入，使得判别模型在深度学习领域取得了很大成功。可见对抗性或曰批判性作为一种学习方法，有利于促进以有限的理性去探索无限的自然，从而推动人类文明的进步。当然，人工智能自身的成长也是在不断自我否定中更新换代的。最初机器人AlphaGo采取的是类似平衡语料库的构建方法，把人类历史上几万盘残局学习了一遍，在与世界冠军的博弈过程中，虽然输了一局，但按照人类的路子最终赢得了比赛。然而，不久新一代机器人AlphaGoZero以"新质"的方法，直接针对围棋规则进行对抗性学习，经过多次练习，只用了一天半就打败了AlphaGo，而且没输一局。

人工智能机器学习模型进化的重要特征之一就是，正在经历由文字信息生成图像的过程，始于2015年的源自非平衡态热力学的机器学习如此，2021年OpenAI团队提出的CLIP模型已经直接把文本转化为图像，只不过是由于信息源传播过程与外界作用（噪声）的不同，形成的图像也会有所不同。这实际上就是在从文字表述的确定意义转化为具体的形象（返回自然），从而达到释放意义的目的。人工智能作为新质生产力的代表，它的发展令人深思。这也为精神文化符号学的研究提供了新的思考和探索路径。

[①] Christoph H. Lampert, Hannes Nickisch, Stefan Harmeling, Learning to Detect Unseen Object Classes by Between-class Attribute Transfer, *2009 IEEE Conference on Computer Vision and Pattern Recognition*, Miami：IEEE, 2009.

[②] Ian J. Goodfellow et al., Generative Adversarial Nets, *Proceedings of the 28th International Conference on Neural Information Processing Systems*, Vol. 2, Cambridge：MIT Press, 2014.

二、目标的更替：转向释放意义

在符号学的研究中，学界通常是把确定符号的意义作为最为重要的任务，甚至把符号学定义为研究意义的学科。例如，在分析文学作品时，文学符号学研究者们就把确定主题思想、艺术特色或文本的意义再生机制等，作为探讨的主要目标。评判的依据一般是作家本人的思想、社会环境和文本的内在构造，甚至当前历史考证式的研究，极大地影响着我国的外国文学批评。如果作家的主观愿望与读者的阅读体会不一致，一般会被视为世界观与创作方法之间的矛盾。显然，这种以确定意义为目的的探索方法已很难把握千变万化、纷繁复杂的符号世界。人工智能发展的"零样本学习"方向和"生成对抗网络"方法，为精神文化符号学的研究目标提供了新的思考。这就是由确定意义转向释放意义，而且只有返回自然本体，才能真正实现意义释放。

其实，作家创作完成以后，文学符号文本的传播过程是一个"加噪"与"去噪"的过程。前者是指文本生成之后受到社会等外界因素的影响，不断被"加噪"改变着文本原意和创作初心的过程。后者则是指读者在解读文本时，从各自的立场和需求出发，不断"去噪"释放意义的过程。由于文本传播的途径和方式各不相同，读者接受的水平千差万别，因此"加噪"与"去噪"的方式和过程也不可能一样，这就必然导致每一次文本意义的释放，都无法触及文本的原意。如此看来，研究目标的更新就是必然的了。

在20世纪的苏联文坛，肖洛霍夫（Михаил Александрович Шолохов）的创作可以说是一个非常奇特的现象。他的长篇小说《静静的顿河》出版于1928年至1940年，这也正是苏联和西方不同的意识形态阵营相互对峙的年代。小说在与不同社会环境的相互作用中，产生了遮蔽文本原意和创作初心的"噪声"。不同阵营从各自的立场和需求来给小说"加噪"。苏联评论界主要从思想内容的社会政治层面和创作的艺术特色等方面，充分肯定该小说是社会主义现实主义的佳作，作者还因此获得各种殊荣。然而，西方评论界对小说也倍加称赞，但理由是迥然不同的。瑞典的安德斯·奥斯特林（Anders Österling）在1965年给作家颁发诺贝尔文学奖的致辞中，明确指出，尽管作家是共产党员,但他的创作"完全封闭了意识形态的评论"。[①] 西方评论界甚至认为《静静的顿河》已经背离了社会主义现实主义的创作原则。英国《不列颠百科全书》在评论《静静的顿河》时,指明肖洛霍夫以不带明显宣传倾向的手法描写了革命和内战。

其实,该小说之所以能够赢得广泛认可,是与小说丰富的创作艺术密切相关的,其中一个主要原因就是对大自然的回归与讴歌,对人的自然本真的表现与张扬。文学批评在解读小说文本时,应该注意"去噪",即排除外界的干扰,努力还小说以本来面目。肖洛霍夫创作的主要对象是哥萨克民族,一个在俄罗斯最接近自然本色的民族之一,是不仅生活在顿河之畔、远离喧嚣都市生活的人群,更是奔放无羁的自由族群。葛利高里、阿克西妮娅等主人公就是这一"自然"群体的典型,充分彰显了人性的自然本色。在与大自然融为一体的过程中,他们充分地释放自我,享受生命的美丽和鲜活,从而让人性得以释放。葛利高里在不同阵营之间的徘徊和摇摆,但不变的是人性的力量,即反对杀戮和珍爱生命。在小说中,顿河畔环境的"自我诉说"、作者的"自我隐藏"等,在返回自然、重回环境的过程中,得以完美展示,更彰显了自然环境的主体性特征,环境不再只是烘托人物的背景。回归自然视角,以换位思考的姿态重新审视人类社会,形成了小说深邃的思想意蕴和诗性品格。

显然,文学批评在解读小说《静静的顿河》时,应该不断地"去噪",尽量排除外界的"噪声"作用,返回到文本本身,回归自然本体,从而尽可能地释放文本意义。这也是人工智能作为一种新质生产力给予我们的启示。

三、思维的融合:静与动的互动

无论是路径的转换还是目标的更替,新质生产力的发展给予符号学研究最大的启示,无疑是思维范式的变化,也就是科学思维与艺术思维的相互融合。前者是要把复杂的问题简单化,从科学研究的角度,对客观现象进行深入的分析,通过归纳、演绎等方式,以求得对于事物的本质把握,探寻事物的

[①] 陈映真主编:《诺贝尔文学奖全集》(第40卷),台北:远景出版事业公司,1981年。

规律性和必然性。后者却反其道而行之,要把简单的问题复杂化,关注对客观现象本质的动态把握,重视事物的个性化、非规律性、偶然性、变化性。

俄罗斯科学院院士利哈乔夫在《艺术与科学(两种思维)》一文中明确指出:"认识世界可以有两种范式:一种是'静止的'、纯静观的、判断的,另一种则是'运动的',是一种探索被认识事物的运动,所以是一种'探索'认识。前者主要是指科学,后者则是指艺术。"①科学思维范式与艺术思维范式,如果从哲学上来说,就是逻辑学范式和现象学范式。人工智能的起步阶段主要采取的是科学思维范式,通常是把客观的纷繁复杂现象加以归类,进行学习,探寻其共同之处,从而得出具有针对性和普遍意义的结论。然而,人工智能之所以在某些领域、某种程度上能够超越人的智慧,又是在于不断更新研究模式,在动态中重视个性化、非规律性的现象,甚至是"零样本"和"生成对抗"。

其实,人类社会的发展经历了史前时代、古代文明、中世纪、近现代和当代文明等几个阶段。这是一个以不断归纳总结规律、探索真理为主导的科学思维方式来推进文明的进程。然而,人工智能的发展除了继续沿用科学思维的探索方式,又开始挑战规律和真理,返回到事物和自然本身。人类来自自然,又返回自然,当然是更高层次的回归,是一种螺旋式的上升,符合马克思主义的"否定之否定"原理。这一发展轨迹和规律无疑与精神文化符号学的学术追求高度契合。

如果用几个关键词来概括精神文化符号学的主要特征,那就是"反向认知""释放意义"和"有无之境"。"反向认知"就是强调大自然是认知行为的首先发起者,与人工智能的"零样本"相一致。"释放意义"则是要以"生成对抗"的方法,质疑符号学研究的"确定意义",发掘研究对象的无限可阐释空间。"有无之境"更是倡导精神和心灵的全面提升,引领我们在"有"与"无"的螺旋上升循环中,不断追求生命的深层意义。

精神文化符号学既沿着新质生产力发展的方向前进,又根基于中国文化

---

① 德米特里·谢尔盖耶维奇·利哈乔夫:《艺术与科学(两种思维)》,《俄罗斯文学》,圣彼得堡,1992年第2期,第3页。

传统的哲学思想,尤其是老庄学说的智慧,努力在"静"与"动"的相互交融中,构建自己的符号学理论体系,旨在走出人类有限理性的羁绊,去感知无限的世界,从精神层面强化符号与生命境界之间的联系。在这里,学术探索已不仅仅是对知识的渴望和对真理的追求,而且是生命自身的需求。尽管这是一种没有终点的探索,但过程的享受就是目的。

后 记

中国逻辑学会符号学专业委员会主任委员王铭玉教授曾经多次强调,要把中国建设成世界上的符号学重镇。为了实现这一目标,自2019年起,以作者为主体的符号学团队,就开启了精神文化符号学的建构。在我们看来,若要建设中国自己的符号学理论体系,不能仅仅阐释国外的理论和学说,也不可以只停留在理论层面的论述,而是要以中国传统文化为基础,理论联系实际。具体来说,我们以老庄哲学思想为根基,借鉴当代国际符号学前沿理论,探索符号学与人类精神世界之间的关系,将其应用于自我管理、文学文本分析等方面。

本书是以南京师范大学、扬州大学为主体的精神文化符号学团队集体研究的成果,导言由张杰、陈中共同撰写,张杰、余红兵负责第一、四、五、七、九、十一、十四讲,陈中、姚婷婷负责第二、三、六、八、十、十二、十三讲,姚婷婷负责第十五讲,张杰负责结语和后记的撰写工作。全书由张杰统稿和编排。其实从2021年起,我们就先后在《符号与传媒》《江海学刊》《外语与外语教学》《南京师大学报(社会科学版)》《俄罗斯文艺》《文学跨学科研究》《外国文学研究》以及《中国符号学研究》(英文刊物)等期刊上发表了系列论文。为了便于青年学生阅读和理解,本书在此基础上对专业性极强的理论加以通俗化处理,突出了符号与生命境界的关联,以此增强本书的可读性。

我已经过了"花甲之年",这或许是我在退休之前主持编写的最后一本书,但我们的团队大多是由年富力强的中青年学者所组成的。余红兵教授不仅具体负责主编英文刊物《中国符号学研究》杂志,还担任国际符号会协会副会长。姚婷婷博士主持国家社会科学基金项目"乌克斯库尔生态符号学的'自然文本'批评方法研究",在《外国文学研究》等杂志上发表了系列符号学研究论文。陈中先生富有中国文化底蕴,他把符号学研究引入管理学科,不仅为我们团队的研究奠定了坚实的基础,更为把符号研究提升至生命境界做出了贡献。本书或许对于我来说,是精神文化符号学研究的总结,但是对于我们的团队而言,则是新的起点。

  在本书完稿之际,需要感谢的人很多,感谢团队,感谢朋友,感谢同事,感谢家人!特别要感谢南京师范大学外国语学院的支持,感谢南京师范大学出版社张春老师的鼎力相助!没有他们的帮助,此书的出版是难以实现的。当然,最好的感恩是执着的探索和不懈的努力!我们在符号学研究的征程上,在经历了对索绪尔、皮尔士、莫里斯、巴赫金、洛特曼、雅各布森等符号学大家的研究之后,转向了以中国古代老庄哲学思想为基础,借鉴乌克斯库尔的"自然文本分析"方法,不仅探讨符号文本意义再生机制,而且开启了生态符号学的"自然文本分析",从而实现"用心若镜",达到"释放意义"的目的。

  学术研究就如同没有终点的接力长跑,一代代学术人不断更新起点,为了梦想而追逐。其实,符号与生命境界的意义也蕴含其中,也正因为如此,我们的学术才会生生不息,薪火相传!

张 杰
2024 年 8 月 10 日于南京随园